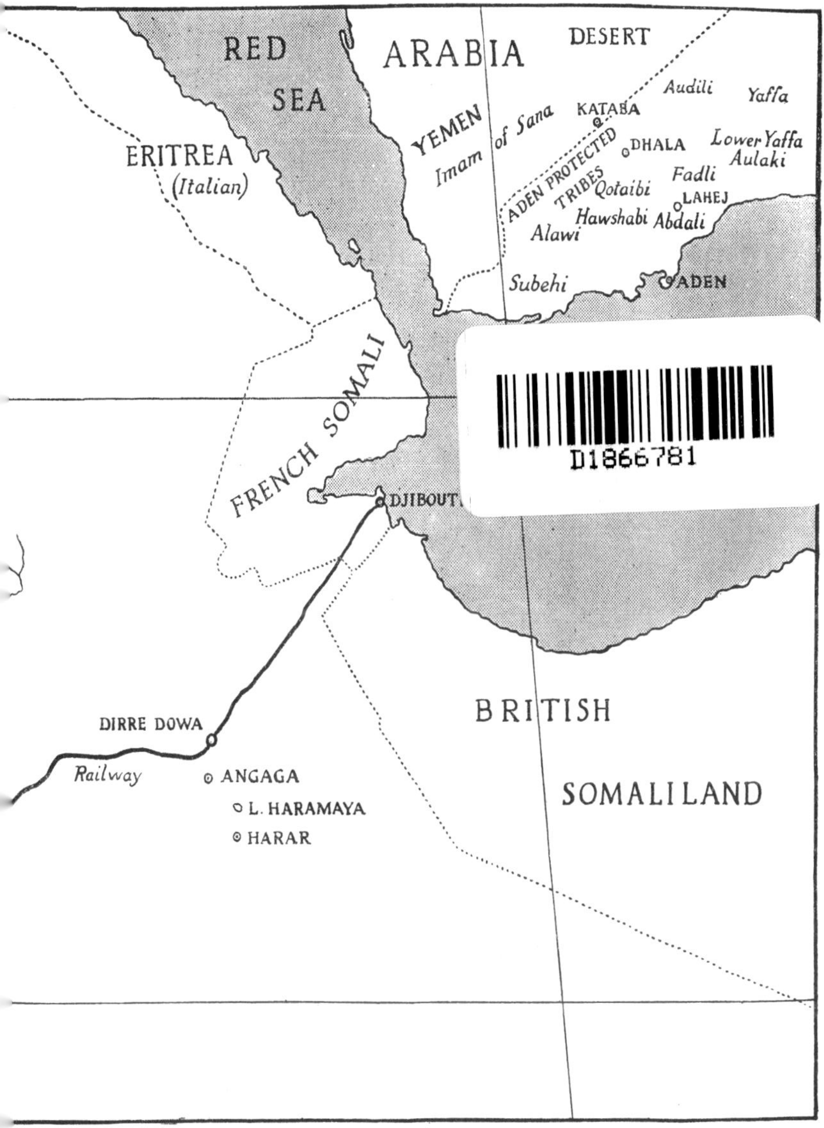

Evelyn Waugh in Afrika: Äthiopien

Die Andere Bibliothek
Begründet von Hans Magnus Enzensberger

Evelyn Waugh

Befremdliche Völker, seltsame Sitten

Expeditionen eines englischen Gentleman

Aus dem Englischen von Matthias Fienbork

Mit historischen Photographien und einem Nachwort von Rainer Wieland

Büchergilde Gutenberg

Lizenzausgabe für die Büchergilde Gutenberg,
Frankfurt am Main, Wien, Zürich
Mit freundlicher Genehmigung der
Eichborn AG, Frankfurt am Main

Originaltitel: *Remote People*
First published by Gerald Duckworth and Co. 1931

Printed in Germany 2008
ISBN 978-3-7632-5901-4
www.buechergilde.de

Evelyn Waugh

Äthiopisches Reich

I

Sie tanzten noch immer, als die *Azay le Rideau* am 19. Oktober 1930 kurz vor Morgengrauen in Dschibuti einlief. Die Kapelle, ein bedauernswert leidenschaftliches Quartett im Alpaka-Smoking, hatte schon längst die Instrumente eingepackt und sich in ihre abgelegene und stickige Kabine zurückgezogen. Ein annamitischer Schiffsjunge schrubbte das Deck und stopfte Unmengen von durchnäßten Papierschlangen in die Speigatts. Zwei, drei Stewards nahmen die Fähnchen und bunten Lichtergirlanden ab, mit denen das Schiff geschmückt worden war. Ein Paar blieb.

Die junge Frau, eine Passagierin der Zweiten Klasse, unterwegs nach Mauritius und erkennbar ein Mischling, trug ein Tirolerkostüm, das sie für den Abend beim Schiffsfriseur ausgeliehen hatte. Ihr Partner, ein Offizier der französischen Fremdenlegion, trug eine schlechtsitzende weiße Uniform mit offenem Kragen. Er war ziemlich jung, hatte ein bläulich schimmerndes Kinn und etwas Bauch und war um einiges kleiner als sie. Langsam bewegten sich die beiden über die nassen Planken zur Musik eines tragbaren Grammophons; hin und wieder blieben sie stehen und lösten sich voneinander, um das Grammophon aufzuziehen und die andere Seite der Schallplatte aufzulegen.

Zwei heiße Tage lang war auf dem Schiff gefeiert worden. Deckspiele waren veranstaltet worden, Wettläufe für die Kinder, eine Tombola mit Zwei-Franc-Losen und Gewinnen, wie es sie an Bord zu kaufen gab – Vermouth und Eau de Cologne, Tabak, Süßigkeiten, Korallen und dekorative Zigarettenspitzen aus Port Said. Eine signierte Photographie von Marschall d'Esperez war bei einer Auktion unter stürmischem Beifall für 900 Franc an einen Pressephotographen gegangen, ein Passagier hatte auf einer flackernden Leinwand, die sich unruhig im Wind bewegte, einen Film vorgeführt. Ein Pferderennen war durch Würfel bestimmt worden, mit einem *pari-mutuel* und vielen heftig umstrittenen Ergebnissen. An der Deckbar wurde häufig Champagner bestellt, den sich die Familien französischer Beamter teilten, sechs bis acht Personen pro Flasche. Schließlich, am letzten Abend der Reise, fand die Party mit einem Kostüm-Dinner, einem Konzert und einem Ball ihren Höhepunkt.

Eine ziemlich bunte Gesellschaft hatte sich zusammengefunden. An meinem Tisch saß ein rothaariger Amerikaner, der nach Saigon fuhr, um dort landwirtschaftliche Maschinen zu verkaufen. Auf seiner Uhrkette prangten Freimaurerzeichen, er trug einen Ring mit den verschlungenen Initialen einer weiteren Geheimgesellschaft, Manschettenknöpfe von Froth Blowers und im Knopfloch ein Rotarierrad. Zweifellos brauchte er als Geschäftsmann derlei Beweise seiner Vertrauenswürdigkeit, denn er sprach kein Wort Französisch. Die Speisekarte mußte er sich von seinem Nachbarn übersetzen lassen, einem Italiener, dem das drittbeste Hotel in Madras gehörte. Es gab ein englisches Mädchen, das grüne Sandalen trug, und seine Mutter, die überallhin ein kleines, aber aufdringliches Schoßhündchen mitnahm, das Anlaß vieler Beschwerden derjenigen war, die sich über die roten Zehennägel der

Tochter empörten. Es gab zahlreiche französische Kolonialbeamte mit Frauen und herumtobenden Kindern, wie sie üblicherweise die Mehrheit der Passagiere an Bord eines Schiffes der Messageries Maritimes stellen; in unserem Fall kam noch ein Trupp Fremdenlegionäre hinzu, der in Indochina die Disziplin aufrechterhalten sollte. Die Soldaten reisten Vierter Klasse, verteilten sich tagsüber auf dem unteren Deck und verschwanden nachts im Bauch des Schiffes. Es waren überwiegend Deutsche und Russen. Abends bildeten sie Grüppchen und sangen Lieder. Sie hatten eine Kapelle, bestehend aus Trommeln und Mundorgeln, die am Abend des Konzerts im Erster-Klasse-Salon auftrat. Auf den Trommeln stand »Mon Jazz«. Während der Fahrt durch den Suezkanal kletterten eines Nachts zwei Männer durch ein Bullauge und entkamen. Tags darauf versuchte ein Dritter, ihrem Beispiel zu folgen. Wir waren alle an Deck, tranken unseren vormittäglichen Aperitif, als wir ein Aufklatschen hörten und hinter uns eine kahlgeschorene Gestalt sahen, die in Hemdsärmeln die Uferböschung hinaufstürmte. Der Mann trug keine Kopfbedeckung, und die Sonne brannte. Er lief durch den Sand, entfernte sich immer weiter vom Schiff, wurde allmählich langsamer. Als er merkte, daß ihm niemand folgte, blieb er stehen und drehte sich um. Das Schiff fuhr weiter. Das letzte, was wir von ihm sahen, war die Gestalt, die hinter uns herlief und mit den Armen winkte. Niemand ließ sich durch den Vorfall im geringsten aus der Ruhe bringen. Mein Kabinensteward erzählte mir täglich eine Geschichte vom Leben auf dem Unterdeck. Einmal begannen zwei Fremdenlegionäre eine Schlägerei und wurden in die Zellen gesteckt. Ein Chinese drehte eines Nachts durch und versuchte, sich das Leben zu nehmen. An einem anderen Tag gab es an Bord einen Diebstahl, und so weiter. Ich glaube, der Steward hat vieles zu meiner Unterhaltung erfunden.

Neben diesen normalen Passagieren waren noch etwa zwanzig andere Personen mit Ziel Dschibuti an Bord, die zur Kaiserkrönung nach Abessinien reisen wollten. Daß auch ich dorthin fuhr, bedarf einer Erklärung. Sechs Wochen zuvor war mir der Name Ras Tafari kein Begriff gewesen. In Irland, in einem Haus, wo Chinoiserien und viktorianische Gotik um die Herrschaft über georgianische Architektur konkurrieren, hatten wir in der Bibliothek gesessen und, über den Atlas gebeugt, über eine Reise nach China und Japan gesprochen, die ich unternehmen wollte. Wir kamen auf andere Ziele zu sprechen, so auch Abessinien. Einer der Anwesenden war auf Urlaub aus Kairo gekommen. Er kannte sich in der abessinischen Politik einigermaßen aus und wußte von der bevorstehenden Krönung. Weitere Informationen gab es aus weniger zuverlässigen Quellen. Daß die abessinische Kirche Pontius Pilatus heiliggesprochen hatte und ihre Bischöfe durch Spucken auf den Kopf geweiht wurden, daß der wahre Thronerbe in den Bergen versteckt war, an Ketten aus purem Gold gefesselt; daß die Bevölkerung sich von rohem Fleisch und Met ernährte; wir schlugen im Gotha nach, was dort über das Königshaus stand, und stellten fest, daß die Familie auf Salomon und die Königin von Saba zurückging. In einem Geschichtsbuch lasen wir: »Die ältesten gesicherten Kenntnisse, die wir von der Geschichte Äthiopiens haben, beginnen mit Kusch, dem Sohn von …, der unmittelbar nach der Sintflut den Thron bestieg«; in einem veralteten Lexikon hieß es, daß »die Abessinier, obschon nominell Christen, beklagenswert lax in ihren Sitten sind, selbst unter den höchsten Ständen und in den Klöstern sind Vielweiberei und Trunksucht verbreitet.« Alles, was ich hörte, steigerte den Reiz dieses erstaunlichen Landes. Zwei Wochen später war ich wieder in London und hatte meine Schiffspassage nach Dschibuti gebucht. Zwei Tage später fuhr ich mit dem Zug nach Gloucestershire, wo ich einen Freund traf, der als Redakteur bei einer Londoner Tageszeitung arbeitet. Ich erzählte ihm von meinen Reiseplänen. Meine einzige Sorge war, ob ich als Tourist Zugang zu den wirklich interessanten Zeremonien haben würde. Er meinte, daß ich in irgendeiner Funktion für die Zeitung hinfahren könne, das ließe sich bestimmt arrangieren. Aus dem Wochenende zurückgekehrt, sprach ich also mit dem Chef der Auslandsredaktion und war anschließend, zum ersten Mal in meinem Leben, ein ordentlich akkreditierter Journalist mit einem kleinen Ausweis, der mich befugte, als Sonderkorrespondent von den zehntägigen Krönungsfeierlichkeiten aus Addis Abeba zu berichten. Fünf Tage später ging ich in Marseille an Bord der *Azay le Rideau*, und zehn Tage darauf stand ich im Pyjama an Deck und sah über der flachen Küste von Französisch-Somaliland und dem blassen Paar, das zum Grammophon tanzte, den Tag heranbrechen.

An Schlaf war schon seit einiger Zeit nicht mehr zu denken gewesen, nachdem die Bediensteten der ägyptischen Delegation damit begonnen hatten, das Gepäck ihrer Herrschaft genau gegenüber meiner Kabine in den Korridor zu schaffen. Unter lauten militärischen Befehlen eines Sergeanten und lauten unmilitärischen Protesten seiner Untergebenen wurde Blechkiste um Blechkiste herausgeschleift. Kaum vorstellbar, daß fünf Männer so viel Garderobe hatten. Und nach den Blechkisten kamen die großen Truhen, in denen sich das Geschenk des Königs von Ägypten für den Kaiser befand. Begleitet von einer bewaffneten Eskorte, waren sie in Port Said an Bord gebracht und während der ganzen Reise demonstrativ bewacht worden; der Inhalt war Gegenstand wilder Spekulationen der Passagiere. Wir schwelgten in Phantasien von Weihrauch, Sardonyx, Madrepora und Porphyr und anderem biblischen Überfluß. Wie sich später zeigen sollte, enthielten diese Truhen hübsche, aber völlig durchschnittliche Schlafzimmermöbel.

Drei weitere Delegationen waren an Bord: aus Frankreich, Holland und Polen. Eine vierte, die japanische, erwartete uns in Dschibuti. Wenn sie nicht gerade feierlich Visitenkarten austauschten* oder an Deck eilig auf und ab gingen, saßen die Gesandten über ihren eleganten Mappen und widmeten sich dem Verfassen, Tippen und Ausarbeiten ihrer Glückwunschadressen.

Dieses plötzliche Zusammentreffen der Abgesandten der zivilisierten Welt in Abessinien mutet auf den ersten Blick ein wenig überraschend an, und ich glaube, die Abessinier waren nicht minder überrascht. Nachdem Kaiserin Zauditu im Frühjahr, unmittelbar nach der Niederlage ihres Mannes Ras Gugsa, plötzlich gestorben war, teilte Ras Tafari den Mächten mit, daß er sobald irgend möglich den Titel eines Kaisers von Äthiopien annehmen werde, und die wenigen Nationen, die diplomatische Vertreter an seinen Hof entsandt hatten, lud er zur Teilnahme an den Feierlichkeiten ein. Einige Jahre zuvor war er zum Negus gekrönt worden; damals hatten ihn seine unmittelbaren Nachbarn für ein paar Tage besucht, und man hatte auf telegraphischem Wege Höflichkeiten ausgetauscht. Für die Kaiserkrönung wurde nun etwas mehr an Aufwand erwartet, doch die Reaktion der Weltmächte übertraf die äthiopischen Erwartungen in einer Weise, die schmeichelhaft war und zugleich für Verlegenheit sorgte.

---

* Eine der ersten Entdeckungen, die ich in meinem neuen Beruf machte, war die Tatsache, daß fast jeder Politiker von der Sorge verfolgt wird, man könne seinen Namen falsch schreiben. Kaum war (an Bord und später in Addis Abeba) bekanntgeworden, daß ich Journalist war, wurde ich wiederholt von diversen Amtspersonen angesprochen, die mir ihre Visitenkarten überreichten, auf denen Name und korrekter Titel eingraviert waren.

Die Staaten, die sich nicht so direkt für Afrika interessierten, interpretierten die Bekanntgabe als Einladung, und diejenigen mit starken lokalen Interessen ergriffen die Gelegenheit, ihre Wertschätzung und Sympathie in einer Weise zu zeigen, die mit Blick auf die bestehenden Beziehungen zu dem Land völlig überzogen war. Zwei Regierungen entsandten Angehörige des Königshauses, die Vereinigten Staaten schickten einen Herrn mit Erfahrungen in der Elektrobranche. Die Gouverneure von Britisch-Somaliland, dem Sudan, Eritrea, der Repräsentant in Aden, ein französischer Marschall, ein Admiral, drei Piloten und eine Marinekapelle erschienen in den unterschiedlichsten Uniformen. Für geeignete Geschenke wurden erhebliche staatliche Gelder aufgewendet. Die Deutschen brachten eine signierte Photographie des Generals von Hindenburg sowie achthundert Flaschen Rheinwein, die Griechen eine moderne Bronzestatuette, die Italiener ein Flugzeug, die Briten zwei elegante Szepter mit einer Inschrift in nahezu fehlerfreiem Amharisch.

Wozu dieser ganze Aufwand? Diese Frage stellten sich viele, selbst die unmittelbar Beteiligten. Die einfachen Abessinier erblickten darin einen angemessenen Tribut an abessinische Größe: die Könige der Welt erwiesen ihnen die Ehre. Andere, etwas erfahrener in der internationalen Politik, sahen darin einen Anschlag auf die Integrität Abessiniens – der *Farangi* war gekommen, um das Land auszuspionieren. Ehrliche Siedler in ganz Afrika sprachen von absurder Reverenz gegenüber einem schlichten Eingeborenen. In den Gesandtschaften selbst herrschte eine gewisse Unruhe. Die Aufgabe, den Abessiniern ihre wahre Bedeutungslosigkeit in der Welt vor Augen zu führen, würde nach alldem noch schwieriger werden. Doch was konnte man tun? Wenn einige Mächte beschlossen, Herzöge und Fürsten, Szepter und Flugzeuge zu schicken, blieb den anderen nur, diesem Vorbild nach besten Kräften zu folgen. Wer hatte mit dem Ansturm begonnen? Und die abessinische Regierung mag sich besorgt gefragt haben, wie sie all diese illustren Gäste unterbringen und die Kosten der Gastfreundschaft aus einem ungeordneten Staatshaushalt und einer schwachen Währung bestreiten sollte. Warum also dieser ganze Aufwand?

Wer eine plausible Erklärung haben will, muß nicht nach gewichtigen politischen Motiven suchen. Addis Abeba ist kein Ort, wo sich Diplomaten rasch einen Namen machen, und die Potentaten im Foreign Office verfolgen nicht mit aufmerksamen Blicken, wie sich ihre Kadetten in dieser großen Höhe machen. Als Diplomat dorthin entsandt zu werden mag für einen fleißigen Generalkonsul ein an gemessener Lohn sein, eine Karriere begründet es nicht. Wer könnte es diesen Gentlemen daher verübeln, wenn sich in ihre Depeschen gelegentlich Formulierungen einschleichen, die eine recht großzügige Einschätzung der Bedeutung des Landes verraten? Entspringt in Abessinien denn nicht der Blaue Nil? Will man denn ausschließen, daß dieses unprospektierte Bergland über enorme Bodenschätze verfügt? Und wenn in den langweiligen Gesandtschaftsalltag mit seinen immer gleichen bescheidenen Vergnügungen, wenn in das Leben der Diplomatengattinen – armen Halbschwestern der hohen Damen in Washington oder Rom – plötzlich Glanz käme, höfische Pracht und goldbetreßte Uniformen, Hofknickse und Champagner und gutaussehende Adjutanten: wer würde es ihnen verdenken, wenn sie ihre Männer darin bestärkten, mit Nachdruck auf eine wahrhaft imponierende Beteiligung bei den Feierlichkeiten zu drängen?

Und kann es überraschen, daß Staaten, die Afrika sehr fern sind – schlittenfahrende Polacken und blonde Schweden –, ebenfalls an der Party teilnehmen wollen? Wenn mich die Pracht Abessiniens aus einem vergleichsweise bunten und freien Leben anlockte, warum nicht all jene in ihren grauen Kanzleien? Die Jagdgewehre neben den Uniformkoffern demonstrierten, daß diese Leute das Beste aus dieser Unternehmung machen wollten, und ich weiß, daß manch einer für seine Schiffspassage selbst aufgekommen war. »*Nous avons quatre citoyens ici, mais deux sont juifs*«, erklärte ein Attaché und zeigte mir die Gerätschaften, mit denen er während seines Aufenthalts in Afrika seine umfangreiche Schmetterlingssammlung zu erweitern hoffte.

Rasch wurde es hell, die beiden Tanzenden lösten sich schließlich voneinander und gingen zu Bett. Von der Küste näherten sich Boote, es begann das Laden von Kohle. Planken erstreckten sich zwischen Schiff und Barkassen. Eine Planke brach, so daß die somalischen Kulis drei, vier Meter tief auf die Kohle fielen. Einer lag stöhnend auf dem Rücken, als die anderen schon aufgestanden waren. Der Vorarbeiter warf ein Stück Kohle nach ihm. Der Mann stöhnte und drehte sich um. Noch ein Stück, dann rappelte er sich hoch und ging wieder an die Arbeit. Somalische Jungen schwammen um das Schiff herum, bettelten um Geld, das man ihnen zuwerfen sollte. Passagiere zeigten sich auf Deck.

Wir lagen weit draußen in der Bucht. Zwischen uns und der Reede lag das Wrack eines großen Frachters, flach auf der Seite, völlig leer geräumt und verwittert. Armandy erwähnt das Schiff in *La Désagréable Partie de Campagne.*

Bald setzte Regen ein.

Niemand wußte genau, wie und wann es nach Addis Abeba weitergehen würde. Der Zahlmeister hatte uns beruhigt. Er habe der Station die Zahl der Passagiere telegraphisch mitgeteilt. Ein Sonderzug werde noch am selben

Tag für uns bereitstehen. Doch es kursierten widersprüchliche Gerüchte. Diejenigen, die schon einige Erfahrungen mit Abessinien hatten, wiesen darauf hin, daß es nie und nimmer so unkompliziert sein werde. Angeblich stand ein Sonderzug bereit, aber nur für die Delegationen. Anderen Berichten zufolge würden zwei Züge fahren, einer am Morgen für die Delegationen, einer am Abend für die inoffiziellen Passagiere. Eine Schiffsladung Passagiere werde an diesem Tag an Bord eines P.&O.-Dampfers aus Aden eintreffen, so daß kaum Hoffnung auf Unterbringung bestehe. Für die Dauer der Krönungsfeierlichkeiten sei jeder private Reiseverkehr unterbrochen. Die Delegationen selbst wußten nichts von irgendwelchen Vorkehrungen, außer daß sie zum Lunch in der Residenz des Gouverneurs erwartet wurden.

Wir warteten, bis wir an der Reihe waren, an Land zu gehen. Die Kulis lungerten auf den Planken herum, die Jungen im Wasser bettelten um Geld oder erschienen frierend an Deck mit dem Angebot, uns mit einem Sprung ins Wasser zu unterhalten, an Land wurde jedesmal laut Salut geschossen, wenn die Barkasse des Gouverneurs eine Delegation abholte und auslud. Unablässig fiel warmer Regen.

Schließlich durften auch wir an Land gehen. Es gab noch einen zweiten Engländer, ein älterer Herr, der privat nach Addis Abeba wollte. Unterwegs hatte er die ganze Zeit in einem Buch über Tropenhygiene gelesen und mir viele beunruhigende Dinge über Malaria und Schwarzwasserfieber, Cholera und Elephantiasis mitgeteilt. Abends bei einer Zigarre hatte er mir erklärt, wie sich Hakenwürmer von den Fußsohlen in die inneren Organe vorarbeiten, wie Sandflöhe ihre Eier unter den Zehennägeln legen und wie die Symptome langsamer Lähmung aussehen, die von Zecken übertragen wird.

Gemeinsam vertrauten wir unser Gepäck dem französisch sprechenden Träger des Hôtel des Arcades an und gingen zum englischen Vizekonsul – einem liebenswürdigen jungen Reedereiagenten, der uns mitteilte, daß am Abend tatsächlich zwei Züge abfahren sollten, beide allerdings für die Delegationen reserviert seien. Der nächste Zug würde drei Tage später gehen – reserviert für den Herzog von Gloucester, der nächste wieder drei später – reserviert für den Fürsten Udine. Er konnte uns wenig Hoffnung machen, daß wir nach Addis Abeba kommen würden, wollte aber sehen, was er tun könne. Entsprechend gelaunt fuhren wir zum Hôtel des Arcades. Unsere Tropenhelme saßen weich auf dem Kopf, unsere weißen Anzüge klebten an den Schultern. Der Hoteldiener sagte, ich müsse mit ihm zum Zoll gehen. Dort fanden wir einen naßgeschwitzten einheimischen Wachsoldaten vor, an dessen Gewehr das Wasser herunterlief. Der Zollchef sei auf dem Empfang im Haus des Gouverneurs, sagte er. Er wisse nicht, wann er zurückkehre oder ob er an diesem Tag überhaupt noch zurückkehren werde. Mit Hilfe des Hoteldieners wies ich darauf hin, daß wir unser Gepäck brauchten, um uns frische Sachen anziehen zu können. Solange der Zollchef nicht zurück sei, dürfe hier nichts angefaßt werden, sagte er. Der Träger griff sich einfach die nächsten Stücke und lud sie, unbeeindruckt von den Vorhaltungen des Postens, in die Droschke. Anschließend fuhren wir zurück ins Hotel.

Das war ein zweigeschossiges Haus mit Arkadengang und einer kümmerlichen Stuckfassade. Auf der Rückseite führte eine Holztreppe zu zwei breiten Veranden, von denen die wenigen Zimmer abgingen. Im Hof stand ein Zitronenbaum, der einem misanthropischen schwarzen Affen als Quartier diente. Das Hotel gehörte einer hübschen Französin von großer geschäftsmäßiger Freundlichkeit. Sie gab uns warmes Wasser und ein Zimmer zum Umkleiden und lachte über unsere Schwierigkeiten. Sie profitiert von den Unzulänglichkeiten der Französisch-Äthiopischen Eisenbahn, denn niemand bleibt freiwillig lange in Dschibuti.

Was nach dem ersten Augenschein hinreichend klar war, wurde noch klarer, als wir nach dem Mittagessen – der Regen hatte inzwischen aufgehört – eine Stadtrundfahrt unternahmen. Wir holperten und schaukelten in einem Einspänner durch dampfende Tümpel. Die Straßen, im offiziellen Stadtführer als »elegant und lächelnd« beschrieben, waren nicht mehr als Wüstenstriche zwischen den einzelnen Häuserblocks. Im Europäerviertel waren die meisten Häuser von der Bauart unseres Hotels – mit Arkaden versehen und völlig heruntergekommen.

»Sie sehen aus, als würden sie jeden Moment einstürzen«, bemerkte mein Begleiter, als wir an einem besonders trostlosen Bürohaus vorbeifuhren, und während wir noch hinschauten, passierte das auch tatsächlich. Ganze Stuckfladen lösten sich von der Fassade, ein, zwei Ziegelsteine fielen auf die Erde. Einige indische Büroangestellte stürzten erschrocken ins Freie, ein hemdsärmeliger Grieche trat aus dem Haus gegenüber, eine Gruppe halbnackter Eingeborener erhob sich von der Erde, die Zähne noch immer mit Holzstäbchen scheuernd, und schaute sich nervös um. Unser Kutscher wies aufgeregt mit seiner Peitsche auf die Szene und setzte uns auf Somali ins Bild. Es war ein Erdbeben, das wir in unserem rumpelnden Gefährt nicht bemerkt hatten.

Wir fuhren an einer weißgetünchten Moschee vorbei zum Kamelmarkt und dem Eingeborenenviertel. Die Somalis sind eine Rasse von außergewöhnlicher Schönheit, sehr schlank und aufrecht, mit feinen Gesichtszügen und eindrucksvollen, weit auseinanderstehenden Augen. Die meisten von ihnen tragen einen Lendenschurz und mehrere

Ringe aus Kupferdraht um Hand- und Fußgelenke. Der Kopf ist entweder kahlgeschoren oder mit Ocker gefärbt. Acht, neun Huren umringten unsere Droschke, bis sie vom Kutscher schließlich mit der Peitsche verjagt wurden. Unzählige nackte Kinder liefen hinter uns her und riefen nach Bakschisch. Einige prächtige speertragende Burschen vom Land spuckten verächtlich aus, als wir an ihnen vorbeikamen. Wir erreichten den Stadtrand, wo die Hütten, einst strohgedeckte Lehmwürfel, kleine kuppelförmige Gebilde wurden, die wie umgestürzte Vogelnester aussahen, gebaut aus Zweigen, Gras, Lumpen und flach gepreßten Konservendosen, mit einem Loch, durch das man vermutlich bäuchlings hineinkroch. Wir fuhren auf der Uferstraße zurück, vorbei an einigen aufgeräumten Fuhrhöfen und Wellblechschuppen. Am Postamt ließ ich halten, um meinen Auftraggebern gewissenhaft von der Ankunft der diversen Delegationen zu berichten. Bei meiner Rückkehr ins Hotel fand ich dort den Vizekonsul mit der guten Nachricht, daß er für uns einen Waggon in dem ersten Sonderzug reserviert hatte, der am Abend fahren sollte. Wir waren bester Laune, aber die Hitze war noch immer unerträglich. Wir gingen schlafen.

Am Abend, und weil wir wußten, daß unsere Abreise unmittelbar bevorstand, wurde Dschibuti plötzlich sehr viel erträglicher. Wir besuchten die Geschäfte, kauften einen französischen Roman mit einem aufreizenden Umschlag, einige Burma-Zigarren und wechselten etwas Geld. Für unsere abgegriffenen und dreckigen Banknoten der Banque d'Indo-Chine bekamen wir massive Silberdollar.*

* Der Maria-Theresien-Taler, in anderen Teilen Afrikas ersetzt durch die magere Rupie oder den East African Shilling, ist nach wie vor die wichtigste Währungseinheit in Abessinien. Er ist nicht das praktischste Zahlungsmittel. Sein Wert schwankt, je nach dem aktuellen Preis von Silber, und bietet Gelegenheit für viel unschöne Spekulation. Geldscheine werden von der Bank von

Die jüngsten Bücher über Abessinien – und ich hatte viele gelesen zwischen West Meath und Marseilles – enthalten drastische Beschreibungen der Bahnreise zwischen Dschibuti und Addis Abeba. Normalerweise fährt einmal die Woche ein Zug, der für die Strecke drei Tage braucht; die beiden Nächte werden in Hotels in Dire Dawa und Awash verbracht. Es gibt mehrere gute Gründe, nicht nachts zu fahren. Einer ist, daß die Zugbeleuchtung häufig ausfällt, ein zweiter, daß während der Regenzeit nicht selten das Gleisbett weggespült wird, ein dritter, daß die Galla und Danakil, durch deren Gebiet die Strecke führt, nach wie vor ihren mörderischen Geschäften nachgehen und ihre anfängliche Praxis, Eisenschwellen herauszureißen und Speerspitzen daraus anzufertigen, noch nicht völlig ausgerottet ist.* Während der Krönungswoche stellte

---

Abessinien gegen Silber ausgegeben. Selbst in Dire Dawa, zwei Bahnstationen von Addis Abeba entfernt, zieht die lokale Bankfiliale beim Einlösen von Geldscheinen drei Prozent ab, so daß Papiergeld, außer in der Hauptstadt oder bei der Eisenbahn, praktisch wertlos ist. Ich habe eine kleine Karawane gesehen, die für drei Monate in das Landesinnere zog und zur Deckung der laufenden Kosten zwei Maultierladungen Maria-Theresien-Taler mitführte. Dies ist das Geldstück, das den meisten Leuten vertraut ist und auf dem sie bestehen. Der Menelik-Taler wurde aus dem Verkehr gezogen, weil niemand ihn haben wollte. Halbe und Vierteltaler werden nach umständlicher Prüfung akzeptiert. Es gibt zwei Ausführungen – mit einem geraden und einem eingerollten Löwenschwanz. Beide sind aus reinem Silber, aber die zweite Version wird meist nicht angenommen, nicht einmal als Trinkgeld. Vor hundert Jahren war der Maria-Theresien-Taler das gebräuchliche Zahlungsmittel arabischer Kaufleute zwischen Tanger und der Mandschurei. Heute ist er nur noch in Arabien und Äthiopien in Gebrauch. Er wird noch heute in Wien geprägt, in der ursprünglichen Form von 1780, ein würdevolles Relikt, aber eine sehr irreführende Einführung in äthiopische Sitten.

* Häufig gestohlen wird auch Telegraphendraht, der zu den beliebten Arm- und Fußreifen verarbeitet wird. Kurz vor der Krönung wurden, den Pressereportern zuliebe, mehrere Männer verhaftet, die bei einer solchen Aktion möglicherweise beteiligt gewesen waren. Man schlug ihnen eine Hand und einen Fuß ab und stellte auf jedem Bahnhof entlang der Strecke nach Addis Abeba jeweils einen dieser Männer aus. Dies hatte gewiß positive Auswirkungen, aber auf die Telegraphenverbindung war trotzdem kein Verlaß.

es sich jedoch als notwendig heraus, angesichts der vielen zusätzlichen Reisenden die Züge durchgehend fahren zu lassen. Wir verließen Dschibuti am Freitag nach dem Abendessen und kamen in Addis Abeba am Sonntagmorgen an. Es gab natürlich keinen Speisewagen, und die wenigen Schlafwagen waren von den Delegationen belegt, doch mein Begleiter und ich hatten einen Erster-Klasse-Waggon für uns allein; Mahlzeiten nahmen wir unterwegs bei Zwischenaufenthalten ein. Es war eine recht bequeme Reise.

In der Dunkelheit fuhren wir durch die unerträgliche Ödnis von Französisch-Somaliland – nichts als Wüste und Steine, ohne jede Spur von Leben – und kamen am nächsten Morgen in Dire Dawa an. Diese ordentliche kleine Stadt entstand während des Baus der Eisenbahn auf dem Land, das der französischen Gesellschaft überlassen worden war, und lebt seit dieser Zeit von der Bahn, bei tendenziell sinkendem Wohlstand. Es gibt dort zwei Hotels, ein Café und einen Billardsalon, ein paar Geschäfte und Büros, eine Bank, eine Mühle, einige Villen und die Residenz des abessinischen Gouverneurs. Bougainvilleen und Robinien säumen die Straßen. Zweimal wöchentlich sorgt die Ankunft eines Zuges für ein paar Stunden Geschäftigkeit. Reisende werden in die Hotels gebracht, Gepäck wird durch die Straßen gefahren, Postangestellte sortieren die Post aus, Handelsagenten setzen ihre Tropenhelme auf und schlendern mit ihren Fakturen zum Güterbahnhof, und dann fällt Dire Dawa wieder in seine ausgiebige Siesta zurück, wie eine kleine Insel, nachdem das Postschiff abgelegt hat.

Doch dies war keine gewöhnliche Woche. Seit 1916 – dem vorletzten Bürgerkrieg, als die mohammedanischen Anhänger von Lij Iyasu im Bergland von Harar massakriert worden waren – hatte Dire Dawa nicht mehr solch radikal verwirrende Ereignisse erlebt wie diese vielen Sonderzüge, welche die Besucher zur Krönung des Kaisers brachten. Auf den Hauptstraßen standen Fahnenmasten in den abessinischen Farben, zwischen denen gelbe, rote und grüne Wimpel hingen. Aus der Hauptstadt hatte man per Güterzug (außerhalb von Dire Dawa gibt es keine Straßen) Automobile herbeigeschafft, in denen die Delegierten zum Frühstück gefahren wurden. Die irregulären Truppen der gesamten Provinz waren mobilisiert und säumten nun den ganzen Weg.

Es war ein grandioses, verblüffendes Spektakel. Mein Reisegefährte und ich blieben noch einige Minuten in unserem Waggon, bis die offizielle Begrüßung beendet war und die Delegierten den Bahnhof verlassen hatten. Dann gingen wir über den Perron auf den Platz. Er war ganz leer und ganz still. Auf drei Seiten standen die abessinischen Soldaten; vorn, wo der Boulevard zur Residenz des Gouverneurs führte, verschwand gerade das letzte Automobil. So weit der Blick reichte, weißgewandete Stammesangehörige, bewegungslos, ohne Kopfbedeckung, barfüßig, das Gewehr geschultert; einige hatten olivfarbene Haut und scharfes Profil, anderen, dunkleren, mit wulstigen Lippen und flachen Nasen, war das Sklavenblut anzusehen; die meisten waren großgewachsen und kräftig gebaut, alle hatten einen schwarzen, gekräuselten Bart. Ihre Kleidung war die landesübliche – langes weißes Hemd, weiße Leinenhose, oben weit, unten eng (ähnlich wie Jodhpurs), und die *shamma*, ein weißer Schal, der wie eine Toga über der Schulter getragen wird, sowie ein deutlich sichtbarer Patronengurt. Vor jeder Abteilung stand der Anführer in Galakleidung, wie sie so oft für die europäische Presse photographiert wird. Sie bestand, je nach Reichtum des Trägers, aus einem Löwenfell, einem bunt gestreiften Hemd und einem langen geschwungenen

Schwert; in manchen Fällen wurde das Löwenfell durch ein Kleidungsstück aus besticktem Satin dargestellt, das wie ein Meßgewand aussah, vorn und hinten geschlitzt in einer Stilisierung von Schwanz und Beinen. Es war ein denkwürdiges Erlebnis, nach dem südländischen Urlaub an Bord der *Azay le Rideau,* dem Gedränge in Dschibuti und der unruhigen Nacht im Zug hinauszutreten in die süße Morgenluft und den Frieden, der von diesen reglos dastehenden Kriegern ausging. Sie schienen wild und zahm zugleich, große zottige Hunde von ungewissem Temperament, für eine Weile fest an der Leine gehalten.

Wir frühstückten im Hotel und rauchten auf der Terrasse eine Pfeife, wir warteten auf die Rückkehr der Delegierten. Bald mußten die Soldaten, die auf dem Boden gehockt hatten, wieder Aufstellung nehmen, als die Automobile mit den Diplomaten, die sich bei Porridge, Räucherhering, Eiern und Champagner gestärkt hatten, den Hügel herunterkamen. Wir kehrten zum Bahnhof zurück und setzten die Reise fort.

Bis Awash, wo wir bei Sonnenuntergang eintrafen, ging es nun durch endlos ödes Buschland – Dornengestrüpp, Steine, kleine, bräunliche Mimosenbäume und Sand, Ameisenhaufen, einige Geier, hin und wieder ein ausgetrockneter Wasserlauf oder Felsen, sonst nichts, stundenlang. Immer wieder hielten wir an Bahnhöfen, nicht mehr als einzelne Schuppen in einem stacheldrahtumzäunten Areal, um uns mit Wasser zu versorgen. Jedesmal begrüßten uns dort ein Posten, zwei, drei uniformierte Bahnpolizisten und der lokale Stammeshäuptling mit zehn, manchmal auch fünfzig Mann. Mittags nahmen wir an einem Ort namens Afdem in einem Zelt den Lunch ein, der aus vier verschieden zubereiteten Fleischgerichten bestand. In Awash warteten wir vier Stunden, von sechs bis zehn, während Mechaniker sich an der Zugbeleuchtung zu schaffen machten. Vor jeder

Waggontür hockte ein bewaffneter Posten. In Awash gibt es mehrere Schuppen, zwei, drei Bungalows von Bahnangestellten, einen zementierten Perron und ein Gasthaus. Nach dem Abendessen saßen wir im Hof des Gasthauses auf kleinen harten Stühlen oder gingen auf dem Bahnsteig auf und ab oder stolperten zwischen den Eisenschwellen. Es gab kein Dorf, keine Straße. Es war besser, sich im Freien aufzuhalten, da es dort nicht so viele Moskitos gab. Die Zugbeleuchtung flackerte unruhig. Bald erschien ein Trupp zerlumpter Galla und begann zu tanzen. Zwei Männer tanzten, die anderen standen im Kreis um sie herum, sangen, stampften mit den Füßen und klatschten in die Hände. Sie führten die Pantomime einer Löwenjagd auf. Die Wachposten wollten sie verscheuchen, doch der ägyptische Gesandte hielt sie zurück und gab den Tänzern eine Handvoll Dollar; daraufhin tanzten sie noch ungestümer und wirbelten im Staub herum wie Kreisel. Es waren außerordentlich wilde Männer, die langen Haare mit Butter und Lehm eingeschmiert, die dünnen, schwarzen Leiber mit Fetzen aus Fell und Sackleinwand behängt.

Schließlich war die Beleuchtung repariert, und wir fuhren weiter. Awash liegt am Fuß des Hochlands; während der ganzen Nacht ging es unablässig bergan. Jedesmal, wenn wir aus dem Schlaf gerissen wurden, stellten wir fest, daß die Luft frischer und kühler war, und am frühen Morgen hatten wir uns in Decken und Mäntel gewickelt. Wir frühstückten vor Sonnenaufgang in einem Ort namens Mojo und setzten unsere Reise im ersten Licht des Tages fort. Nun sahen wir, wie sehr sich die Landschaft verändert hatte: verschwunden waren Busch und Ebene, statt dessen ein hügeliges Land, blaue Berge am Horizont. Allenthalben sah man reiche kleine Bauernhöfe, Gruppen strohgedeckter Rundhütten, umgeben von hohen Palisaden, schöne Rinderherden auf endlosen Weiden, Getreide-

und Maisfelder, auf denen ganze Familien arbeiteten. Auf dem Weg neben dem Gleis schaukelten Kamelkarawanen entlang, beladen mit Futter und Brennstoff. Die Bahnstrecke ging noch immer bergan, und zwischen neun und zehn sahen wir vor uns in der Ferne die Eukalyptuswälder von Addis Abeba. Hier, an einer Station mit Namen Akaki, wo ein indischer Händler ein großes Lagerhaus unterhält und ein Ras den größten Teil eines geplanten Hotels errichtet hatte, wurde abermals gehalten, um den Delegierten Gelegenheit zu geben, sich zu rasieren und ihre Uniform anzulegen. Wieder wurden Blechkisten und Kleiderkoffer herbeigeschafft, Diener eilten zwischen Gepäckwaggon und Schlafwagen hin und her. Der niederländische Gesandte stand bald mit Dreispitz und Goldtressen neben dem Gleis, der ägyptische mit Tarbusch und Epauletten, die Japaner in Frack, weißer Weste und Zylinder; die Delegationsleiter inspizierten ihre Mitarbeiter, dann stiegen alle wieder ein, und die Reise ging weiter. Noch eine halbe Stunde ging es mühsam die kurvenreiche Strecke bergan, bis wir schließlich in Addis Abeba eintrafen.

Der Bahnhof ist ein großer, zweigeschossiger Betonbau mit überdachtem Bahnsteig. Ein roter Teppich war ausgerollt, vor dem Soldaten eines ganz anderen Schlages standen als diejenigen, denen wir unterwegs begegnet waren. Dies hier waren untersetzte, pechschwarze Burschen von der sudanesischen Grenze. Sie trugen nagelneue, gutgeschnittene Khakiuniformen, der Löwe von Juda prangte messingglänzend auf Mützen und Knöpfen; moderne Gewehre mit aufgepflanztem Bajonett. Mit Ausnahme der nackten Füße unter den Gamaschen hätte dies die Kadettenformation einer englischen Internatsschule sein können. Vor ihnen, mit gezogenem Schwert, stand ein europäischer Offizier. Dies war eine Abteilung der Leibwache Tafaris. Das Blut in Gugsas verstümmelter Leiche war kaum erstarrt, und die trauernde Kaiserin hatte sich eben ihrer plötzlichen Trauer hingegeben, da war dieses Corps bereits aufgestellt worden. Diese Männer, dem Thron treu ergeben, waren in Tafaris verstreuten Provinzen rekrutiert worden. Binnen sechs Monaten stand ein ganzes Regiment, der Kern einer organisierten nationalen Armee.

Als der Zug anhielt, präsentierte die Wache das Gewehr, der Großkämmerer im blauen Satinmantel trat vor, um die Delegationen zu begrüßen, und die Kapelle spielte. Auch das war eine Neuerung. Bedauerlicherweise bin ich nicht besonders musikalisch, aber mir wurde versichert, daß die Melodien, mit denen jede Delegation begrüßt wurde, in praktisch allen Fällen sofort zu erkennen waren. Eines fiel mir jedoch auf, und das war ihre ungewöhnliche Länge. Keine einzige schwierige Passage wurde ausgelassen, jede Nationalhymne in sämtlichen Strophen gespielt. In Sachen Langatmigkeit ging der erste Platz unstrittig an die Polen. Schließlich wurde die äthiopische Hymne gespielt, die wir so oft in den nächsten zehn Tagen hörten, daß sie selbst mir einigermaßen vertraut wurde. (Sie begann wie »Lichter über dem himmlischen Salem«, hörte aber anders auf.)

Schließlich verschwindet auch die letzte Delegation. Die Töchter des britischen Gesandten sind zur Begrüßung des Zuges gekommen. Auf ihre Frage, wo ich untergebracht sei, sage ich, meines Wissens nirgendwo. Betroffenheit. Sie sagen, daß die Stadt komplett belegt sei. Jetzt noch ein Zimmer zu finden sei unmöglich. Vielleicht gibt es irgendwo in der Gesandtschaft ein Zelt. Möglich, daß ich es in einem der Hotels im Hof aufstellen darf. Wir steigen ins Auto und fahren hinauf in die Stadt. Auf halbem Weg kommen wir am Hôtel de France vorbei. Vor dem Eingang steht die eindrucksvolle Figur von Irene Ravensdale im Reitkostüm. Wir halten an, um sie zu begrüßen.

Ich laufe hinein und frage den Hoteldirektor, ob es ein freies Zimmer gibt. Aber ja, natürlich. In einem Nebengebäude hinter dem Hotel, kein sehr gutes Zimmer. Aber wenn ich wollte, könnte ich es haben, zwei Pfund die Nacht. Ich bin sofort einverstanden, trage mich ein und kehre wieder zurück nach draußen zu Irene. Gesandtschaftsautomobil und Gepäck sind verschwunden. Auf der Straße lauter Abessinier, die auf Maultieren vom Land eintreffen, Arbeitstiere, die überall herumtrotten, den Weg versperren und wieder freigeben. Wir kehren ins Hotel zurück, essen zu Mittag und gehen schlafen. Später taucht das Gepäck wieder auf, bewacht von einem freundlichen jungen Engländer, der, als Kaffeepflanzer erfolglos, von der Gesandtschaft als Mädchen für alles angeheuert worden war. Die absurden zwei Wochen *Alice im Wunderland* haben begonnen.

II

Tatsächlich muß ich immer wieder an *Alice im Wunderland* denken, wenn ich nach einer historischen Parallele für die Verhältnisse in Addis Abeba suche. Es gibt noch andere: Israel unter König Saul, das Schottland des Shakespeareschen *Macbeth*, die Hohe Pforte, wie sie in den diplomatischen Depeschen des ausgehenden achtzehnten Jahrhunderts erscheint, doch nur in *Alice* findet man jene besondere Atmosphäre einer galvanisierten und verfremdeten Realität, wo Tiere Uhren in den Westentaschen tragen, Majestäten auf dem Krocket-Rasen neben dem Scharfrichter einherschreiten und eine Gerichtsverhandlung damit endet, daß plötzlich ein Kartenspiel durch die Luft segelt. Wie kann man den verrückten Zauber dieser äthiopischen Tage erzählen, lebendig werden lassen?

Zunächst einmal möchte ich ein Bild der Szenerie vermitteln. Addis Abeba ist eine neue Stadt, so neu, daß nichts an ihr wirklich fertig aussieht. Vor vierzig Jahren erwählte Menelik der Große dieses Feldlager im Hochland und nannte den Ort »Neue Blume«. Bis dahin hatte die Regierung je nach Versorgungslage zwischen den alten, von Priestern beherrschten Städten des Nordens gependelt, doch das spirituelle Zentrum war immer Axum, so wie sich die französischen Könige an Reims orientiert hatten. Menelik war der erste König, der mit der Axumer Krönungstradition brach, worunter seinerzeit sogar sein enormes militärisches Prestige litt. Zeitgenössische Autoren sehen in diesem Bruch ein Zeichen von Schwäche. Tatsächlich war dies ein notwendiges Element seiner Politik. Menelik war nicht mehr bloß König der christlichen amharischen Hochlandbewohner, sondern Beherrscher eines großen Reichs, das im Westen die schwarzen heidnischen Shankalla einschloß, im Osten die nomadischen kannibalischen Danakil, im Südosten die von Somaliern bewohnte Ogaden-Wüste und im Süden den großen fruchtbaren Landgürtel, der von den mohammedanischen Galla gehalten wurde.

In Addis Abeba, inmitten seines eigenen Volkes, fand er das neue Zentrum seiner Besitzungen, noch im Hochland gelegen, aber an dessen äußerstem Rand; unmittelbar am Fuß des Hochlands liegt das Gebiet der elenden Guratchi, jenes verachteten Volkes, das Bauarbeiter und Straßenkehrer stellt; Awash ist das Land der Galla. Addis Abeba ist der strategische Ort der Herrschaft über diese auseinanderstrebenden Besitztümer. Lij Iyasu zog eine noch radikalere Veränderung in Betracht. Sein Ziel oder das seiner Berater war es offenbar, das Reich von Harar aus umzugestalten und eine große mohammedanische Macht zu errichten, die im Falle eines Sieges über die großen europäischen Mächte die gesamte somalische Küste einschließen würde – eine über die Maßen ehrgeizige Vorstellung, die auch ohne europäische Intervention scheiterte. Die genauen Umstände seines Endes werden vielleicht nie bekanntwerden, ebensowenig, inwieweit seine Pläne überhaupt klar formuliert waren. Fest steht, daß er mit dem »verrückten Mullah« in Britisch-Somaliland korrespondierte. In seinen letzten Lebensjahren soll er sich vom Christentum abgewendet haben. Die mohammedanische Herkunft seines

Vaters verlieh solchen Berichten zusätzliches Gewicht, und als Beweis galt sein (angeblich in Harar aufgenommenes) Porträt, das ihn mit einem Turban zeigt. Nach Ansicht vieler Leute wurde dieses eindeutige Beweisstück jedoch in Addis Abeba von einem armenischen Photographen fabriziert. Ob diese Einzelheiten stimmen oder nicht, fest steht, daß dieser unselige junge Mann, entgegen vielen Behauptungen, nicht wegen seines aufwendigen Lebensstils stürzte, der ihn seinen einfacheren Untertanen eher sympathisch machte, sondern wegen der Vernachlässigung dessen, was noch auf Jahre hinaus die Stärke des äthiopischen Reichs ausmachen dürfte – die christliche Religion und die kämpferischen Qualitäten der amharischen Hochlandbewohner. Lij Iyasu ist seit 1916 nicht mehr gesehen worden. Er soll, teilnahmslos und krankhaft übergewichtig, unter dem Schutz von Ras Kassa in Fiche leben, doch ein Reisender, der unlängst das bekannte Anwesen passierte, berichtete von einem baufälligen Dach und einem völlig zugewucherten Eingang. Die Leute sprechen nicht gern von Lij Iyasu, denn das ganze Land wird von Spitzeln überwacht, aber mehr als nur ein Europäer, dem seine Diener vertrauen, erzählte mir, daß der Name im einfachen Volk noch immer sehr angesehen sei. Lij Iyasu hat mütterlicherseits das wahre Blut Meneliks. Man bezeichnet ihn als korpulenten jungen Mann mit faszinierenden Augen, als überaus großzügig und leichtlebig. Ras Tafaris raffinierte Diplomatie scheint manchem von ihnen weit weniger majestätisch.

In Äthiopien gab es keine Verfassung. Die Thronfolge wurde theoretisch durch Proklamation geregelt, in der Praxis durch Blutvergießen. Menelik hatte keine männlichen und keine legitimen Kinder. Seine Tochter war Lij Iyasus Mutter, und er selbst hatte Lij Iyasu ernannt. Dieser bestimmte keinen Nachfolger, weshalb es keinen eindeutigen

Thronerben gab. Seine zweite Tochter, in deren Adern Meneliks Blut floß, herrschte als Kaiserin Zauditu, aber ihre religiösen Pflichten okkupierten sie mehr als die Regierungsgeschäfte. Es brauchte einen Herrscher; drei, vier Adelige konnten dank ihrer Herkunft ebenfalls Ansprüche auf das Amt anmelden. Der wichtigste von ihnen war Ras Kassa, der sich aber vor allem religiösen Fragen und der Verwaltung seiner Ländereien widmete und nicht sonderlich interessiert war, größere Verpflichtungen auf sich zu nehmen. Es drohte die Gefahr, daß Meneliks Reich abermals in eine Handvoll kleiner Fürstentümer zerfallen und der Kaiserthron eine Schatteneinrichtung würde. Unter diesen Bedingungen würde die abessinische Unabhängigkeit angesichts des Vordringens europäischer Handelsinteressen kaum Bestand haben. Die Ras waren sich dieser Lage sehr wohl bewußt und erkannten, daß es nur einen Mann gab, der durch Rang, Bildung, Intellekt und Ambition für den Thron geeignet war. Das war Ras Tafari. Also beschlossen sie, ihn zum Negus zu machen. In der breiten Öffentlichkeit, außerhalb seiner eigenen Provinzen, war sein Prestige gering; er zeichnete sich weder durch Blutsverwandtschaft mit Menelik noch durch bemerkenswerte militärische Taten aus. Unter den Fürsten war er Primus inter pares, von ihnen dazu ausersehen, eine bestimmte Aufgabe zu übernehmen und zu ihrer Befriedigung durchzuführen.

Aus dieser anfangs prekären Situation baute Tafari in den folgenden Jahren seine Herrschaft allmählich aus und festigte seine Position. Er reiste nach Europa und legte großen Wert darauf, europäische Besucher mit seiner aufgeklärten Haltung zu beeindrucken. Er spielte die Rivalitäten der französischen und italienischen Gesandten gegeneinander aus und sicherte seine Position im Land, indem er das Ansehen Äthiopiens in der Welt stärkte. Er wurde in den Völkerbund aufgenommen, überall identifizierte er sich mit seinem Land, so daß Europa ihn schließlich als selbstverständlichen Herrscher betrachtete.

Gleichwohl mußte er um seinen Thron kämpfen. Im Frühjahr 1930 rebellierte ein mächtiger Aristokrat namens Ras Gugsa.* Er war der Ehemann der Kaiserin. Sie waren geschieden, unterhielten aber freundschaftliche und intime Beziehungen. Tafaris Armee warf den Aufstand nieder, und Gugsa selbst fand in den blutigen Auseinandersetzungen den Tod. Tags darauf starb plötzlich die Kaiserin, und Tafari rief sich, mit Zustimmung der anderen Fürsten, zum Kaiser aus. Als Tag der Krönung wurde der frühestmögliche Termin festgesetzt, bis zu dem alle nötigen Vorbereitungen getroffen werden konnten. Die Krönungsfeierlichkeiten waren also der letzte Schritt in einer langen, gut geplanten Strategie. Tafari, der weiterhin an seiner klugen Taktik festhielt – das heimische Publikum mit seinen außenpolitischen Erfolgen zu beeindrucken, das Ausland mit seinen innenpolitischen –, bezweckte mit dieser Zurschaustellung zweierlei. Den europäischen Gästen wollte er vor Augen führen, daß Äthiopien nicht bloß ein Haufen barbarischer Stämme war, die das Ausland ausbeuten konnte, sondern ein mächtiger, organisierter, moderner Staat. Seinen eigenen Landsleuten wollte er zeigen, daß er nicht der oberste Führer eines Dutzends eigenständiger Völker war, sondern ein absoluter Monarch, der von den Monarchien und Regierungen der weiten Welt als gleichberechtigt anerkannt wurde. Und wenn seine einfachen Untertanen nicht mehr zwischen Höflichkeit und Ehrung unterschieden, wenn der Eindruck entstand, daß diese prachtvoll gekleideten Delegierten (die sich ein paar

---

* Ein anderer Ras Gugsa, der mit diesem Rebellen nichts zu tun hat und noch am Leben ist, fungierte während der Krönungsfeierlichkeiten als Gastgeber der amerikanischen Delegation.

Tage Urlaub von ihren ernsthaften Verpflichtungen nahmen, um an einer ungewöhnlichen Festlichkeit teilzunehmen und vielleicht auch auf die Jagd zu gehen) im Namen ihrer Herrscher erschienen, um äthiopischer Macht und Größe ihre Reverenz zu erweisen – um so besser. Die verstümmelten Gefangenen von Adowa waren noch immer ungerächt. Die irritierend eilfertige Reaktion der zivilisierten Staaten kam dieser Sichtweise entgegen. »Tafari stieg erst dann in unserem Ansehen«, bemerkte der Diener eines Engländers, »als wir erfuhren, daß Ihr König seinen Sohn zur Krönung entsandte«; und niemand wird bezweifeln, daß die anderen Fürsten angesichts des Ansturms der europäischen Diplomatie noch deutlicher erkannten, daß die Führung eines modernen Staates andere Qualitäten erforderte als großen Privatbesitz und eine bis auf Salomon zurückgehende Abstammung. Doch das massenhafte Erscheinen der Europäer stand dem ersten Ziel des Kaisers eher im Wege. Die mitgebrachten Jagdgewehre waren sein Unglück, denn in den Tagen nach der Krönung, als die Delegationen sich auf Safari in das Landesinnere begaben, hatten sie Gelegenheit, mehr als das offiziell Vorbereitete zu beobachten. Sie sahen, wie weit das Wort des Kaisers in den entlegeneren Landesteilen reichte, sie sahen die schwachen Verbindungslinien zwischen Regierung und Außenposten, sie sahen etwas von dem wahren Charakter des Volkes und erkannten, welch unzureichende Einführung in den Alltag des Landes der Kaviar und der süße Champagner von Addis Abeba waren.

Die Krönung wurde, wie gesagt, auf den frühestmöglichen Termin festgesetzt, bis zu dem alle Vorbereitungen getroffen werden konnten. Diese Feststellung bedarf näherer Erläuterung, und sie führt mich nach diesem politischen Exkurs zurück zur Beschreibung von Addis Abeba, mit der dieses

Kapitel beginnt. Denn der erste, offensichtliche, unabweisbare Eindruck war, daß für die Krönung nichts fertig war oder rechtzeitig würde fertiggestellt werden können. Nicht, daß man hier und da Spuren unfertiger Projekte, Baugerüste oder halbfeuchten Beton bemerkt hätte. Die ganze Stadt schien erst am Anfang ihrer Errichtung zu stehen. An jeder Ecke sah man halbfertige, gelegentlich schon aufgegebene Gebäude, auf anderen Baustellen waren zerlumpte Guraghi bei der Arbeit. Von der Ineffizienz dieser Leute, bedingt durch Unterernährung und schlechte Behandlung, kann man sich kaum ein Bild machen.

Eines Nachmittags beobachtete ich einen Trupp von zwanzig oder dreißig Mann, die, beaufsichtigt von einem armenischen Bauunternehmer, gerade dabei waren, die Schutthaufen und Steine wegzuschaffen, die den Hof vor dem Haupteingang des Palastes verschandelten. Das Zeug mußte in Holzkisten gepackt werden, die an zwei Stangen wegtransportiert und fünfzig Meter weiter geleert wurden. Zwei Männer trugen jeweils eine Kiste, die wohl nicht viel mehr gewogen haben dürfte als eine normale Kippe Ziegelsteine. Ein Vorarbeiter lief mit einem langen Stock umher. Wenn er anderswo abgelenkt war, stellten die Männer die Arbeit vollständig ein. Sie setzten sich aber nicht etwa hin, um zu plaudern und auszuruhen, sie blieben stocksteif stehen, wie angewurzelt, manchmal in erstarrter Bewegung, mit einem Stein in der Hand. Sobald der Vorarbeiter wieder auftauchte, setzten sie sich wieder in Bewegung, wie in Zeitlupe; wenn er sie schlug, sahen sie sich nicht um und protestierten auch nicht, sondern bewegten sich nur etwas schneller, und wenn die Schläge aufhörten, fielen sie in ihr ursprüngliches Tempo zurück, bis sich der Vorarbeiter wieder abwandte und sie überhaupt aufhörten zu arbeiten. (Ich fragte mich, ob die Pyramiden auf diese Weise gebaut worden waren.) Überall in der Stadt, in jeder Straße, auf jedem Platz, wurde dergestalt gearbeitet.

Addis Abeba erstreckt sich über eine Fläche von etwa zehn Kilometer Durchmesser. Der Ort liegt in zweieinhalbtausend Meter Höhe, nördlich davon ein Bergzug, der Entoto, dessen höchster Gipfel etwa dreitausend Meter hoch ist. Der Bahnhof befindet sich am südlichen Stadtrand, von wo eine breite Straße zur Hauptpost und den wichtigsten Geschäftshäusern hinaufführt. Zwei tiefe Flüsse durchschneiden die Stadt, und an den Uferböschungen und in kleinen Eukalyptushainen zwischen den beständigeren Gebäuden liegen kleine Ansammlungen von *tukuls*, strohgedeckten, fensterlosen Hütten. Die wichtigsten Straßen bestehen aus einer geteerten Fahrbahn für den Autoverkehr, links und rechts ein Seitenstreifen aus Sand und lockeren Steinen für Maultiere und Fußgänger; in kurzen Abständen stehen Schilderhäuschen aus Wellblech, bemannt von schläfrigen bewaffneten Polizisten; es gibt auch Verkehrspolizisten, die mit den europäischen Signalen vertrauter sind als die meisten Autofahrer. Gegenwärtig wird sogar versucht, den Fußgängerverkehr mit Hilfe von Stöcken und lautstarken Flüchen zu regeln – eine Mode, die den Einheimischen völlig unverständlich ist. Der abessinische Gentleman reitet normalerweise mitten auf der Straße auf einem Maultier, umgeben von einem Gefolge von zehn oder zwanzig bewaffneten Männern. Ständig kommt es zu Streitereien zwischen diesen Männern und den Verkehrspolizisten, die dabei meist den kürzeren ziehen.

In Abessinien trägt jedermann eine Waffe. Das heißt, er trägt einen Dolch und einen Patronengurt um die Hüfte, und er hat einen Sklavenboy, der mit einem Gewehr hinter ihm hergeht. Daß diese Gewehre einsatzfähig sind, darf angesichts ihres Alters bezweifelt werden. Zum Teil sind es Henry-Martini-Gewehre, wahrscheinlich aufgesammelt auf dem Schlachtfeld von Adowa, aber auch vergleichsweise moderne Karabiner und ältere englische Armeegewehre. Sie sind einzeln via Somaliland hereingesickert und, ausgegeben als Handelsware, von so romantischen Waffenschmugglern wie Arthur Rimbaud und M. de Montfried ins Land geschafft worden. Patronen sind ein Statussymbol und dienen im Landesinnern als anerkanntes Zahlungsmittel. Ob sie für einen bestimmten Waffentyp geeignet sind, ist von zweitrangiger Bedeutung; die Munition im Gurt paßt nur selten zum mitgeführten Gewehr, und meist sind auch viele leere Patronen darunter.

Auf den Straßen geht es immer sehr lebendig zu. Neben dem allgegenwärtigen Weiß sieht man hier und da die kräftigen Blau- und Violett-Töne der Trauernden oder die Gewänder der Oberschicht. Die Männer gehen Hand in Hand, paarweise und in kleinen Gruppen; oft stützen sie einen Betrunkenen. Auf den Märkten sieht man Frauen, aber sie stehen nicht auf der Straße herum wie die Männer. Gelegentlich kommt eine hochstehende Frau auf einem Maultier vorbei, das Gesicht unter dem riesigen Filzhut völlig von weißer Seide umhüllt, so daß man nur ihre Augen sieht, wie bei einem Mitglied des Ku-Klux-Klan. Die vielen Priester erkennt man an ihren langen Gewändern und den hohen Turbanen.

Manchmal kommt, eskortiert von Ulanen im kurzen Galopp, der Kaiser in einem eindrucksvollen roten Automobil vorbei. Hinter ihm ein Page, der einen mit Münzen und goldenen Troddeln geschmückten roten Seidenschirm hält, vorne ein Soldat mit einem Maschinengewehr, das mit einer Plüschdecke abgedeckt ist. Am Steuer sitzt ein Europäer in taubenblauer Livree mit dem Stern von Äthiopien.

Gleich neben dem Bahnhof erstreckt sich offenes Land, auf der einen Seite unterbrochen durch das dünne Dach der öffentlichen Badeanstalt, in der heißes Quellwasser sprudelt. Von hier wird das Badewasser in Blechkanistern für die Hotels abtransportiert. Auf der anderen Seite der Straße steht die Hinrichtungsbaracke. Öffentliche Hinrichtungen wurden in Tafaris eigenen Provinzen unlängst abgeschafft, und der Galgenbaum vor der Kathedrale wurde abgeschlagen, um Platz zu schaffen für einen kleinen (noch unfertigen) Garten und ein Standbild von Menelik. Mörder werden nun hinter verschlossenen Türen erschossen, auch wenn die Hinterbliebenen des Opfers noch immer das Recht haben, das Urteil zu vollstrecken. Im abessinischen Recht wird nicht zwischen Totschlag und Mord unterschieden, beide Taten gelten als Verbrechen gegen die Familie des Toten. Diese kann zwischen Blutgeld oder Blut wählen. Der Preis schwankt je nach sozialem Status des Getöteten, liegt aber gewöhnlich bei etwa tausend Dollar (siebzig bis achtzig Pfund Sterling). Gelegentlich stirbt der Mörder lieber. Kurz vor unserer Ankunft gab es einen Fall in Addis Abeba, wo im Hinrichtungsschuppen noch bis zum ersten Schuß geschachert wurde: die Verwandten lenkten Dollar um Dollar ein, während der Mörder sich standhaft weigerte, seine Kinder um ihr Erbe zu bringen.

Zu den allgemeinen Maßnahmen, die Stadt für die eintreffenden Gäste zu schmücken, zählen auch die hohen Lattenzäune, die dem Zweck dienen, die ärmeren Viertel vor möglicherweise kritischen Blicken zu verbergen. Wenn man in die Stadt hinauffährt, kommt man auf halbem Weg am Hôtel de France vorbei, einem einfachen, aber gastfreundlichen Haus, geführt von einem jungen Franzosen und seiner Frau, die als Fell- und Kaffeehändler in Dschibuti bessere Tage gesehen haben. Oben auf der Anhöhe, vor dem Postamt, gabelt sich die Straße, die eine Abzweigung geht nach dem Gebbi (Tafaris Palast), die andere zum

Eingeborenenbasar und dem indischen Viertel. An der Kreuzung wird gerade eine gepflasterte und umzäunte Verkehrsinsel um eine Betonsäule angelegt, die an die verstorbene Kaiserin erinnern soll. Eine vierte Straße führt nach Gorgis, der St.-Georgs-Kathedrale.

Die Gebäude sind meist aus Beton und Wellblech. Es gibt noch ein zweites großes Hotel, das von einem Griechen geführte »Imperial«, das fast komplett von der ägyptischen Delegation in Beschlag genommen wurde. Und zwei, drei kleinere Hotels, Cafés und Bars, die entweder Griechen oder Armeniern gehören. Ein weiteres großes Hotel, das eigens für die Krönung geplant wurde, ist noch immer hoffnungslos unfertig. Hier ist die Bordkapelle der HMS *Effingham* einquartiert. Ein Nachtclub weist darauf hin, daß er in Kürze mit einem Kabarett aus dem Wintergarten in München eröffnen wird. Der Nachtclub heißt Haile Selassie (Macht der Dreifaltigkeit). Dies ist der neue Name, den der Kaiser zu seinen anderen Titeln angenommen hat. Wer ihn weiterhin als Tafari bezeichnet, muß mit einer strengen Strafe rechnen. Von europäischen Besuchern wird sein Name gern als *»Highly Salacious«* (sehr geil) oder auch *»I love a lassie«* (ich liebe ein Mädel) verballhornt – letzteres die Schöpfung eines Mechanikers vom Königlich Britischen Automobilclub.

Die Bank und das Haus des Bankdirektors sind die solidesten Gebäude in der Stadt. Sie stehen hinter einer hohen Mauer in einer Seitenstraße zwischen den beiden Hotels, daneben die Villen der europäischen Kaufleute, der Bankangestellten und des englischen Geistlichen. Die Geschäfte sind unbedeutend: armselige Blechbuden, geführt von Indern und Armeniern, die Konserven, Kernseife und verbeulte Haushaltsgegenstände verkaufen. In der Nähe der Bank gibt es ein interessantes Geschäft, das einem französisch sprechenden Abessinier gehört. Es heißt »Curiosités« und bietet alles, von Affenfellen und billigem einheimischen Schmuck bis hin zu alten amharischen Handschriften. Dort erwarb ich mehrere moderne abessinische Gemälde, meist Jagdszenen oder überaus brutale Schlachtenbilder. Die Malerei ist in Abessinien ein mehr oder weniger vererbtes Kunsthandwerk, das im kirchlichen Bereich sehr gefragt ist. Die Kirchen des Landes sind alle von ähnlicher Form: ein quadratisches Allerheiligstes, umschlossen von zwei konzentrischen Wandelgängen, von außen Oktogone oder Rundbauten. Das Allerheiligste dürfen, von seltenen Ausnahmen abgesehen, nur Priester erblicken. Im Mittelpunkt der Aufmerksamkeit stehen die Wandbilder, traditionelle Darstellungen, die von Generation zu Generation immer wieder kopiert, dabei nur geringfügig verändert werden. Wenn die Bilder allmählich verblassen und die Kirche es sich leisten kann, wird ein Maler mit der Restaurierung beauftragt, so wie man in Europa die Wohnung neu tapezieren läßt. Wenn sie gerade keinen solchen Auftrag auszuführen haben, bleiben die besseren Maler im Geschäft, indem sie säkulare Darstellungen auf Leinwand oder gegerbte Felle malen. Auch diese sind in der Anlage traditionell, aber der Künstler hat größere Freiheiten im Detail. Hauptsächlich geht es ihm darum, die alte Formensprache zu modernisieren, und das tut er, unabhängig von historischer Genauigkeit, indem er Tropenhelme, Flugzeuge und Bomben einführt. Der amerikanische Gesandtschaftssekretär schenkte mir eine besonders schöne Darstellung vom Tod des Riesen von Harar; diese Geschichte ist eine frühmittelalterliche Legende, wahrscheinlich entstanden im Zusammenhang mit den Kriegen gegen die Araber, aber der Künstler hat die Bezwinger des Riesen mit den Khakiuniformen und Bajonetten von Tafaris Leibgarde ausgestattet – eine schöne Abwechslung nach dem altbackenen, irgendwie komischen präraffaelitischen

Archaismus, der dem englischen Geschmack nicht auszutreiben ist.

Der Gebbi ist ein großes Häusergewirr auf einem Hügel östlich der Stadt. Während der Krönungswoche wurde er nachts mit Lichtgirlanden beleuchtet, doch tagsüber sah er etwas schäbig aus. Der Kern besteht aus einem steinernen Gebäude, in dem sich der Thronsaal und ein Festsaal befinden, ein Spiegelgang mit vielen zerbrochenen und völlig verstaubten Spiegeln. Die Fassade ist, offenbar nach klassischem Vorbild, mit einem doppelten Treppenaufgang und einem Portikus versehen. Menelik ließ sich diesen Palast von einem Franzosen bauen. (Es könnte genausogut das *hôtel de ville* einer kleinen französischen Provinzstadt sein.) Davor erstreckt sich ein unaufgeräumter Hof von unregelmäßigen Dimensionen, übersät mit Steinen und Papierfetzen, ringsum Schuppen und Nebengebäude aller Art und Größe; billige Wachhäuser, eine schöne strohgedeckte Kapelle, scheunenartige Wohnungen verschiedener Hofbeamter, das Quartier der Bediensteten, Wäscherei und Wirtschaftsräume, ein überkuppeltes pseudobyzantinisches Mausoleum, ein Wachturm und ein Kasernenhof. Hohe Mauern umgeben das ganze Areal, und der einzige Zugang, für Metzger und Diplomaten gleichermaßen, sind zwei schwerbewachte Tore. Trotzdem sah man ständig irgendwelche Leute, die sich auf dem Gelände herumtrieben, auf der Erde hockten und sich stritten oder die Besucher anstarrten.

Die amerikanische Gesandtschaft ist nicht weit vom Stadtzentrum entfernt, während Briten, Franzosen und Italiener jenseits der Pferderennbahn wohnen, neun, zehn Kilometer außerhalb der Stadt. Menelik bestimmte diesen Ort, was gemeinhin mit der Sorge um die Sicherheit der Ausländer im Krisenfall erklärt wird. Tatsächlich sind die ausländischen Vertretungen überhaupt nicht zu verteidigen, und wenn sie wirklich angegriffen würden, könnten sie sich nicht länger als einen halben Tag halten. Die Folge ist, daß das diplomatische Corps vom gesellschaftlichen Leben in der Hauptstadt ausgeschlossen ist. Vielleicht wollte Menelik ja genau das erreichen.

Mittlerweile kann man die britische Gesandtschaft mit dem Auto erreichen. Bis vor kurzem mußte, wer zu einer Abendgesellschaft geladen war, mit dem Maultier hinausreiten, ihm voran ein Boy mit einer Laterne. Mit Blick auf die Krönungsfeierlichkeiten wurde der Weg befestigt und ein Motorroller neuester europäischer Produktion importiert; dieses Vehikel wurde manchmal auf dem Weg zu den Gesandtschaften gesehen, aber irgend etwas passierte immer, und meist mußten Privatautos herhalten. Es war eine teure und holprige Fahrt.

Die Gesandtschaft, und gleich daneben das Konsulat, steht in einem kleinen Park, und auf beiden Seiten der Zufahrt ist eine kleine Gartenstadt aus hübschen strohgedeckten Bungalows entstanden, in denen die Angestellten wohnen. Während der Krönung wurde der Rasen zu einem Zeltlager für die Bediensteten der verschiedenen Gäste umfunktioniert, und die periodisch erklingenden Hornsignale, die an einen Ozeandampfer erinnerten, machten das bizarre Leben der kleinen Gemeinschaft noch irrealer. Normalerweise bestand diese Gemeinschaft aus dem Gesandten, der unlängst aus Schanghai eingetroffen war, einem Sinologen, der sich sein Leben lang mit dem Fernen Osten beschäftigt hatte, dem Sekretär, der kürzlich aus Konstantinopel, und dem Konsul, der kürzlich aus Fes eingetroffen war, einem Experten für islamisches Recht (keiner von ihnen hatte bislang Zeit, Amharisch zu lernen), dem Bibliothekar, der fünf oder sechs Jahre in Addis Abeba zugebracht hatte und wußte, wie man Tennisplätze richtig markiert, dem Vizekonsul, der mit wundersamem Geschick Gepäck sortierte und Zugverbindungen heraussuchte, obwohl er die ganze Zeit unter den Nachwirkungen von Schwarzwasserfieber litt, sowie dem orientalischen Sekretär, der mit seinem perfekten Amharisch und einigen Brocken Englisch als offizieller Dolmetscher unschätzbare Dienste leistete.

Neben den Beamten aller Rangstufen, die nun das Haus füllten, waren nicht wenige Familienangehörige, Onkel, Tanten und Cousins, aus England angereist, um das Spektakel zu verfolgen. Der Haushalt hatte einen für Addis Abeba beispiellosen Umfang angenommen, aber alles funktionierte tadellos. Aus London wurde eigens ein Koch importiert, der praktischerweise Mr. Cook hieß. Die Einladungskarten der britischen Gesandtschaft übertrafen in Größe und Qualität des Papiers und in ihrer geschmackvollen Gestaltung diejenigen aller anderen Nationen, und als offenbar wurde, daß sich der Name Haile durch ein Versehen der Druckerei in Hailu verwandelt hatte (so hieß sein ärgster Rivale unter den Ras), wurde keine Mühe gescheut und jede einzelne Karte mit Tinte und Feder korrigiert. Und kaum hatte ein Beamter das Gepäck des Herzogs verloren, wurde es von einem anderen wiedergefunden. Alles bezeugte den Triumph angelsächsischer Organisation.

Das Personal außerhalb der Gesandtschaften war kunterbunt. Da war der kaukasische Direktor des Casinos Haile Selassie, der französische Herausgeber des *Courir d'Ethiopie*, ein unendlich hilfsbereiter Mann, einfallsreich, gewissenhaft und skeptisch, ein Engländer im Dienst der äthiopischen Regierung, liebenswürdig im Auftreten, aber geradezu krankhaft nervös in Gegenwart von Journalisten, von denen zu einer Indiskretion hingerissen zu werden seine größte Sorge war. Ein französischer Architekt mit äthiopischer Ehefrau, ein bankrotter deutscher Pflanzer, der an allem etwas auszusetzen hatte, ein dem Alkohol verfallener alter australischer Schürfer, der einem beim Whiskey zublinzelte und sich in Andeutungen über Berge voller Platin erging, von denen er erzählen würde, wenn ihm danach wäre. Da war ein Mr. Hall, in dessen Büro ich viele hektische Stunden verbrachte, ein Kaufmann deutsch-abessinischer Abstammung, extrem gutaussehend, geschmackvoll gekleidet und monokeltragend, ein Mann von ausgesuchter Höflichkeit und ein außergewöhnliches Sprachtalent. Während der Krönungswoche war er in einer kleinen Baracke neben dem Casino untergebracht worden und agierte dort als oberster und, allem Anschein nach, einziger Mitarbeiter eines *Bureau d'étrangers.* Seine Aufgabe bestand darin, sich die Sorgen der ausländischen (offiziellen wie inoffiziellen) Gäste anzuhören, den Journalisten Nachrichten zu übermitteln, Eintrittskarten auszugeben und Listen für die abessinischen Veranstaltungen aufzustellen. Wenn die italienische Telegraphengesellschaft eine Stunde Pause machte, nahm Mr. Hall die Beschwerden entgegen. Wenn ein allzu eifriger Polizist jemandem den Zutritt zu einer Zuschauertribüne verweigerte, mußte sich Mr. Hall darum kümmern, daß dieser Beamte einen Rüffel erhielt. Wenn Seiner Majestät Hofdruckerei versäumte, den Text des Krönungsgottesdienstes zu verteilen, versprach Mr. Hall jedermann ein Exemplar. Wenn kein Omnibus da war, um die Kapelle zum Rennplatz zu bringen, wenn die Anzahl der Gedenkmedaillen, die in der Kirche verteilt wurden, nicht gereicht hatte, wenn jemand aus irgendeinem Grund in Addis Abeba schlechte Laune hatte – und in dieser Höhe werden noch die umgänglichsten Charaktere unerklärlich nervös –, stets wandte man sich an Mr. Hall. Und welcher Sprache man sich auch bedienen mochte, Mr. Hall verstand und fühlte mit. Mit geradezu weiblicher Geduld beruhigte er den Betreffenden, mit männlicher Entschlossenheit notierte er die Angelegenheit deutlich auf seinem Notizblock. Dann erhob er sich, verbeugte sich und komplimentierte den besänftigten Besucher mit einem Lächeln und der Versicherung seines guten Willens wieder hinaus – und unternahm rein gar nichts.

Von den Abessiniern sahen wir sehr wenig, mit Ausnahme der ernsten, gleichmütigen Figuren bei den offiziellen Empfängen. Da war Ras Hailu, Herr der wohlhabenden Provinz Gojam, angeblich reicher als der Kaiser selbst, eine eindrucksvolle Gestalt, dunkler Teint, das Spitzbärtchen schwarz gefärbt, etwas arroganter Gesichtsausdruck. Zu seinen zahlreichen Besitztümern zählte ein Nachtclub, drei Kilometer außerhalb der Stadt an der Straße nach Addis Alem. Ras Hailu hatte das Haus selbst entworfen und, weil alles ganz modern sein sollte, ihm einen englischen Namen gegeben. Der Club hieß »Robinson«. Da waren der ehrwürdige Ras Kassa und Ras Mulugeta, Oberbefehlshaber der Armee, ein Schrank von einem Mann, mit grauem Bart und blutunterlaufenen Augen, der in seiner Paradeuniform mit dem scharlachroten und goldenen Umhang und dem Löwenhelm kaum wie ein Mensch aussah. Da war George Herui, Sohn des Außenministers, Produkt einer englischen Universität – ein schmaler junger Mann, elegant gekleidet, entweder im europäischen Anzug oder in der Uniform eines Hofpagen. Sein Vater genoß das Vertrauen des Kaisers, doch er selbst schien sich mehr für Paris zu interessieren.

Abgesehen von den Offiziellen und den Journalisten, denen man auf Schritt und Tritt begegnete, gab es erstaunlich wenige Besucher. Thomas Cook & Co. machte Reklame für eine persönlich geführte Tour, eine Ankündigung, die unserer Expedition viel von ihrer Romantik nahm. Das Echo war beträchtlich, doch als der Agent eintraf, stellte sich bald heraus, daß das Unternehmen nicht praktikabel war; Transport und Unterbringung ließen sich nicht garantieren, und angesichts der gestiegenen Preise und der schwankenden Währung war es unmöglich, die Kosten zu schätzen. Also wurde die Tour gestrichen, doch der Agent blieb, ein arroganter, eitler Italiener, eine nie versiegende Quelle inakkurater Informationen über alle möglichen lokalen Angelegenheiten.

Da war eine standesbewußte Dame mit französischem Titel und amerikanischem Akzent, die plötzlich abreiste, nachdem sie auf einer Mittagsgesellschaft nicht mit der angemessenen Bevorzugung behandelt worden war. Da waren der amerikanische Professor, von dem später noch die Rede sein wird, und zwei furchterregende Damen in Strickkostüm und Tropenhelm; obschon nicht miteinander verwandt, konnte man die beiden kaum auseinanderhalten, weil sie schon lange zusammenlebten: kantiges Kinn, schmallippig, harte, unzufriedene Augen. Für sie war die Krönung eine einzige Enttäuschung. Was machte es schon, daß sie Zeugen eines einzigartigen Moments der Begegnung zweier Kulturen waren? Sie kämpften gegen das Laster. Sie sammelten Material für ein kleines Buch zu diesem Thema, ein afrikanisches *Mother India*, und jede Minute, die mit koptischem Ritual oder Reitkunstdarbietungen zugebracht wurde, war aus ihrer Sicht vergeudet. Ihr bescheidenes Interesse galt Prostitution und Rauschgifthandel, doch sie waren viel zu dumm, um irgend etwas zu sehen.

Die erstaunlichsten Gäste dürften indes die Angehörigen der Marinekapelle gewesen sein. Ursprünglich hatte der Kaiser eine europäische Tanzkapelle aus Kairo engagieren wollen, doch die geschätzten Kosten für Honorar und Spesen waren so hoch, daß er beschloß, die Bordkapelle von HMS *Effingham* einzuladen, den Krönungsfeierlichkeiten als seine Gäste beizuwohnen und bei den diversen Anlässen zu spielen. Die Musiker trafen am selben Tag ein wie der Herzog von Gloucester, angeführt von Major Sinclair, gestärkt durch Champagner morgens, vormittags, mittags, nachmittags und abends während der ganzen Reise und versehen mit vielen klugen Ratschlägen über das richtige Verhalten in einer ausländischen Hauptstadt. In Addis Abeba wurden sie in einem großen, noch unfertigen Hotel einquartiert; jeder hatte sein eigenes Zimmer, das die aufmerksamen Gastgeber mit Haarbürsten, Kleiderbügeln und nagelneuen Spucknäpfen ausgestattet hatten.

Wohl niemand hätte den Stern von Äthiopien mehr verdient als Major Sinclair. Er verzichtete auf Glanz und Pracht des Gesandtschafts-Camps und blieb treu bei seinen Männern in der Stadt und bemühte sich tagelang, Termine zu vereinbaren, die nie eingehalten wurden. Sein Tagebuch, das zu lesen einige von uns das Privileg hatten, war eine eindrucksvolle Chronik zahlloser geduldig ertragener Enttäuschungen. *»9.30 Termin mit dem Privatsekretär des Kaisers, um über den Ablauf des heutigen Galadiners zu sprechen. Er kam nicht. 11.00 Besuchte, wie verabredet, den Chef der königlichen Musikkapelle. Er war nicht da. 12.00 Sprach mit Mr. Hall, um mir eine Partitur der äthiopischen Nationalhymne zu besorgen – nicht erhältlich. 14.30 Ein Wagen hätte mich zum Flughafen bringen sollen – er kam nicht ...«* Und so weiter. Doch trotz aller Entmutigungen war die Kapelle immer pünktlich zur Stelle, makellos gekleidet und mit den richtigen Noten.

Besonders ein Vormittag, an dem die Kapelle eine wichtige Rolle spielte, ist mir als typisch für die ganze Woche in lebhafter Erinnerung. Es war der erste Tag der offiziellen Feierlichkeiten, die mit der Enthüllung des neuen Menelik-Denkmals beginnen sollten. Die Zeremonie war für zehn Uhr angesetzt. Um halb zehn fuhren Irene Ravendale und ich zum Ort der Veranstaltung. Dort, wo früher der Hinrichtungsbaum gestanden hatte, stand nun das Denkmal, in prächtige grüne Seide gehüllt, ringsum ein kleiner Ziergarten mit gepflasterten Wegen, einer Balustrade und ordentlichen Rasenflächen, aus denen zart das frisch gesäte Gras sproß. Während einige Arbeiter Teppiche ausrollten und gelbe Sonnenschirme aufstellten, wie man sie von Restaurantterrassen kennt, arbeiteten andere noch immer am Mauerwerk und pflanzten Palmen in den trockenen Boden. Hier türmte sich ein Berg goldlackierter Sessel, dort kämpften Photographen und Kameraleute um die besten Plätze. Gegenüber der mit Teppich ausgelegten Terrasse erhob sich eine nicht besonders stabil anmutende Tribüne. Eine Abteilung Polizisten mit Stöcken sollte die Plätze entschlossen von Äthiopiern freihalten. Vier, fünf Europäer saßen bereits dort, Irene und ich setzten uns dazu. Alle zehn Minuten erschien ein Polizeioffizier, der uns befahl, von der Tribüne zu verschwinden. Wir zeigten ihm unsere Passierscheine, worauf er salutierte und sich entfernte, doch nach kurzer Zeit kam ein Kollege, und das ganze Spiel ging von vorne los.

Der Platz und das letzte Stück der Straße, die dort hinführte, waren von königlicher Wache gesäumt. Eine Kapelle hatte Aufstellung genommen. Der belgische Oberst saß auf einem nervös tänzelnden kastanienbraunen Pferd. Und dann, pünktlich auf die Minute, erschien Major Sinclair mit seiner Kapelle. Die Männer hatten von ihrem Hotel herbeimarschieren müssen, da der für sie bestellte Omnibus nicht gekommen war. Sie blieben stehen, während Major Sinclair den belgischen Oberst um Instruktionen bat. Der verstand kein Englisch und Major Sinclair kein Französisch. Es folgte ein kompliziertes Gespräch, das durch die Ungebärdigkeit des seitwärts zurückweichenden Pferdes zusätzlich erschwert wurde. Dergestalt überquerten die beiden Offiziere den ganzen Platz, während sie mit ausholenden Gesten ergebnislos konferierten. Schließlich trat Irene heldenhaft hinzu, um zu dolmetschen. Wie sich zeigte, hatte der belgische Oberst keine Anweisungen bezüglich der englischen Kapelle. Er hatte seine eigene Kapelle, an einer zweiten war er nicht interessiert. Der Major erklärte, er sei von höchster Stelle angewiesen worden, um zehn zu erscheinen. Unmöglich, entgegnete der Oberst, es sei kein Platz für den Major, er könne nicht bleiben, und ohnehin werde er keine Gelegenheit haben, irgend etwas zu spielen, da das Programm der Eingeborenenkapelle für den Anlaß völlig ausreiche. (Was wir angesichts der Neigung dieser Kapelle, kein Da capo auszulassen, sofort glaubten.) Schließlich räumte der Oberst ein, daß die englische Kapelle hinter seinen Leuten am Fuß des Hügels Aufstellung beziehen könne. Die Offiziere gingen auseinander, und die Kapelle marschierte davon. Es folgte eine Zeit langen Wartens, während die Schlacht zwischen Polizei und Bevölkerung rings um die Tribüne fortdauerte. Endlich trafen die Delegationen ein, die Soldaten präsentierten das Gewehr, die Eingeborenenkapelle spielte; der belgische Oberst geriet zeitweilig hinter seine Leute, lenkte sein tänzelndes Pferd heldenhaft quer durch die Menge und tauchte an einer anderen Ecke des Platzes wieder auf. Die Delegationen nahmen ihre Plätze auf den vergoldeten Sesseln unter den Sonnenschirmen ein. Bis zum Eintreffen des Kaisers verging eine lange Pause. Die Soldaten standen noch immer stramm. Plötzlich kam auf dieser imposanten Allee ein Sklave mit einem Goldsessel auf dem Kopf selbstvergessen dahergeschlendert. Er stellte den Sessel zu den anderen, betrachtete interessiert die glanzvollen Uniformen und verschwand dann wieder. Schließlich kam der Kaiser. Erst eine Abteilung Ulanen, dann das karmesinrote Automobil mitsamt Seidenschirm. Der Kaiser nahm in der Mitte des Platzes unter einem blauen

Baldachin seinen Platz ein. Die Kapelle spielte die äthiopische Nationalhymne. Ein Sekretär überreichte den Text seiner Ansprache. Die Photographen photographierten, und die Kameramänner filmten. Aber es gab eine Verzögerung. Etwas war offenbar nicht in Ordnung. Botschaften gingen von Mund zu Mund. Ein Läufer entfernte sich talwärts.

Ein Photograph, kühner als die anderen, trat aus der Menge und baute seine Kamera nur wenige Meter von der königlichen Gesellschaft entfernt auf. Er trug einen violetten Anzug, ein grünes offenes Hemd, karierte Kniestrümpfe und zweifarbige Schuhe. Nach ein paar gelungenen Aufnahmen des Kaisers ging er langsam an der Versammlung vorbei und musterte sie kritisch. Wenn er jemanden sah, der seine Aufmerksamkeit erregte, machte er eine Aufnahme. Schließlich nickte er zufrieden und begab sich wieder zu seinen Kollegen.

Noch eine Verzögerung. Dann kamen Major Sinclair und seine Marinekapelle die Allee herauf. Sie blieben in der Mitte des Platzes stehen, nahmen ihre Noten heraus und spielten die Nationalhymne. Dann ging alles nach Plan weiter. Der Kaiser trat vor, verlas seine Rede und zog an einer Kordel. Man hörte das Geräusch reißender Seide, und eine große Reiterstatue in Goldbronze kam teilweise zum Vorschein. Männer hoben mit langen Stangen die festsitzenden Partien an. Ein Stoffetzen, an den sie nicht herankamen, flatterte hartnäckig über Ohren und Augen des steinernen Pferds. Der griechische Bauunternehmer stieg auf eine Leiter und entfernte ihn.

Die Marinekapelle spielte noch immer. Die Delegationen und Hofbeamten begaben sich zu ihren Autos; der Kaiser hielt inne, lauschte aufmerksam der Musik und schenkte dem Major ein zufriedenes Lächeln, bevor er davonfuhr. Als der letzte Besucher verschwunden war, durchbrach die Menge die Reihe der Soldaten, der Platz war ein Durcheinander von weißen Gewändern und schwarzen Köpfen. Noch tagelang konnte man Leute sehen, die sich um das Denkmal scharten und dieses neue Schmuckstück in ihrer Stadt ehrfürchtig anstaunten.

III

Noch am vorangegangenen Nachmittag hatte größte Unklarheit bezüglich der Eintrittskarten für die Krönungsfeier geherrscht. Die Gesandtschaften wußten nichts, Mr. Hall wußte nichts, und sein Büro wurde unablässig belagert von nervösen Journalisten, deren Berichte nur dann eine Chance hatten, rechtzeitig für die Montagszeitungen in London einzutreffen, wenn sie einige Zeit vor dem Ereignis geschrieben und abgeschickt würden. Aber was sollten die Leute schreiben, wenn sie nicht einmal wußten, wo die Zeremonie stattfinden würde?

Mit kaum verhohlener Verärgerung gingen sie daran, das Beste aus ihrem dürftigen Material zu machen. Gorgis und Umgebung waren hermetisch abgeriegelt; durch die Absperrung war ein riesiges Zelt unmittelbar neben der Kirche auszumachen. Manche schrieben, daß dort die Krönung stattfinden werde. Andere betrachteten diesen Ort als Schauplatz eines prunkvollen Empfangs und zeichneten phantasievolle Bilder von der Zeremonie im Innern der Kathedrale – *»düster, erfüllt von dichten Weihrauchschwaden und dem schweren Rauch von Talgkerzen, so daß man kaum noch Luft bekam«* (Associated Press); Experten auf dem Gebiet der koptischen Religion erklärten, daß vermutlich niemand etwas sehen werde, da die eigentliche

Krönung im Allerheiligsten stattfinde, das kein Laie zu Gesicht bekomme, geschweige denn betreten dürfe – es sei denn, für den Herzog von Gloucester und den Prinzen Udine werde, immerhin denkbar, eine Ausnahme gemacht. Die Filmmenschen, deren Bosse sehr viel Geld dafür ausgegeben hatten, sie mitsamt ihren Aufnahmegeräten ins Land zu bringen, ließen allmählich eine gewisse Nervosität erkennen, und manche Korrespondenten wurden geradezu aggressiv in ihrer Darstellung der Wut der übergangenen Presse. Mr. Hall ließ sich jedoch nicht aus der Ruhe bringen. Alles, versicherte er, werde für unsere speziellen Bedürfnisse arrangiert; die Einzelheiten, räumte er ein, seien leider noch unklar.

Etwa vierzehn Stunden vor Beginn der Zeremonie wurden über die Gesandtschaften schließlich numerierte Eintrittskarten ausgegeben; es war jede Menge Platz für alle, außer für die Abessinier. Die Ras und Hofbediensteten erhielten goldene Sessel, aber die lokalen Anführer schien man völllig vergessen zu haben; die meisten blieben draußen, starrten versonnen auf die kaiserliche Kutsche und die hohen Kopfbedeckungen der europäischen und amerikanischen Besucher; diejenigen, die sich hineindrängen konnten, wurden weit hinten festgehalten, wo sie auf dem Boden hockten oder in der ganzen Pracht ihrer Festtagskleidung in den hintersten Ecken des großen Zelts einfach vor sich hin dösten. Denn dort fand der Gottesdienst schließlich statt. Das Wort »Zelt« vermittelt nur einen unvollkommenen Eindruck von diesem schönen Pavillon: leicht und hoch, getragen von zwei Reihen umhüllter Gerüststangen; der östliche Teil mit Seidenvorhängen behängt, hinter denen ein improvisiertes Allerheiligstes mit dem Tabot aus der Kathedrale errichtet worden war. Die Hälfte des Raums nahm ein teppichbedecktes Podium ein. Darauf stand der seidenbedeckte Tisch mit Insignien und

Krone, anständig verpackt in einer Hutschachtel; rechts und links vom Podium standen zwei Reihen vergoldeter Stühle für den Hof und das diplomatische Corps und, ganz am Ende, mit dem Rücken zum Hauptteil des Festsaals, zwei baldachinbekrönte Thronsessel, der eine, scharlachrot, für den Kaiser, der andere, blau, für die Kaiserin.

Ihre Majestäten hatten die Nacht in der Kathedrale wachend verbracht – im Innern umgeben von Priestern, draußen von Soldaten; das Zelt betraten sie direkt von der Kathedrale durch eine Seitentür hinter den Vorhängen. Ein einfallsreicher Journalist, der seinem Bericht die Überschrift *»Meditation hinter Maschinengewehren«* gab, machte die befriedigende Erfahrung, daß er, als er schließlich auf das Gelände vorgelassen wurde, seine Vermutung auf das schönste bestätigt fand: eine MG-Abteilung bewachte den Zugang. Andere Vorhersagen waren weniger gelungen. So schrieben viele Korrespondenten über den feierlichen Auszug Seiner Majestät aus dem Palast bei Sonnenuntergang. Tatsächlich traf er erst am späten Abend ein, noch dazu mit einem Minimum an Pomp. Associated Press verlegte das Ereignis in die Morgendämmerung und beschrieb es folgendermaßen: »Als das Kaiserpaar durch die staubigen Straßen der Berghauptstadt zur Kathedrale fuhr, vorbei an Zehntausenden Kriegern und Stammesführern, brach das Volk in wilde Begeisterungsrufe aus. Zahllose Eingeborene wurden zu Boden getrampelt, als die Menge nach vorn drängte, um einen Blick auf die Krönungsgesellschaft zu werfen.«

Als später die Zeitungen aus Europa und Amerika eintrafen, fand ich es hochinteressant, meine eigenen Erlebnisse mit denen der anderen Korrespondenten zu vergleichen. Ich hatte das Glück, für eine Zeitung zu arbeiten, die allergrößten Wert auf Genauigkeit legt; gleichwohl unterliefen mir einige Fehler. Zum Teil hatten diese mit den Beschränkungen bei der telegraphischen Übermittlung zu tun, wenn ein übereifriger Redakteur beispielsweise aus »Abuna«, dem Titel des abessinischen Primas, »der Erzbischof von Abuna« machte. Eigennamen kamen am anderen Ende oft verballhornt an, und gelegentlich wurden ganze Sätze auf kuriose Weise umformuliert, so daß mir irgendwo zwischen Addis Abeba und London die erstaunliche Behauptung zugeschrieben wurde, George Herui habe als Mitarbeiter von Sir John Maffey im Sudan gedient. Manche Fehler dieser Art sind wohl unvermeidlich. Meine Überraschung bei der Lektüre der Berichte über die Krönung lag nicht darin, daß meine impulsiveren Kollegen es mit den Details nicht so genau genommen oder die romantischen und grotesken Aspekte der Veranstaltung gelegentlich übertrieben dargestellt hatten. Mir schien, als hätten wir völlig verschiedene Dinge erlebt. »Die Nachricht als erster bringen« und »Dem Leser geben, was er lesen will« – diese beiden Leitprinzipien von Fleet Street sind nicht immer miteinander zu vereinbaren.

Dies soll nicht als konventionelle Kritik an der Regenbogenpresse verstanden werden. Wer andere Menschen nach seinen eigenen und nicht nach ihren Maßstäben beurteilt, ist selbstgefällig; sinnvoll ist Kritik erst, wenn sie den Leuten die Widersprüchlichkeit ihrer Prinzipien vor Augen führt. Es ist völlig in Ordnung, daß die anspruchsloseren Zeitungen weniger auf Information und mehr auf Unterhaltung setzen und das Sensationelle und Frivole höher bewerten als das, was wichtig, aber langweilig oder unverständlich ist. »Hund beißt Mensch – das interessiert niemanden, aber Mensch beißt Hund – das ist eine Nachricht.« Ich moniere nur, daß die Boulevardpresse auf ihrer Jagd nach dem Verkaufserfolg ebenjene Standards verletzt, die sie sich selbst gesetzt hat – nämlich der Öffentlichkeit zu dienen. Fast jede Londoner Zeitung würde heutzutage lieber einen unvollständigen, ungenauen und unbedeutenden Bericht von einem Ereignis bringen, wenn sie früher damit herauskäme als ihre Konkurrentinnen. Für die Öffentlichkeit ist diese Art Konkurrenz jedoch unerheblich. Der Leser, der seine Zeitung am Frühstückstisch aufschlägt, interessiert sich nicht für die politischen Verhältnisse in Abessinien. Ein Flugzeugunglück oder ein Boxkampf sind etwas ganz anderes. In solchen Fällen will er möglichst schnell wissen, wie es ausgegangen ist. Die Krönung eines afrikanischen Herrschers bedeutet ihm wenig bis gar nichts. Ob er am Montag oder am Dienstag darüber liest, ist ihm egal. Von Afrika will er nur etwas haben, was ihn morgens in der U-Bahn unterhält. Am Dienstag wird er sich genauso gut unterhalten wie am Montag. Der zusätzliche Tag gibt dem Korrespondenten die Zeit, einen gut recherchierten Bericht zu schreiben (und je besser recherchiert ein Bericht ist, desto interessanter ist er meist auch). Das macht den Unterschied aus. Ereignisse sind nur dann unterhaltsam und spannend, wenn eine Zeitung glaubwürdig und korrekt darüber berichtet. Jeder, der sich ein paar Stunden mit einer Schreibmaschine hinsetzt, könnte einen Artikel schreiben, der das Ideal eines jeden Redakteurs wäre. Er würde über dramatische Todesfälle in der Königsfamilie schreiben, das Land in einen Bürgerkrieg stürzen und brutale und rätselhafte Morde konstruieren. All diese Dinge wären für den Leser spannend, solange er sie für wahr halten kann. Wenn sie ihm als Fiktion präsentiert würden, wären sie absolut bedeutungslos. (Das zeigt auch den großen Unterschied zwischen Schriftstellern und Journalisten. Der Wert eines Romans hängt von den Maßstäben ab, die jedes Buch für sich selbst aufstellt; Ereignisse, die keinen Nachrichtenwert haben, erhalten eine gewisse Bedeutung entsprechend ihrer Funktion für den Aufbau des Buches und ihres Verhältnisses zu anderen Ereignissen im Roman, so wie gedämpfte Farben auf bestimmten Bildern eine große Intensität entwickeln.) Das Schöne an der Lektüre der Tageszeitung hat nicht (oder nur sehr indirekt) mit der politischen Richtung oder dem Feuilleton zu tun, sondern mit dem eigentümlichen Licht, das an unvermuteten Stellen scheint – Aussagen aus einem Gerichtssaal, Erklärungen politischer Redner in Provinzstädten –, die plötzlich unerwartete Nebenwege aufdecken. Wären diese nur erfunden, würde sich niemand dafür interessieren. Wenn man erfährt, daß die Leserbriefe mit ihren erstaunlich dogmatischen Ansichten in der Redaktion von einem intelligenten jungen Reporter geschrieben werden, verlieren sie ihren Reiz.

In Addis Abeba konnte ich zum erstenmal die Funktionsweise des Journalismus in vereinfachter Form beobachten. Eine Londoner Redaktion ist viel zu unüberschaubar und kompliziert, als daß man sich eine Meinung über eine kurze Begegnung bilden könnte. Hier kannte ich die meisten Fakten und Leute, und im Lichte dieses Wissens fand ich die Presseberichte haarsträubend und deprimierend. Immerhin gab es hier etwas zu berichten, das für das europäische Publikum ganz neu war – eine Folge von Ereignissen von bemerkenswert spektakulärem Charakter und eine ganz eigene Gesellschaft zwischen Moderne und Barbarei, europäisch, afrikanisch und amerikanisch. Hier jedenfalls war die Wahrheit stärker als die Zeitungsberichte. So schrieb eine Zeitung, der kaiserliche Festsaal sei mit Marmor, Elfenbein und Malachit ausgestaltet. Das ist nichts Besonderes für jeden, der eines der billigeren Londoner Hotels von innen kennt. Tatsächlich gab es dort Photographien der Herren Ramsay, MacDonald und Poincaré und eine große, täuschend realistische Darstellung eines Löwen von einem australischen Künstler. Es kommt nur darauf an, was man schön findet.

Ebenso konnte man lesen, die königliche Kutsche sei von sechs schneeweißen Pferden gezogen worden – eine ganz triviale Vorstellung von Pracht. Wenn die Reporter etwas Spannendes sagen wollten, warum haben sie dann nicht von vergoldeten Eunuchen gesprochen oder von gefärbten Straußen oder von einer Handvoll gefangener Könige, geblendet und eingespannt in ein Joch aus Elefantenstoßzähnen? Da sie aber aus Gewohnheit oder Mangel an Phantasie nicht von ihrem Pferdestall wegkamen, warum haben sie nicht einfach berichtet, wie es wirklich gewesen ist – daß die kaiserliche Kutsche mit sechs Pferden (sie waren nicht weiß, aber darauf kommt es nicht an) und einem ungarischen Kutscher in grotesker Zirkuslivree vorfuhr, daß die Pferde, nicht richtig trainiert, schwierig zu lenken waren und beim ersten Schuß Salut in heillose Panik ausbrachen, die Kutsche auseinanderzureißen drohten und die Umstehenden in Angst und Schrecken versetzten, daß zwei Pferde schließlich ausgespannt werden mußten und ein Pferdeknecht dabei schwere Verletzungen erlitt, daß der Kutscher bei der Prozession tags darauf nicht wieder auftauchte und der Kaiser statt dessen in seinem karmesinroten Automobil fuhr – ein Triumph der Moderne, charakteristisch für die ganze Situation.

Ich selbst habe bei der Krönung folgendes erlebt:

Das Kaiserpaar sollte um sieben Uhr morgens, nach der Nachtwache, aus der Kathedrale treten. Wir waren gebeten worden, etwa eine Stunde vorher beim Zelt zu sein. Irene und ich fanden uns also gegen sechs dort ein, nachdem wir uns bei Kerzenschein angekleidet hatten. Schon Stunden vor Tagesanbruch waren die Straßen verstopft von Stammesangehörigen, die aus den umliegenden Camps in die Stadt strömten. Wir sahen sie das Hotel passieren (in dieser Nacht funktionierte die Straßenbeleuchtung), dichte weiße Gruppen, auf Maultieren oder zu Fuß oder langsam neben ihren Herren einhertrottend. Wie immer waren alle bewaffnet. Unser Auto brachte uns langsam und unter ständigem Gehupe nach Gorgis. Viele andere Autos waren unterwegs, in einigen saßen Europäer, in anderen abessinische Würdenträger. Schließlich erreichten wir die Kirche und wurden nach strenger Kontrolle von Eintrittskarte und Person hineingelassen. Der Platz hinter der Absperrung bot einen vergleichsweise guten Überblick. Die Maschinengewehre auf den obersten Stufen beugten sich der sakralen Ruhe. Aus dem Innern der Kathedrale drangen die Stimmen der Priester, es war die Endphase des Gottesdienstes, der schon die ganze Nacht dauerte. Unbemerkt von den vielen Soldaten, Polizisten und Amtspersonen, die uns in Richtung Zelt dirigiert hatten, stahlen wir uns in den äußeren Wandelgang der Kirche, wo ein Chor bärtiger und prächtig gewandeter Priester zu den Klängen von Handtrommeln und kleinen Silberrasseln tanzte. Die Trommler hockten im Kreis um sie herum, aber die Priester schlugen die Rasseln selbst und schwenkten dabei mit der anderen Hand Gebetsstöcke.* Einige hatten nichts dabei, sondern klatschten bloß in die leeren Hände. Es war ein einziges Kommen und Gehen, Singen und Schaukeln. Getanzt wurde mit Oberkörper und Armen, weniger mit den Beinen. Größte Seligkeit stand in ihren Gesichtern, mitunter sogar Ekstase. Die helle Morgensonne fiel durch die Fenster, schien auf die Tanzenden, auf ihre Silberkreuze, auf die Stöcke mit den Silberspitzen und auf die große illuminierte Handschrift, aus der einer von ihnen, unbeeindruckt von der Musik, das Evangelium las; die Weihrauchwolken stiegen auf und schwollen in den Lichtstrahlen an.

---

* Es sind dies lange Stöcke mit runden Griffen; die Abessinier werfen sich häufig zu Boden, knien aber während des Betens nicht. Vielmehr stehen sie, wobei sie die Hände auf den Stock und die Stirn auf die Hände legen.

Dann gingen wir zum Zelt, das bereits gut gefüllt war. Die Anwesenden waren sehr unterschiedlich gekleidet. Die Herren trugen meist Gehrock, einige auch Frack oder Smoking. Eine Dame hatte sich die amerikanische Fahne auf ihren Tropenhelm gesteckt. Die unteren Ränge der Gesandtschaften, in Uniform, waren schon gekommen und liefen aufgeregt zwischen den Plätzen herum, um sicherzustellen, daß alles in Ordnung war. Um sieben Uhr waren alle Delegationen eingetroffen. Die Engländer, angeführt vom Herzog von Gloucester und Lord Airlie in Husaren- beziehungsweise Ulanenuniform, waren die erhabensten Erscheinungen, wenngleich ein Schwede mit Silberhelm durchaus Eindruck machte. Wie es der Zufall wollte, bestand unsere Delegation überwiegend aus Herren von imposanter Gestalt; dies befriedigte unser Nationalbewußtsein (in fernen Regionen reagiert dieses Gefühl erstaunlich sensibel), aber auch das der einfacheren Abessinier, die zu Recht annahmen, daß dieses großartige Aufgebot in der unzweideutigen Absicht erschienen war, dem Kaiser seine Reverenz zu erweisen. Ich bin indes nicht so sicher, welchen Eindruck die Ungebildeten gewannen. Diese Leute begegnen den Absichten ihrer europäischen Nachbarn mit tiefem Mißtrauen, und die Parade unserer Kriegsherren (als die Sir John Maffey, Sir Harold Kittermaster, Sir Stewart Symes, Admiral Fullerton und Mr. Noble, durchweg in Paradeuniform, ihnen erschienen sein mochten) war kaum dazu angetan, sie zu beruhigen. Man sollte vielleicht anmerken, daß wichtige Handelsverträge und Beraterpositionen bei Hofe kürzlich den Vereinigten Staaten von Amerika zugesprochen wurden, die von allen hier anwesenden Nationen am wenigsten prätentiös auftraten. Doch wäre es albern, sich über das gute Aussehen unserer Staatsdiener zu beklagen, und was die Krönung angeht, so verliehen sie der Zeremonie gewiß Glanz.

Erst lange nachdem der letzte Delegierte seinen Platz eingenommen hatte, traten der Kaiser und die Kaiserin aus der Kirche. Wir konnten den Gesang hören, der hinter dem Vorhang weiterging. Photographen, Amateure und Profis, nutzten die Zeit, um heimlich Schnappschüsse zu machen. Reporter schickten ihre Boys mit ergänzenden Berichten von den Präliminarien zum Telegraphenamt. Wegen einer mißverstandenen Anweisung des zuständigen Beamten war das Amt an diesem Tag geschlossen. Nach Art der einheimischen Diener saßen die Boten, statt ihren Herren Bericht zu erstatten, dankbar für die Pause auf den Stufen und schwatzten, bis das Büro vielleicht doch öffnete. Erst spät am Tag stellte sich die Wahrheit heraus, und dann bekam Mr. Hall noch mehr Schwierigkeiten.

Die Zeremonie selbst war endlos lang, doch die Priester schafften es, daß sie mindestens anderthalb Stunden länger dauerte als ursprünglich geplant. Die anschließenden sechs Festtage waren dann vorwiegend militärischen Charakters, während der eigentliche Krönungstag in den Händen der Kirche lag, und die war entschlossen, ihn besonders prunkvoll zu begehen. Psalmen, Hymnen und Gebete wechselten miteinander ab, es wurden lange Bibelstellen verlesen, alles in Ge'ez, der ausgestorbenen Kirchensprache. Kerzen wurden eine nach der anderen angezündet, die Eidesformel wurde vorgesprochen und wiederholt. Die Diplomaten saßen unbequem auf ihren Goldstühlen, am Eingang brach lauter Streit zwischen der kaiserlichen Garde und der Gefolgschaft lokaler Stammesführer aus. Professor W., ein weltberühmter Experte für koptische Liturgie, bemerkte irgendwann: »Jetzt fangen sie mit der Messe an.« – »Das war das Offertorium.« – »Nein, ich habe mich geirrt, das war die Konsekretation.« – »Ach nein, das war wohl das geheime Evangelium.« – »Nein, ich glaube, es muß die Lesung aus den Episteln sein.« –

»Sehr merkwürdig, ich glaube, es war überhaupt keine Messe.« – »*Jetzt* fangen sie mit der Messe an ...« Und so weiter. Wenig später fingen die Bischöfe an, in den Hutschachteln herumzustöbern, und die Investitur begann. Dem Kaiser wurden Robe, Reichsapfel, Sporen, Speer und schließlich die Krone überreicht. Die Kanonen schossen Salut, und die Menschenmenge, die draußen in der ganzen Umgebung zusammengekommen war, brach in Jubel aus. Die kaiserlichen Pferde bäumten sich auf, stiegen übereinander her, rissen die vergoldete Vorderseite der Kutsche weg und zerrten am Geschirr. Der Kutscher sprang herunter und schwang aus sicherer Entfernung die Peitsche. Im Innern des Pavillons herrschte Erleichterung; alles war wunderschön und eindrucksvoll gewesen, und jeder sehnte sich nach einer Zigarette, einem Drink und der Gelegenheit, möglichst bald bequemere Sachen anziehen zu können. Nichts da. Nunmehr folgte die Krönung von Kaiserin und Thronfolger. Wieder Salutschüsse, bei denen ein abessinischer Pferdeknecht, der zwei der kaiserlichen Pferde ausspannen wollte, sich zwei Rippen brach. Wieder griffen wir nach Hut und Handschuhen. Doch der koptische Chor sang noch immer, und die Bischöfe gingen dazu über, unter den entsprechenden Gebeten, Lesungen und Gesängen die Insignien wieder einzusammeln.

»Mir sind einige sehr kuriose Abweichungen im Ablauf der Messe aufgefallen«, sagte der Professor, »vor allem hinsichtlich des Friedenskusses.«

Dann begann die Messe.

Zum erstenmal an diesem Vormittag stiegen der Kaiser und die Kaiserin von ihrem Thron; sie verschwanden hinter den Vorhängen in das improvisierte Allerheiligste; die meisten Priester folgten ihnen. Auf der Bühne befanden sich jetzt nur noch die Diplomaten, mit starrem und angespanntem Gesicht, wenig elegant in der Haltung. Genau diesen Gesichtsausdruck habe ich in überfüllten Eisenbahnabteilen der zweiten Klasse frühmorgens zwischen Avignon und Marseille gesehen. In ihrer Aufmachung wirkten sie noch komischer. Nur Marschall d'Esperez wahrte Würde, die Brust herausgestreckt, den Stab auf den Knien, steif wie ein Kriegerdenkmal und, soweit man das beurteilen konnte, hellwach.

Es war nun etwa elf Uhr, der Zeitpunkt, zu dem der Kaiser den Pavillon verlassen sollte. Pünktlich nach Plan stiegen zu seiner Begrüßung drei abessinische Flugzeuge in den Himmel auf. Die Piloten kreisten über dem Zelt und demonstrierten eifrig ihre Kunst, indem sie im Sturzflug herabschossen und knapp über dem Zeltdach wieder abdrehten. Der Lärm war ohrenbetäubend. Die Stammesführer rührten sich im Schlaf und wandten das Gesicht ab; und daß die koptischen Diakone immer noch sangen, erkannten wir nur daran, daß sie die Lippen öffneten und wieder schlossen und die Notenblätter umdrehten.

»Eine sehr unschöne Unterbrechung. Mir sind viele Strophen entgangen«, sagte der Professor.

Schließlich, gegen halb eins, fand die Messe ein Ende, und der Kaiser und die Kaiserin, nunmehr gekrönt und, wie Irene fand, genau wie zwei Sevillaner Prozessionsfiguren aussehend, schritten unter einem roten und goldenen Baldachin zu einer großen Tribüne, wo der Kaiser eine Proklamation verlas; ein Flugzeug warf Exemplare des Textes ab, und über Lautsprecher gaben Hofbedienstete ihn der Bevölkerung bekannt.

Unter den Photographen und Kameraleuten kam es zu einem etwas unschönen Gerangel – eine große Kamera wurde mir in den Rücken gerammt, und eine heisere Stimme schimpfte: »Weg da, Platz für die Augen der Welt!«

Die Priester fingen wieder an zu tanzen, und niemand weiß, wie lange es so weitergegangen wäre, hätten die Photographen sich nicht so respektlos aufgeführt, daß jene sich schließlich zurückzogen, um ihre frommen Gebete allein in der Kathedrale zu beenden.

Der Kaiser und die Kaiserin wurden schließlich zu ihrer Kutsche geleitet und von der dezimierten, aber noch immer demonstrativ neurasthenischen Pferdeschar zum Mittagessen gebracht.

Den Bericht für meine Zeitung, den ich während des Gottesdienstes beendet hatte, übergab ich dem Funker der italienischen Gesandtschaft. Als ich mich auf die Suche nach meinem Auto machte, stand der belgische Major auf und begann mich zu beleidigen. Der Grund dafür wurde mir erst klar, als ich begriff, daß er mich mit einem deutschen Bankangestellten verwechselte, der seinen Adjutanten offenbar verprügelt hatte. Mein indischer Chauffeur war vor lauter Langeweile nach Hause gefahren. Das Mittagessen im Hotel war erbärmlich. Alle Lebensmittelvorräte seien von der Regierung konfisziert worden, erklärte uns Monsieur Hallot. Es sei fraglich, ob der Markt noch vor Ende der Woche wieder öffne. Also gab es Dosenananas und drei Gänge Pökelfleisch, einmal in kleine Stücke geschnitten mit gehackter Zwiebel, das zweitemal im Ganzen mit Tomatenketchup, das drittemal Scheiben mit heißem Wasser und Worcestershiresauce. Die Kellner waren am Abend zuvor ausgegangen, um sich zu betrinken, und noch nicht wieder aufgewacht.

An diesem Abend hatten wir alle schlechte Laune.

Es folgten sechs Tage intensiven Feierns. Am Montag morgen mußten die Delegationen Kränze am Mausoleum von Menelik und Zauditu niederlegen. Dies ist ein runder, überkuppelter, fast byzantinisch anmutender Bau im Gebbi-

Park. Das Innere ist ausgestattet mit Ölgemälden und vergrößerten Photographien der Königsfamilie, einer massiven Standuhr aus Eiche und einigen Tischen, wie man sie in Schaufenstern in der Tottenham Court Road sieht; deren ausgestellte Beine guckten unter diagonal drapierten bestickten Leinentüchern hervor. Darauf standen kleine konische Silbervasen mit Weidenkätzchen, kühne Imitate aus Draht und lila Wolle. Stufen führten hinunter zum Gewölbe mit den weißen Marmorsarkophagen der beiden Herrscher. Ob sie tatsächlich deren Gebeine enthalten oder überhaupt irgendwelche Gebeine, steht dahin. Tag und Ort von Meneliks Ende sind ein Palastgeheimnis, aber allgemein wird angenommen, daß sein Tod etwa zwei Jahre vor der offiziellen Bekanntgabe stattgefunden habe. Die Kaiserin liegt wahrscheinlich in Debre Libanos begraben. Doch an diesem Morgen erschienen die Abgesandten der Großmächte pflichtschuldigst mit eindrucksvollen Blumengebinden, und auch Professor W. ließ sich nicht lumpen und kam mit einem kleinen Strauß weißer Nelken gravitätisch angetappt.

Am Nachmittag fand in der amerikanischen Gesandtschaft eine fröhliche Tea-Party und in der italienischen ein Ball mit Feuerwerk statt, aber die Festlichkeit, die das lebhafteste Interesse fand, war der *gebber*, den der Kaiser für seine Landsleute gab. Diese regelmäßigen Bankette sind ein wichtiges Band zwischen dem Volk und seinen Herrschern, deren Ansehen zu Friedenszeiten je nach Häufigkeit und Üppigkeit dieser Feste schwankte. Bis vor wenigen Jahren gehörte der Besuch eines *gebber* zu den Vergnügungen, die jedem Abessinien-Reisenden geboten wurden. In fast jedem Buch über das Land finden sich ausführliche Augenzeugenberichte, die die Scharen von dicht gedrängt hockenden Gästen beschreiben, die Sklaven, die das noch warme, frisch geschlachtete, ungekochte

Fleisch herbeitragen, die Eile, mit der sich jeder Gast bedient, die Aufwärtsbewegung seines Dolchs, mit dem er jeden Bissen von dem tropfenden Stück schneidet; die feuchten, weichen Fladenbrote; die großen Schlucke *tedj* und *talla* aus Horngefäßen; die Metzger, die draußen die Ochsen schlachten und zerlegen, der Kaiser und die Würdenträger am Ehrentisch, die einander stark gewürzte Stücke von feinerer Kost reichen. Dies sind die traditionellen Elemente des *gebber* und zweifellos auch dieses Festes. Jedenfalls beschrieben die Journalisten ihre Eindrücke in glühenden Paraphrasen von Rhey und Kingsford. Als es soweit war, stellten wir jedoch fest, daß man besondere Vorkehrungen getroffen hatte, alle Europäer von dem Spektakel auszuschließen. Vielleicht glaubte man, diese Festlichkeit würde ein falsches Bild von den zivilisatorischen Bestrebungen der Regierung vermitteln. Mr. Hall versprach loyalerweise, sich für jeden von uns zu verwenden, aber Zutritt erhielten letztlich nur zwei resolute Damen sowie (vermutlich unter ordinärer Ausnutzung seines Rassenvorteils) der farbige Korrespondent einer Gruppe von Neger-Zeitschriften.

Ich selbst sah nur die letzten Gäste, die am späten Nachmittag den Gebbi verließen. Es war eine beneidenswerte Gesellschaft, wie betäubt von Speis und Trank. Polizisten versuchten, die Leute weiterzuscheuchen, versetzten ihnen Tritte in den unempfindlichen Hintern und Schläge mit ihren Stöcken, doch ihrer heiteren Stimmung tat das keinen Abbruch. Die Stammesführer wurden von ihren Gefolgsleuten auf Maultiere gehoben, auf denen sie blinzelnd und lächelnd sitzen blieben; ein alter Mann, der rücklings auf dem Tier saß, tastete unsicher nach dem Zügel; manche standen in stummen Gruppen beieinander, schwankend, einander festhaltend, andere, ohne diesen Halt, rollten zufrieden auf der Erde. Abends erinnerte ich mich wieder an sie, als ich im Speisesaal der italienischen Gesandtschaft saß, wo man ernst über die leichte diplomatische Verstim mung diskutierte, die der Kaiser durch seine eigenwillige Verleihung von Auszeichnungen ausgelöst hatte.

Es gab mehrere Gesellschaften in dieser Woche, alle in mehr oder weniger identischer Zusammensetzung. Bei dreien fand ein Feuerwerk statt mit mindestens einem häßlichen Unfall. Bei einer funktionierte die Filmvorführung nicht; bei einer anderen traten Galla-Tänzer auf, die sich die Schultern verrenkten und so sehr schwitzten, daß unser Gastgeber ihnen Geldscheine auf die Stirn drücken konnte; bei einer anderen froren die somalischen Tänzer auf einem buntbeleuchteten Rasen. Es gab ein Wettrennen, bei dem die örtlichen Ponys in kühnem Sprung über niedrige Hindernisse setzten und einheimische Jockeys Abkürzungen nahmen; der Kaiser saß ganz allein unter einem riesigen Baldachin. Die königliche Loge war voll besetzt und kein einziger Zuschauer auf dem Rest der Rennbahn. Ein Buchmacher zahlte vier Dollar für jeden Drei-Dollar-Einsatz auf den Gewinner. Beide Kapellen spielten. Der Fürst Udine präsentierte einen enormen Pokal und der Kaiser eine prachtvolle Art Urne, deren Zweck allen schleierhaft war. Sie hatte mehrere silberne Zapfhähne und kleine silberne Füße und eine große flache Schale mit Silbertellern der Art, auf denen beim Film Grapefruit gereicht werden. Diese feine Trophäe gewann ein Herr in goldschimmernden Reitstiefeln, der zur französischen Gesandtschaft gehörte. Später wurde die Trophäe auf der dortigen Gesellschaft für den Champagner verwendet. Es gab einiges Gemurre über den Sportsgeist der Franzosen, die ihre uneingelösten Wettscheine zurückgeschickt hatten. Dies beweise sehr schlechten Corpsgeist, erklärten die anderen Gesandtschaften.

Es gab ein Defilee aller uniformierten und irregulären Truppen, in dessen Verlauf Irene in einem Taxi erschien, erstaunlicherweise umringt von berittenen Musikern, die auf langen Blasinstrumenten spielten und Sattelpauken schlugen. Als der Kaiser vorbeikam, stießen die Leute zum Zeichen ihrer Begeisterung einen hohen schrillen Laut aus.

Ein Souvenir-Museum wurde eröffnet, in dem Exemplare des einheimischen Kunsthandwerks gezeigt werden – die Krone, die General Napier einst bei Magdala erbeutet hatte und vom Victoria and Albert Museum zurückgegeben worden war, und ein großer ausgehöhlter Stein, den ein abessinischer Heiliger als Kopfbedeckung getragen hatte.

Auf dem Feld vor dem Bahnhof fand eine Truppenparade statt. Obwohl wir das Privileg genossen hatten, fast täglich nahezu jedes Mitglied der Streitkräfte Seiner Majestät zu sehen, war dies ein erstaunlicher Aufzug für all jene, die, wie ich, noch nie Stammesangehörige in Arabien oder Marokko gesehen haben, die zum Appell antreten. Die Männer strömten von überall her in Richtung Tribüne zusammen, begrüßten den Kaiser mit Rufen und emporgehaltenen Waffen, die kleinen Pferde und Maultiere galoppierten bis vor den Thron, wo sie sich, brutal zurückgerissen, mit Schaum vor dem blutenden Maul aufbäumten.

Doch keine Aufzählung von Ereignissen kann einen wahren Begriff von diesen erstaunlichen Tagen vermitteln, von dieser einzigartigen, traumhaften, unvergeßlichen Atmosphäre. Wenn ich auf den vorangegangenen Seiten vielleicht allzu viel von dem ungeordneten Ablauf der Veranstaltungen gesprochen habe, von der Unpünktlichkeit und dem gelegentlichen Chaos, dann deswegen, weil das wesentlich zu ihrem Charakter und Charme gehörte. In Addis Abeba war alles unorganisiert und widersprüchlich; man lernte, stets das Ungewöhnliche zu erwarten, und wurde doch immer wieder überrascht.

Jeden Morgen begrüßte uns eine strahlende Sommersonne, jeder Abend endete kühl, friedlich, erfüllt von verborgener Vitalität, vom dünnen Rauch der Kochstellen vor den *tukuls*, pulsierend wie ein lebendiger Körper im Rhythmus der Trommeln, die unsichtbar weit draußen unter den Eukalyptusbäumen unaufhörlich geschlagen wurden. In dieser reichen afrikanischen Umgebung waren Menschen aller Völker und Temperamente für ein paar Tage zusammengeworfen, auf die eine oder andere Weise beteiligt an diesem Komplex von Hysterie und Apathie, von Erhabenheit und Farce, eine Gesellschaft, erfüllt von Animositäten und Mißtrauen jedweder Art. Immer wieder gab es Gerüchte, die aus der allgemeinen Unsicherheit entstanden: Gerüchte über Termin und Ort einer jeden Zeremonie; Gerüchte von Spannungen in den höchsten Kreisen; Gerüchte von Banden, die im Landesinneren ihr Unwesen trieben, da die verantwortlichen Beamten allesamt in Addis Abeba seien; Gerüchte, Sir Percival Phillips habe das Funkgerät der Gesandtschaft benutzt und dem äthiopischen Gesandten in Paris sei der Zutritt nach Addis Abeba verwehrt worden; der königliche Kutscher habe seit zwei Monaten kein Gehalt mehr bekommen, sei sogar entlassen worden; die Piloten aus Aden planten insgeheim eine Verkehrsverbindung zwischen der Hauptstadt und der Küste; eine der Gesandtschaften habe sich geweigert, die erste Hofdame der Kaiserin zu empfangen. Und vor allem gab es den großen Flohskandal und die Indiskretion über die Köchin des Herzogs von Gloucester.

Von dieser Affäre hatte ich andeutungsweise gehört, wenige Tage bevor sie allgemein bekannt wurde. Mit zwei Journalisten hatte ich am Abend vor der Krönung auf der Hotelterrasse bei einem Cocktail gesessen. Einer sagte: »Wir haben heute morgen von …« (es folgte der Name eines liebenswürdigen Deppen in der Gesellschaft des

Herzogs von Gloucester) »eine wirklich dolle Sache gehört. Sie ist nichts für Ihre Zeitung, also kann ich sie Ihnen ja ruhig erzählen.«

Es war eine einfache und glaubwürdige Geschichte. Erstens wimmelte es in dem alten Gebbi, dem Quartier des Herzogs, von Flöhen, wie in den meisten äthiopischen Häusern. Zweitens beklagte sich die deutsche Köchin über die eingeborenen Diener, von denen sie ignoriert werde. Sie ging erregt im Zimmer auf und ab, erklärte ihr Problem, und als sie sich einmal umdrehte, zeigte sich, daß sie in ihrer Erregung vergessen hatte, ihren Rock festzubinden, so daß er sich öffnete und ein roter Baumwollschlüpfer zum Vorschein kam. Die Gentlemen konnten ihre Belustigung nicht verbergen, doch die Köchin betrachtete diese spöttische Reaktion als weiteren Teil einer Verfolgungskampagne und stürmte aus dem Haus, weshalb die Herren ohne Frühstück auskommen mußten.

»Sie haben diese Geschichte abgeschickt?« fragte ich.

»Worauf Sie sich verlassen können.«

Ich ahnte, daß es Ärger geben würde.

Zwei Tage später erhielt der lokale Vertreter einer Nachrichtenagentur das folgende Telegramm aus London:

»ÜBERPRÜFEN BERICHT FLÖHE GLOUCESTERBETT UND HERZOG FRÜHSTÜCKSLOS WG ROTEM KÖCHINNENSCHLÜPFER.« Der Korrespondent eilte mit dem Telegramm zur Gesandtschaft und kabelte auf Empfehlung des Gesandten zurück: »BEDEUTUNGSLOSER ZWISCHENFALL STARK ÜBERTRIEBEN EMPFEHLE NICHTABDRUCK.«

Doch es war schon zu spät. Die Zeitungen der zivilisierten Welt hatten die Geschichte bereits veröffentlicht, die kaiserlichen Agenten in Europa diesen Verrat gemeldet. Der Kaiser hatte sich bei den Gesandtschaften beschwert. Es zirkulierten erregte Berichte, daß jeder Journalist auf

Befehl des Kaisers das Land binnen vierundzwanzig Stunden verlassen müsse. Daß Lady Barton ihre Balleinladungen überprüfe, daß der Kantaba sein Bankett gestrichen habe, daß keine Sterne von Äthiopien mehr verliehen würden, solange der Missetäter nicht ermittelt sei. Ausdrücke wie »Verletzung der Gastfreundschaft«, »Unverschämtheit«, »unverzeihlicher Fehltritt«, »grobe Stillosigkeit« flogen hin und her. Bei einer Abendgesellschaft sprach der Adjutant, der die ganze Sache ins Rollen gebracht hatte, auffällig oft davon, daß er dem Kerl, wer immer es sei, einen Tritt in den Hintern versetzen werde. Wir alle waren fast einen Tag lang verunsichert, bis das schäbige Verhalten der französischen Gesandtschaft hinsichtlich der Wettscheine und die schwerwiegende Frage, ob der Kaiser bei der privaten Teegesellschaft von Marschall d'Esperez erscheinen werde, für neue Aufregung sorgte.

Ein paar Tage später saßen Irene und ich draußen vor dem Hotel bei einem Aperitif, warteten auf das Mittagessen und beobachteten amüsiert, wie verschiedene Gäste auf einen fliegenden Händler reagierten, der mit einem Bündel Schnürsenkel in der einen Hand und einem emaillierten *pot de chambre* in der anderen schüchtern näher trat. Auf einmal fuhr ein Taxi vor, ein Diener in Hoflivree sprang heraus und warf Irene einen Haufen Briefumschläge in den Schoß. Zwei davon waren an uns adressiert. Den Rest gaben wir dem Mann zurück, der sie dann am nächsten Tisch präsentierte, wo sie auf ähnliche Weise gesichtet wurden. Es war vielleicht nicht die effizienteste Zustellmethode, doch da der Mann nicht lesen konnte, ist nicht klar, was er sonst hätte tun sollen.

Die Briefe enthielten eine Einladung zum Mittagessen mit dem Kaiser am selben Tag um eins; da es bereits kurz nach halb eins war, ignorierten wir das *R.S.V.P.* und eilten los, uns umzuziehen.

Professor W. hatte mir einige Tage zuvor mit verhaltener Befriedigung von dieser Gesellschaft berichtet: »Samstag werde ich mit dem Kaiser zu Mittag speisen. Es gibt ein paar Dinge, über die ich gern mit ihm sprechen würde.« Wie sich zeigte, hatte er aber keine Gelegenheit dazu. Etwa achtzig Gäste waren da, und viele Plätze waren leer, was darauf hindeutete, daß der Bote seine Tour nicht rechtzeitig geschafft hatte (überhaupt war es nicht ungewöhnlich in Addis Abeba, Einladungen etliche Stunden *nach* der Veranstaltung zu erhalten). Erschienen waren die europäischen Mitarbeiter der abessinischen Regierung, im Land residierende Europäer, Journalisten und private Gäste, deren Namen die Gesandtschaften vorgeschlagen hatten, die europäischen Offiziere der Armee, einige abessinische Würdenträger, die Ehefrauen durchreisender Konsuln und so weiter. Zuerst standen wir in dem Spiegelgang des Hauptgebäudes. Dann wurden wir in den Thronsaal geleitet, wir machten unsere Diener und Hofknickse und nahmen an der Wand ringsum Aufstellung, während Byrrh und Vermouth und Zigarren gereicht wurden. Die Atmosphäre hatte etwas Sakrales.

Dann ging der Kaiser allen voran in den Speisesaal. Wir trotteten in keiner bestimmten Ordnung hinterher. Der Kaiser nahm in der Mitte der obersten Tafel Platz, im rechten Winkel dazu drei Tische, prächtig gedeckt mit Goldbesteck und weiß-goldenem Porzellan. Auf jedem Teller stand eine getippte Tischkarte. Es dauerte etwa zehn Minuten, bis jeder seinen Platz gefunden hatte; es gab keine Sitzordnung, und da sich die Gäste zum größten Teil nicht kannten, konnten wir einander nicht helfen. Der Kaiser saß da und beobachtete uns mit leisem Lächeln. Wir müssen wirklich sehr komisch ausgesehen haben. Natürlich legte niemand Wert darauf, die Tischkarten in unmittelbarer Nähe des Kaisers zu studieren, so daß, als wir alle endlich saßen, die beiden Ehrengäste sich verloren zu den nächsten leeren Plätzen schlichen. Schließlich wurden sie nähergerufen. Irene saß auf der einen Seite des Kaisers und die französische Frau des ägyptischen Konsuls auf der anderen. Ich saß zwischen einem Offizier der Royal Air Force und einem belgischen Photographen. Es folgte ein langes Essen, bestehend aus zahlreichen Gängen anständiger französischer Küche und guten europäischen Weinen. Es gab auch *tedj*, das Nationalgetränk, das aus vergorenem Honig gemacht wird. Wir hatten eines Abends im Hotel etwas kommen lassen und festgestellt, daß es ein trübgelbes, mildes und recht charakterloses Getränk war. Der *tedj* des Kaisers war ganz anders – klar, hellbraun, schwer, reich und trocken. Nach dem Essen bekamen wir auf Irenes Wunsch ein wenig von dem Schnaps, der daraus destilliert wird – ein farbloses, überraschend starkes Getränk von angenehmem Geschmack.

Während des Mittagessens gab es nur einen Zwischenfall. Kurz bevor wir fertig waren, erhob sich weiter hinten eine füllige junge Frau und bahnte sich resolut einen Weg nach vorne, bis sie nur wenige Meter vor dem Kaiser stand. Sie soll eine syrische Jüdin sein, die in der Stadt als Lehrerin tätig ist. Sie hatte einen Stapel Papiere dabei, den sie mit ungeschickter Hand dicht vor ihr Pincenez hielt, während sie die andere zum faschistischen Gruß erhob. Die Gespräche stockten und verstummten. Der Kaiser musterte sie mit freundlichem Interesse. Dann begann sie, mit eigentümlich starker und schriller Stimme eine Ode zu rezitieren. Es war eine lange Lobeshymne, die sie selbst auf arabisch verfaßt hatte, in einer Sprache, von der Seine Majestät kein Wort verstand. Zwischen den einzelnen Strophen machte sie eine lange Pause, in der sie mit dem Manuskript herumwedelte, um dann fortzufahren. Wir dachten schon, daß dieser Auftritt kein Ende nehmen würde, als sie, ebenso plötzlich wie alles angefangen hatte, aufhörte, einen Knicks machte, sich umdrehte und mit schweißnasser Stirn und etwas atemlos zu ihrem Platz zurückkehrte, um dort die Glückwünsche ihrer unmittelbaren Nachbarn entgegenzunehmen. Der Kaiser erhob sich und begab sich wieder in den Thronsaal. Dort standen wir eine Viertelstunde an der Wand, während Likör gereicht wurde. Dann verbeugten wir uns der Reihe nach und traten hinaus in die Sonne.

An diesem Abend brachten zwei Soldaten einen riesigen Korb bunter Harari-Arbeiten ins Hotel, ein Geschenk des Kaisers für Irene. Darunter befand sich ein schönes Frauengewand, bestehend aus einer sehr weiten schwarzen Satinhose, einem bestickten Umhang, einer handgewebten *shamma* und Goldschmuck.

An einen Moment dieser Woche erinnere ich mich besonders lebhaft. Es war nachts, wir waren gerade von einer Gesellschaft zurückgekehrt. Mein Zimmer lag, wie schon erwähnt, in einem Nebengebäude des Hotels. Ein graues Pferd, einige Ziegen und der Hotelwächter, den Kopf in eine Decke gehüllt, schliefen im Hof, als ich dort eintraf. Hinter meinem Zimmer, vom Hotelgrundstück durch einen Zaun abgetrennt, lagen mehrere *tuḳuls*. In einer der Hütten wurde an diesem Abend gefeiert, wahrscheinlich eine Hochzeit oder eine Bestattung. Ich kam an der Tür vorbei und sah im Innern ein schwaches Licht. Die Leute sangen ein eintöniges Lied, klatschten dazu im Takt und schlugen mit den Händen auf Benzinkanister. Vielleicht zehn, fünfzehn Personen. Ich stand eine Weile da – in Zylinder, Frack und weißen Handschuhen – und lauschte. In diesem Moment wachte der Wächter auf und blies auf einer kleinen Trompete. Das Signal wurde von den Wachmännern in den Nachbarhäusern beantwortet (auf diese Weise versichern sie ihre Arbeitgeber ihrer Wachsamkeit), und dann wickelte er sich wieder in seine Decke und schlief ein.

Das Lied erklang unverändert durch die stille Nacht. Die Absurdität der ganzen Woche zeigte sich plötzlich in dieser Situation – mein grotesker Aufzug, die schlafenden Tiere und die schlaflose Gesellschaft hinter dem Staketenzaun.

IV

In der dritten Woche in Addis Abeba, als die offiziellen Feierlichkeiten vorbei waren und die Delegationen so schnell in Richtung Küste zurückverfrachtet wurden, wie das bei der Anzahl der verfügbaren Schlafwagen der Französisch-Äthiopischen Eisenbahngesellschaft möglich war, schlug Professor W. mir vor, eine Expedition nach Debre Libanos zu unternehmen.

Für die Abessinier ist dieses Kloster seit vier Jahrhunderten der Mittelpunkt ihres spirituellen Lebens. Es wurde an einem Ort gebaut, wo nach altem Glauben die Wasser des Jordan, unterirdisch quer durch das Rote Meer geführt, mit heilender Wirkung hervorsprudeln; Pilger aus allen Teilen des Landes suchen diesen Ort auf, und er ist eine beliebte Begräbnisstätte für all jene, die über die nötigen Mittel verfügen, denn wer am Tag des Jüngsten Gerichts dort angefunden wird, darf damit rechnen, ins Paradies einzugehen.

Es war Trockenzeit, so daß wir mit dem Auto fahren konnten. Professor Mercer hatte die Reise kürzlich gemacht und war mit Photographien einer bislang unbekannten Version des Predigers Salomo zurückgekehrt. Ras Kassa war erst zwei Wochen zuvor von Fiche aus dorthin gefahren und hatte die Brücken reparieren lassen, so daß wir keine Mühe hatten, einen Chauffeur zu finden. Zunächst mußte von Ras Kassa die Erlaubnis zum Befahren der Straße eingeholt werden. Professor W. kümmerte sich darum und besorgte auch ein Empfehlungsschreiben des Abuna. Eine militärische Eskorte wurde uns angeboten, die wir aber ablehnten. Die Expedition bestand nur aus uns beiden, einem rundköpfigen armenischen Chauffeur und einem kleinen einheimischen Jungen, der sich uns unaufgefordert anschloß. Zuerst waren wir etwas verärgert, doch er weigerte sich standhaft, sich als entlassen zu betrachten, und später waren wir dankbar für seine Anwesenheit. Das Auto, ein amerikanisches Fabrikat, das in Europa kaum zu sehen ist, konnte Dinge tun, die ich einem Auto nie zugetraut hätte. Als wir alles verstaut hatten, unsere Mäntel, Benzinkanister und Lebensmittelvorräte, war gerade noch Platz für uns. Das Hotel gab uns Bier und Sandwiches und Oliven und Orangen mit und Irene einen Korb mit Konservendosen und Trüffelpasteten von Fortnum & Mason. Wir waren gerade losgefahren, viel später als geplant, als Professor W. etwas einfiel. »Könnten wir kurz noch einmal in mein Hotel zurück? Ich habe eine Kleinigkeit vergessen.« Wir drehten um und fuhren zum Imperial.

Die Kleinigkeit, die er vergessen hatte, war ein Dutzend leerer Vichy-Flaschen. »Ich dachte, es wäre höflich«, erklärte er, »dem Ras Kassa und dem Abuna etwas geweihtes Wasser mitzubringen. Das wird ihnen bestimmt gefallen.«

»Schon, aber gleich so viel?«

»Nun ja, da wäre noch der Gesandte des Patriarchen, auch ihm würde ich gern etwas schenken, und Belatingeta Herui und der koptische Patriarch in Kairo ... Mir schien, es wäre eine gute Gelegenheit, mich für die Freundlichkeiten zu revanchieren, die sie mir erwiesen haben.«

Ich gab zu bedenken, daß *tedj* für diesen Zweck vielleicht geeigneter wäre und den Abessiniern, soviel ich von ihnen mitbekommen hätte, noch besser gefallen würde. Professor W. kicherte nervös und schaute unruhig zum Fenster hinaus.

»Warum nehmen wir nicht leere Bierflaschen?«

»Nein, nein, das wäre völlig unpassend. Vichy-Flaschen verwende ich eigentlich nicht sehr gern. Ich wünschte, ich hätte die Zeit, die Etiketten abzukratzen«, murmelte er. »Geweihtes Wasser in Vichy-Flaschen, das gefällt mir nicht. Vielleicht kann der Boy das morgen erledigen, natürlich bevor sie gefüllt sind.«

Der Professor offenbarte einen neuen Charakterzug. Unsere Bekanntschaft hatte sich bis dahin auf einige mehr oder weniger zufällige Begegnungen bei den diversen Gesellschaften und Veranstaltungen beschränkt. Er war mir als jemand erschienen, der wunderbar ironische Bemerkungen über andere Gäste machen konnte, sehr förmlich war und sich für Dinge begeisterte, die ich nicht sonderlich bemerkenswert fand. »Schauen Sie«, sagte er in seinem Bostoner Englisch, »schauen Sie nur, wie schön der Korb ist, den diese Frau dort trägt. Der ganze Charakter eines Volkes steckt in diesem Flechtwerk. Ach, warum vergeuden wir unsere Zeit damit, Kronen und Kanonen zu betrachten. Ich könnte den ganzen Tag diesen Korb studieren!« Und ein wehmütiger, versonnener Ausdruck trat in seine Augen.

Derlei Kommentare kamen bei einigen Menschen sehr gut an – für mich waren es normale Begleiterscheinungen amerikanischer Gelehrsamkeit. Wettgemacht wurden sie durch so vernünftige Maximen wie: »Nehmen Sie nie ein Fernglas mit; sobald es etwas Lohnenswertes zu sehen gibt, müssen Sie es bloß einer armen Frau geben.« Diese praktische Art war aber nur eine Maske, hinter der sich das letztlich mystische Denken des Professors verbarg. Bei dem unscheinbarsten Stück Kirchenmobiliar versank er in Ehrfurcht und offenbarte ein geradezu neurotisches Bedürfnis, alles zu tun, was man von ihm erwarten könnte, und zwar mit einer impulsiven und demonstrativen Frömmigkeit, die wesentlich zum Charme unserer gemeinsamen Expedition beitrug.

Die Flaschen waren freilich ein großes Ärgernis. Klirrend rollten sie auf dem Boden herum und sorgten dafür, daß es im Wagen nicht einigermaßen komfortabel, sondern äußerst unbequem war. Die Füße konnte man nur auf diese wackelige Unterlage stellen. Wir zogen die Knie an und fügten uns in Wadenkrämpfe und kribbelnde Beine.

Debre Libanos liegt nördlich von Addis Abeba. Die ersten Kilometer war die Straße eine deutlich markierte Piste, die genau über den Entoto führte, extrem steil und schmal, über Geröll und Steine. Oben auf dem Berg stand eine kleine Kirche mit Pfarrhaus, umgeben von tiefen Schluchten und Felsen. »Was auch passieren mag«, beschlossen wir, »auf dem Rückweg müssen wir diese Strecke unbedingt bei Tageslicht fahren.«

Von Entoto ging es hinunter in eine weite Ebene, in der sechs oder sieben Rinnsale in tiefen Flußbetten quer zur Straße verliefen. Karawanen von Maultieren, beladen mit Tierhäuten, zogen in die Stadt. Professor W. begrüßte sie mit Verbeugungen und Segenssprüchen, die Bergbewohner antworteten mit ausdruckslosem Starren oder breitem ungläubigen Grinsen. Einige einfallsreichere riefen: »Bakschisch!« Professor W. schüttelte betrübt den Kopf und bemerkte, daß die Leute durch die vielen Ausländer ohnehin verdorben würden.

Zwei, drei Stunden brauchten wir, um die Ebene zu durchqueren. Wir fuhren meist neben der Piste statt auf ihr, da wir das rauhe Terrain angenehmer fanden als den präparierten Belag. Wir überquerten zahlreiche ausgetrocknete Flußbetten und mehrere Bäche. Bisweilen gab es eine Art Brücke, die aus mehreren Felsbrocken und ein paar Brettern bestand; in seltenen Fällen verlief dort ein Rinnsal. Beim Passieren dieser Stellen bemerkten wir zum erstenmal die erstaunlichen Fähigkeiten unseres Autos. Es stürzte sich rutschend und wankend eine steile Böschung hinunter, daß Staub und Steine aufwirbelten, schoß plötzlich vorwärts und stieg auf der anderen Seite sehr entschlossen wieder hinauf, als besäßen die Reifen eine spezielle Hafteigenschaft. Manchmal, wenn es wirklich unvorstellbar schwierig war, ging der Motor aus. Professor W. seufzte dann und öffnete die Tür, so daß ein paar seiner leeren Wasserflaschen über das Trittbrett rollten.

»Ah, ça n'a pas d'importance«, rief der Chauffeur und gab dem Boy ein Zeichen, hinauszuspringen, die Flaschen wieder einzusammeln und sich hinten gegen das Auto zu stemmen. Mehr als dieses kleine bißchen Entlastung schien das Auto nicht zu benötigen. Schon ging es weiter, die Böschung hinauf und dann, im flachen Gelände, allmählich schneller, während der Kleine hinter uns herrannte und mit einem triumphierenden Lächeln in seinem schwarzen Gesicht aufsprang.

Gegen elf hielten wir am letzten Bach, um dort etwas zu essen. Der Boy machte sich nützlich, indem er mit einer kleinen Tasse den Kühler auffüllte. Ich aß Sandwiches und trank Bier, das durch das Schaukeln des Autos unberechenbar geworden war. Der Professor entpuppte sich als Vegetarier; er wickelte eine Käseecke aus dem Stanniolpapier, verzehrte sie vornehm und schälte ebenso stilvoll eine Apfelsine. Die Sonne schien sehr stark. Der Professor erklärte, daß man in den Tropen dicke wollene Unterwäsche tragen müsse, wenn man nicht schwitzen wolle, eine Theorie, die mir noch immer völlig unverständlich ist.

Nachdem wir die Ebene verlassen hatten, fuhren wir vielleicht drei Stunden durch grasbedecktes Tiefland. Hier gab es keine Piste mehr, nur hin und wieder einen Markierungsstein, der andeutungsweise den Weg wies. Wir kamen an Herden vorbei, die meist von kleinen nackten Kindern gehütet wurden. Zuerst zog der Professor höflich den Hut und verbeugte sich vor ihnen, was sie aber so sehr verwirrte, daß sie erschrocken und heulend davonrannten, worauf der Professor bemerkte, daß es schön sei, Menschen zu begegnen, die ein Bewußtsein von den Gefahren des Autoverkehrs hätten, und in nachdenkliches Schweigen versank. Vielleicht fragte er sich, ob es ratsam wäre, dem Kaiser etwas geweihtes Wasser mitzubringen. Die Strecke war ereignislos, nur gelegentlich zeigten sich *tukuls* hinter hohen Wolfsmilchhecken. Es war sehr heiß, und nach einer Weile döste ich trotz Beengtheit und Flaschengeklapper ein.

Ich wachte auf, als wir auf einer Anhöhe anhielten, ringsum weites, leeres Grasland. »Nous sommes perdus?« fragte der Professor. »Ça n'a pas d'importance«, antwortete der Chauffeur und zündete sich eine Zigarette an. Der Boy wurde losgeschickt, wie die Taube in Noahs Arche, um sich zu orientieren. Bis zu seiner Rückkehr sollte eine halbe Stunde vergehen. Derweil tauchten aus dem Nichts drei eingeborene Frauen auf, die uns unter ihren strohgeflochtenen Sonnenschirmen musterten. Der Professor zog den Hut und verbeugte sich. Die Frauen drängten sich kichernd aneinander, doch ihre Neugier war stärker als ihre Schüchternheit, und sie kamen näher. Eine berührte den Kühler und verbrannte sich die Finger. Sie baten um Zigaretten, doch der Chauffeur verscheuchte sie mit ein paar Kraftworten.

Schließlich kehrte das Kind zurück und lieferte Erklärungen. Wir fuhren nach rechts weiter, und bald waren der Professor und ich wieder eingeschlafen.

Als ich das nächstemal aufwachte, hatte sich die Landschaft dramatisch verändert. Etwa einen Kilometer vor uns öffnete sich plötzlich eine grandiose Schlucht. Ich weiß nicht, wie tief sie war, aber es dürften an die sechshundert Meter gewesen sein, eine steil abfallende Felswand mit mehreren Absätzen, auf denen hier und da Bäume standen. Ganz unten, zwischen grünen Ufern, verlief ein Fluß, der in den Blauen Nil mündete. Zu dieser Jahreszeit war er praktisch ausgetrocknet, nur ein paar Rinnsale schimmerten im Sand, die sich voneinander lösten und wieder zusammenfanden. Unter Bäumen, auf einem halbrunden Felsabsatz ziemlich weit unten, waren die Dächer von Debre Libanos zu sehen. Ein schmaler Weg führte hinunter in die Schlucht; es sah sehr unsicher aus, aber unser Armenier lenkte genau dorthin und stürzte sich mit beeindruckender Furchtlosigkeit hinunter.

Es war ein schmaler Bergpfad, den wir entlangschlichen, auf der einen Seite die aufragende Felswand, auf der anderen der Abgrund, bald kurvten wir auf einem breiten Sims um mächtige vulkanische Gesteinsbrocken, bald zwängten wir uns durch schmale Felsspalten. Schließlich erreichten wir einen Engpaß, den selbst unser Chauffeur als unpassierbar bezeichnete. Wir stiegen aus und gingen zu Fuß weiter. Schon jetzt war Professor W. fasziniert von der Heiligkeit des Ortes.

»Schauen Sie!« rief er und deutete auf Rauchsäulen, die aus den Felsen über uns aufstiegen. »Die Zellen der Einsiedler.«

»Sind Sie sicher, daß es hier Einsiedler gibt? Davon habe ich noch nie gehört.«

»Es wäre doch ein geeigneter Ort«, sagte er versonnen.

Der Armenier schritt vor uns her, eine heldenhafte kleine Gestalt mit seinem geschorenen Kopf und den kräftigen Beinen in Gamaschenstiefeln; der Boy stolperte mit Mänteln, Decken, Proviant und einem guten halben Dutzend leerer Flaschen hinterher. Plötzlich blieb der Armenier stehen, legte einen Finger auf die Lippen und wies auf die Felsenpartie dicht unter uns. Zwanzig, dreißig Schimpansen beiderlei Geschlechts und aller Altersstufen hockten dort im Schatten.

»Oh«, sagte Professor W., »heilige Affen. Das ist ja hochinteressant!«

»Warum glauben Sie, daß es heilige Affen sind? Ich finde, sie sehen durchaus wild aus.«

»In vielen Klöstern gibt es heilige Affen«, erklärte er sanft. »Ich habe sie auf Ceylon und in vielen Teilen Indiens gesehen ... Oh, warum hat er das getan? Wie rücksichtslos!« Unser Chauffeur hatte einen Stein in ihre Richtung geworfen, so daß sie nun, zur großen Freude des Jungen hinter uns, schreiend auseinanderstoben.

Es war heiß. Wir kamen an einigen *tukuls* vorbei, wo wir von Frauen und Kindern neugierig angestarrt wurden, und erreichten schließlich eine offene grüne Felsplatte, die mit enormen Felsbrocken und mehreren unspektakulären Gebäuden übersät war. Eine Horde zerlumpter Jungen, größtenteils von häßlichen Hautkrankheiten befallen, umringte uns und wurde von dem Armenier zurückgewiesen. (Wie wir später erfuhren, waren es die Diakone.) Wir schickten unseren Boy, einen Verantwortlichen zu finden, und bald löste sich ein eindrucksvoll bärtiger Mönch mit gelbem Sonnenschirm aus dem Schatten eines Baumes, um uns zu begrüßen. Wir überreichten ihm das Empfehlungsschreiben des Abuna, und nachdem er beide Seiten des Couverts genau geprüft hatte, erklärte es (über unseren Armenier, der hinfort als Dolmetscher fungierte) seine Bereitschaft, den Klostervorsteher zu holen. Es dauerte eine Weile, bis er mit einem alten Priester zurückkehrte, der eine braune Kutte trug, einen mächtigen weißen Turban, eine Nickelbrille, in der einen Hand einen alten schwarzen Regenschirm und in der anderen einen Fliegenwedel aus Pferdehaar. Professor W. stürzte vor und küßte das Kreuz, das der Alte am Hals trug. Dies wurde recht gut aufgenommen, doch ich war zu schüchtern, um dem Beispiel zu folgen, und beschränkte mich auf einen Händedruck. Daraufhin gab der Mönch dem Oberen unser Empfehlungsschreiben, das dieser ungeöffnet einsteckte. Dann erklärten sie, daß sie uns in Bälde empfangen würden, und entfernten sich, um die anderen Mönche zu wecken und das Ordenshaus vorzubereiten.

Etwa eine halbe Stunde warteten wir im Schatten bei der Kirche, allmählich umringt von neugierigen Priestern aller Altersgruppen. Der Armenier entfernte sich, um nach seinem Auto zu sehen. Auf die Fragen, die uns gestellt wurden, reagierte Professor W. mit Verbeugungen, Kopfschütteln und verständnisvollen Seufzern. Bald hockte sich ein Mönch neben uns und malte mit einem weißen Stift gleichmäßige, schöne amharische Buchstaben auf den Handrücken. Einer sah wie ein Kreuz aus. Professor W., der den Mönchen klarmachen wollte, daß wir gute Christen seien, zeigte auf diesen Buchstaben, dann auf mich und auf sich, verbeugte sich zur Kirche und bekreuzigte sich. Dies machte weniger guten Eindruck. Alle schauten verwirrt, fast erschrocken. Der Schreiber spuckte in die Hand, wischte den Text schnell weg und zog sich ein paar Meter zurück. Eine gewisse Spannung war zu spüren, eine Verlegenheit, die sich glücklicherweise aber auflöste, als unser Armenier verkündete, daß der Klosterrat nunmehr bereit sei, uns zu empfangen.

Das bemerkenswerteste Bauwerk – neben den beiden Kirchen – war ein hohes viereckiges gemauertes Haus mit Strohdach und einer Fensterreihe knapp unterhalb des Dachs. Dorthin wurden wir geführt. Eine kleine Menschenmenge hatte sich an der Tür versammelt, die mit einem doppelten sackleinenen Vorhang abgedeckt war. Auch die Fenster waren abgedeckt, so daß wir aus dem hellen Sonnenlicht in eine Dunkelheit traten, die uns den Atem verschlug. Einer der Priester hob den Türvorhang etwas an, um uns den Weg zu zeigen. Ein kleiner hoher Raum – das war das ganze Haus; die Wände waren aus rohem Stein gemauert, keine Decke verbarg die Dachstreben. Für uns hatte man offensichtlich Vorbereitungen getroffen. Teppiche lagen auf der blanken Erde, in der Mitte standen zwei niedrige Hocker; zwölf Priester standen nebeneinander an der Wand, in der Mitte der Klostervorsteher; zwischen ihm und unseren Stühlen stand ein Tisch, der mit einem Stück Tuch bedeckt war; in der hinteren Ecke stand ein roher Schrank aus unregelmäßig gefärbtem hellem Holz, über der Tür ein Vorhängeschloß. Wir setzten uns, unser Chauffeur-Dolmetscher stand neben uns und spielte unbekümmert mit seiner Mütze. Nachdem wir unsere Plätze eingenommen hatten, holte der Klostervorsteher, der ebenfalls den Titel Abuna trug, das Empfehlungsschreiben aus der Tasche und öffnete es zum erstenmal. Er las es zunächst still für sich und dann laut für die anderen, die sich den Bart kratzten, nickten und brummten. Dann wandte er sich an uns, fragte, was wir begehrten. Professor W. erklärte, daß wir von diesem geheiligten Ort und von der Weisheit und Frömmigkeit der Mönche gehört hätten und von weit her gekommen seien, um dem Heiligtum unsere Reverenz zu erweisen, den Mönchen unsere Aufwartung zu machen, und mit einem Eindruck von dem Glanz des Klosters, das die ganze Welt mit Ehrfurcht erfülle, wieder heimkehren wollten. Diese hübsche Ansprache wurde von unserem Chauffeur in drei, vier rauhe Vokabeln gepreßt und von den Versammelten mit weiterem Nicken und Grunzen begrüßt.

Einer wollte wissen, ob wir Mohammedaner seien. Daß diese Frage nach all den Beteuerungen des Professors noch notwendig war, schien bedauerlich. Wir versicherten, daß wir keine Mohammedaner seien. Ein anderer fragte, woher wir kämen. Addis Abeba? Sie erkundigten sich nach der Krönung, und Professor W. begann mit einer anschaulichen Schilderung der liturgischen Bedeutung der Zeremonie. Allerdings hatte ich den Eindruck, daß unser Chauffeur nicht allzu großen Wert darauf legte, diese Ausführungen getreu zu übersetzen. Die Reaktion war jedenfalls ein allgemeines fröhliches Lachen, und für etwa zehn Minuten nahm er uns die Last der Konversation von den Schultern und stellte rasch außerordentlich herzliche Beziehungen her. Dann schüttelte er jedem die Hand und erklärte uns, daß die Mönche dies auch von uns wünschten, eine gesellschaftliche Verpflichtung, der Professor W. mit würdevollen Kniebeugen nachkam.

Anschließend fragte der Professor, ob wir die Bibliothek besichtigen könnten, von der die ganze Welt in Ehrfurcht spreche. Aber gewiß, dort in der Ecke stehe sie. Der Abuna holte einen kleinen Schlüssel aus der Tasche und bat einen der Priester, den Schrank zu öffnen. Sie holten fünf, sechs in Seidentücher gewickelte Bündel heraus, legten sie vorsichtig auf den Tisch und zogen den Türvorhang ein wenig zur Seite, um einen weißen Lichtstrahl hereinzulassen. Der Abuna hob die Zipfel der Seidentücher hoch, einen nach dem anderen, so daß am Ende zwei Holztafeln zum Vorschein kamen, die in der Art eines Diptychons miteinander verbunden waren. Professor W. küßte sie eifrig; dann wurden die Tafeln geöffnet, und wir sahen zwei farbige Lithographien, die aus einem in Deutschland gegen Ende des letzten Jahrhunderts gedruckten religiösen Almanach ausgeschnitten waren. Dargestellt waren Kreuzigung und Auferstehung. Die Blätter waren auf die Innenseite der Holztafeln geklebt. Der Professor schaute ein wenig betroffen. »Oh, wie häßlich!« bemerkte er, während er sich darüber beugte, um sie zu küssen.

Die anderen Bündel enthielten Manuskripte der Evangelien, Lebensbeschreibungen der Heiligen sowie prachtvoll illustrierte Meßbücher in Ge'ez.* Die Bilder waren von derselben Art wie die Fresken, nur eben im Format von Miniaturen. Manchmal waren Gesichter und Figuren aus Drucken ausgeschnitten und auf die Seite aufgeklebt worden, was die hochstilisierte Atmosphäre allerdings etwas beeinträchtigte. Stolz berichteten die Mönche, daß der Künstler in Addis Abeba eine Arbeit für die verstorbene Kaiserin ausgeführt habe. Professor W. fragte, ob es eventuell noch ältere Handschriften gebe, die wir sehen könnten, doch man tat, als verstehe man uns nicht. Ich entsann mich, von George Herui gehört zu haben, daß Professor Mercer erst nach beträchtlichen Schwierigkeiten auf seine Ekklesiastes gestoßen sei. Zweifellos gab es hier noch Reserven, die vor uns verborgen wurden.

Dann schlug man uns einen Besuch der heiligen Quelle vor. Unser Armenier verschwand daraufhin unauffällig, er hatte sich an diesem Tag schon genügend verausgabt. Professor W. und ich stiegen mit einem Führer den Berg hinauf. Der Weg war steil, die Sonne brannte noch immer, und das Gestein glühte vor Hitze. »Vielleicht sollten wir den Hut absetzen«, sagte der Professor. »Wir sind auf heiligem Boden.«

Ich setzte meinen Tropenhelm ab und riskierte einen Hitzschlag, vertraute aber göttlichem Schutz. Doch in diesem Moment blieb unser Führer stehen und erleichterte sich in einer Weise, daß mir seine Verehrung für diesen heiligen Ort alles andere als fanatisch erschien.

---

* Die Kirchensprache, geschrieben in Amharisch, wird von Laien und den meisten Priestern nicht mehr verstanden.

Wir kamen an einer Stelle vorbei, wo überhängende Felsen eine flache Höhle bildeten. Wasser sickerte auf die weiche und glitschige Erde. Hierher werden die Leichen der Gläubigen gebracht; überall lagen sie herum, einige in Kisten, andere in ausgehöhlten Baumstümpfen, mit Latten verkleidet, kunterbunt übereinander. Manche waren unter Klumpen weicher Erde vergraben, einige der rohen Särge waren auseinandergefallen und hatten ihren Inhalt preisgegeben. An anderen Orten im Gebirge soll es ähnliche Haufen geben.

Wir hatten einen wunderbaren Blick über das Tal. Unser Führer zeigte auf eine Gruppe von Gebäuden auf der anderen Seite. »Das ist das Kloster für die Frauen«, erklärte er. »Sie sehen also, es stimmt nicht, daß wir zusammenwohnen. Sie haben eigene Häuser. Wir gehen nicht zu ihnen, und sie kommen nicht zu uns. Nie und nimmer. Alles eine Lüge.« Es war ihm wichtig, das deutlich zu machen.

Schließlich erreichten wir die Quelle, die in einer hübschen Kaskade bis zum Fluß unten im Tal hinunterplätscherte. Das meiste Wasser wurde jedoch abgezweigt und über zwei Blechrohre zu Badehäusern in der Nähe des Klosters geleitet. Wir kletterten wieder hinunter, um uns das anzusehen. Der eine Ort, eigens für Menelik errichtet, war ein kleines gemauertes Häuschen mit Wellblechdach. Die alte Kaiserin war oft hierher gekommen, und seit ihrem Tod war es nicht mehr benutzt worden. Wir guckten durch das Fenster und sahen einen einfachen Küchenstuhl. An der Decke war eine rostige Öffnung, aus der das Wasser auf den gemauerten Boden tropfte und durch ein Loch in einer Ecke abfloß. Der andere Ort war für die Allgemeinheit bestimmt. Das Rohr war mit einer doppelten Öffnung versehen, so daß das Wasser nach zwei Seiten floß, die eine für die Männer, die andere für die Frauen, getrennt durch eine Mauer, und beide Bereiche waren nach drei Seiten abgeschirmt. Der Boden war zementiert. Während unseres Besuchs stand ein Junge dort, der sich laut prustend wusch, als befände er sich in einer weltlichen Badeanstalt.

Auf dem Rückweg begegneten wir unserem Armenier und einem Mönch mit einer Botschaft des Abuna, ob wir zum Abendessen eine Ziege, ein Schaf oder ein Kalb geschlachtet haben wollten. Wir sagten, daß wir reichlich Essensvorräte mitgebracht hätten und nur eine Unterkunft für die Nacht und Wasser zum Waschen benötigten. Der Armenier erklärte, daß es üblich sei, etwas anzunehmen. Wir schlugen Eier vor, erfuhren aber, daß es im Kloster keine gab. Die Mönche plädierten nachdrücklich für eine Ziege. Fleisch ist ein Luxus in diesem Kloster, und die Mönche waren bestimmt entschlossen, sich anläßlich unseres Besuchs etwas Gutes zu tun. Doch die vegetarischen Skrupel des Professors waren unüberwindlich. Schließlich wurde Honig vorgeschlagen, was er sofort akzeptierte. Dann wurde über die Frage unserer Unterbringung diskutiert. Zur Wahl standen eine Hütte oder ein Zelt. Der Armenier meinte, daß wir uns in der Hütte eine ekelhafte Krankheit holen und im Zelt von Hyänen getötet würden. Er selbst habe schon beschlossen, im Auto zu schlafen. Wir kehrten zum Kloster zurück, wo uns der Abuna persönlich die Hütte zeigte. Es dauerte einige Zeit, bis der Schlüssel gefunden war, und als die Tür schließlich aufgestemmt wurde, kam eine magere Ziege herausgestürmt. Im Innern gab es kein Fenster, und es stank. Lumpen und kaputte Möbelstücke bedeckten den Boden, offenbar diente der Raum als Rumpelkammer. Im Dach summte ein Bienenschwarm. Die Kammer sei noch nicht hergerichtet, erklärte der Abuna, man habe keine Gäste erwartet. Er könne sie natürlich herrichten lassen, oder würden wir es für unhöflich halten, wenn er uns das Zelt anböte? Wir erklärten, daß wir mit dem Zelt durchaus einverstanden wären, woraufhin der Abuna sichtlich erleichtert die Anweisung gab, es aufzubauen. In der Nähe des Hauses, in dem wir empfangen worden waren, wurde eine Stelle ausgesucht und ein ganz anständiges Glockenzelt aufgebaut. (Es war, wie wir erfuhren, Eigentum der Kaiserin. Sie hatte oft dort geschlafen, wenn sie die Quelle besuchte.) Auf den Boden wurde Heu gestreut, auf das Heu wurden Decken gelegt. An der Zeltstange wurde eine kleine Öllampe aufgehängt, die wie ein Schiff aussah; unsere Decken, Proviant und Flaschen wurden hereingebracht und auf eine Seite gelegt. Dann wurden wir aufgefordert, einzutreten. Wir saßen mit untergeschlagenen Beinen da, der Abuna neben uns sah in dem schwachen Licht riesenhaft aus; der Schatten seines großen Turbans schien das ganze Zelt zu erfüllen. Der Chauffeur setzte sich uns gegenüber auf die Erde. Der Abuna lächelte freundlich und wünschte uns, daß wir es richtig bequem haben mögen. Wir dankten ihm aufrichtig. Nun trat eine Gesprächspause ein, wir drei saßen da und lächelten etwas hilflos. Da wurde der Zelteingang geöffnet, und ein Mönch in einem schweren braunen Burnus kam mit einer uralten Flinte herein. Er verneigte sich und verschwand wieder. Das sei ein Wächter, erklärte der Abuna, er werde draußen vor dem Zelt schlafen. Wieder eine Pause, in der eifrig gelächelt wurde. Schließlich wurde das Abendessen gebracht, zuerst ein Korb mit zähen Fladenbroten, deren Konsistenz an Kreppgummi erinnerte, dann zwei Tonkrüge, einer mit Wasser, der andere mit *talla,* einem dünnen, bitteren Bier, und schließlich zwei Gefäße mit Honig, der mit englischem Honig aber wenig Ähnlichkeit hatte. Es war das Produkt wilder Bienen, direkt von den Bäumen gekratzt, grau, versetzt mit Stückchen Rinde, Erdkrümeln, Vogelkot, toten Bienen und Larven. Alles wurde zunächst dem Abuna zur Inspektion vorgelegt und dann uns. Mit Nicken und abermaligem grenzenlosen Lächeln brachten wir unsere Zufriedenheit zum Ausdruck. Das Essen wurde vor uns hingestellt, und die Träger zogen sich zurück. Genau in diesem Moment ließ uns der Armenier mit dem Hinweis, daß er sich um den kleinen Jungen kümmern müsse, schamlos im Stich.

Wir drei saßen da, lächelnd im Halbdunkel vor unserem Essen. In der Ecke stand unser Picknickkorb mit Irenes europäischen Leckereien. Solange unser Gastgeber noch bei uns war, konnten wir natürlich nicht auf sie zurückgreifen. Allmählich dämmerte uns die schreckliche Wahrheit, daß er mit uns essen wollte. Ich riß ein Stückchen Brot ab und versuchte, es zu essen. »Eine wirklich schwierige Situation«, sagte der Professor. »Vielleicht wäre es ratsam, körperliches Unwohlsein vorzutäuschen.« Er hielt sich die Hand an die Stirn, schaukelte hin und her und gab dabei mühsam unterdrückte Stöhner von sich. Eine bewundernswerte Darbietung. Der Abuna beobachtete ihn mit größter Sorge; schließlich hielt sich der Professor den Bauch und würgte ein wenig, legte sich auf den Rücken, atmete schwer mit geschlossenen Augen, stemmte sich dann mit den Ellbogen hoch und erklärte mit überzeugenden Gebärden, daß er ruhen wolle. Der Abuna hatte verstanden, erhob sich unter ausgiebigen Gesten der Anteilnahme und verließ uns.

Fünf Minuten später, nachdem ich eine Hühnchenkonserve und eine Flasche Lager geöffnet hatte und der Professor zufrieden eine Handvoll reifer Oliven mampfte, kehrte unser Armenier zurück. Mit verständnisvollem Augenzwinkern schnappte er sich den Bierkrug, warf den Kopf zurück und trank, ohne abzusetzen, ein, zwei Liter auf einmal. Dann nahm er zwei Fladenbrote, die er mit viel Honig bestrich, rollte sie zusammen und steckte sie sich in die Tasche. »Moi, je puis manger comme abyssin«, rief er fröhlich, warf noch einen Blick auf das Huhn, wünschte uns gute Nacht und ging hinaus.

»Jetzt«, sagte der Professor und holte eine Dose Keating's Powder heraus, »bin ich endlich im Herzen Äthiopiens angekommen.« Er streute das Pulver über Läufer und Decken, wickelte sich ein hellgraues Tuch um den Kopf und schickte sich an, schlafen zu gehen. Es war ein anstrengender Tag gewesen, und nachdem ich eine Pfeife geraucht hatte, beschloß ich, es dem Professor gleichzutun. Die Lampe flackerte und qualmte und drohte jeden Moment durchzubrennen und das Zelt in Flammen zu setzen. Ich blies sie aus und wurde schon schläfrig, als der Abuna mit einer Laterne zurückkehrte, um zu sehen, ob es dem Professor inzwischen besserging. Wir lächelten eine Weile hilflos vor uns hin, und der Professor wies auf den halbleeren Bierkrug und die Honiggefäße, um zu zeigen, daß er sich erholt habe. Der Abuna bemerkte das mit sichtlicher Befriedigung, doch dann erfaßte sein Blick, der durch das Zelt wanderte, das Keating's Powder, das wie eine dicke Staubschicht über Boden und Bettzeug lag. Er rief den Nachtwächter herein und zeigte ärgerlich auf diese Nachlässigkeit. Der Mann holte sofort einen Besen und machte das Zelt sauber. Und als alles wieder in Ordnung war, zog sich der Abuna unter vielen Verbeugungen, Lächeln und Segenswünschen wieder zurück, um uns schlafen zu lassen.

Ich zumindest schlief aber nicht viel. Es war empfindlich kalt in der Nacht, ein eisiger Wind fegte durchs Tal, durch das Zelt und durch unsere dünnen Decken, während der Nachtwächter draußen hustete und stöhnte. Ich war vor Sonnenaufgang draußen und beobachtete, wie das Kloster zum Leben erwachte. Irgendeine Ordnung war nicht zu erkennen. Die Mönche verließen ihre Hütten, allein oder zu zweit, und trotteten davon, um auf den Feldern und im Wald zu arbeiten. Einige gingen hinunter zur Kirche, wohin der Professor und ich ihnen folgten. Sie saßen draußen, bis ein Priester mit den Schlüsseln erschien. Dann begann ein Gottesdienst, offenbar ganz ungeplant. Zwei, drei Mönche intonierten eine Art Psalm oder Litanei, andere stimmten ein, wie es ihnen gerade gefiel; zwei oder drei lasen aus großen Handschriften vor, die auf Pulten lagen; andere stützten sich auf ihre Gebetsstöcke oder hockten murmelnd in einer Ecke. Dann und wann blieb ein Mönch auf dem Weg zur Arbeit stehen, um die Tür an der Innenwand zu küssen, und ging dann weiter. Die Fresken des Heiligtums waren mit grünen Vorhängen verhängt; einer der Priester zeigte darauf und erklärte in Zeichensprache, daß die Vorhänge später am Tag beiseite gezogen würden, damit wir einen Blick darauf werfen könnten.

Wir kehrten zu unserem Zelt zurück, um zu frühstücken. Bier und Anchovis, das war nach der kalten Nacht recht entmutigend, aber außer eingemachten Loganbeeren und *foie gras* gab es nichts anderes. Der Nachtwächter kam herein, trank das Bier aus und aß Brot mit Honig. Er zeigte großes Interesse an unseren Habseligkeiten, nahm alles in die Hand – den Dosenöffner, die Taschenlampe, ein Taschenmesser, eine Haarbürste. Ich ließ ihn mit dem Stockdegen spiele, den ich zufällig mitgenommen hatte, während er mir sein Gewehr und den Patronengurt zeigte. Von den Patronen war etwa die Hälfte leer; das Gewehr war in einem armseligen Zustand. Präzise Schüsse konnte man damit bestimmt nicht abgeben, und wahrscheinlich war es auch riskant. Auf meine Frage, ob er mit diesem Ding schon irgend etwas getötet habe, schüttelte der Mann den Kopf und holte einen großen, einigermaßen stumpfen Dolch hervor, den er in die Erde rammte.

In diesem Moment erschien unser Chauffeur, der uns versicherte, eine angenehme Nacht verbracht zu haben, und überzeugt war, unser Auto aus seiner Position auf dem Felspfad manövrieren zu können, wo es den Zugang zum Kloster versperrte und den Hirten, die sich um das Vieh der Klostergemeinschaft kümmerten, einige Schwierigkeiten bereitete. Wir baten ihn, sich weiterhin als Dolmetscher bereitzuhalten, und bald kam auch ein Priester, um uns die Kirchen zu zeigen. Es gab zwei Kirchen, das Hauptgebäude, in dem wir bereits gewesen waren, und einen kleinen Schrein, der ein Kreuz enthielt, das vom Himmel gefallen war. Der Professor glaubte, es könne ein Teil des echten Kreuzes sein, das aus Alexandria nach der arabischen Invasion dorthin gelangt war, und zeigte sich sehr interessiert; wir durften es zwar nicht sehen, doch als besonderes Zugeständnis zeigte man uns das Tuch, in das es eingewickelt war.

In der Hauptkirche bezahlten wir sieben Dollar für die Enthüllung der Fresken. Sie waren in jüngster Zeit in lebhaften Farben erneuert worden, und der Priester war zu Recht stolz auf die Restaurierung. An einer Wand befanden sich Bildnisse von Ras Kassa, Menelik und der letzten Kaiserin. Offensichtlich waren sie anhand von Photographien kopiert worden, mit dem kuriosen Ergebnis, daß sie, in sorgfältig ausgearbeitetem Helldunkel und großer Detailtreue, deutlich mit einer konventionellen Komposition älterer Zeit kontrastierten. Auf einer anderen Wand waren reitende Heilige dargestellt. Der Professor fertigte eine Skizze davon an und notierte die dazugehörigen Namen. Dann zeigte man uns einige Prozessionskreuze aus Messing und illustrierte Meßbücher, keines davon besonders alt. Es war überhaupt eine Eigentümlichkeit von Debre Libanos, daß in diesem Kloster – obschon spirituelles Zentrum der Abessinier seit der Christianisierung des Landes und seit Jahrhunderten an diesem Ort ansässig – offenbar kein einziges Objekt aus der Vergangenheit aufbewahrt wurde.

Möglicherweise waren seine Schätze bei den ständigen Invasionen und Unruhen in der abessinischen Geschichte geplündert oder nach und nach, in Notzeiten, verkauft worden. Vielleicht lag es aber auch nur daran, daß man sie Fremden nicht gern zeigte.

Etwas Hochinteressantes sahen wir aber doch, nämlich das Allerheiligste. Wir durften es natürlich nicht betreten, aber der Priester raffte den Vorhang ein wenig, so daß wir einen kurzen Blick in das Dunkel werfen konnten. In der Mitte stand der Tabot, sowohl Altarstein und Tabernakel, ein Holzschrank, der wie eine Miniaturkirche aussah – auf einer rechteckigen Basis ein achteckiger Aufbau, darauf eine runde Kuppel. Rings um den Tabot in tiefem Staub – denn im Allerheiligsten wird selten, wenn überhaupt, Staub gewischt – lag ein erstaunliches Durcheinander von Müll. Wir hatten nicht die Zeit, alles zu registrieren, aber in diesem kurzen Moment bemerkte ich einen Korbstuhl, einen Haufen Kleider, zwei, drei Regenschirme, einen Koffer aus Kunstleder, einige Zeitungen, eine Teekanne und einen Emailkübel.

Gegen zehn Uhr verließen wir die Kirche. Um eins wurde eine Messe gelesen, an der wir beide gern teilgenommen hätten, die aber nicht vor halb drei, drei beendet gewesen wäre. Wir waren unschlüssig, was wir tun sollten. Wir konnten eine zweite Nacht im Kloster verbringen und am nächsten Tag in aller Frühe nach Addis Abeba zurückkehren. Wir konnten nach Fiche fahren, der Hauptstadt von Ras Kassa, fünfundzwanzig Kilometer entfernt, und dort im Wagen übernachten, oder gleich nach der Messe aufbrechen und versuchen, noch am selben Tag nach Addis Abeba zu gelangen. Der Chauffeur war für die dritte Variante, und da er den Weg nunmehr kannte, glaubte er, die Strecke in fünf oder sechs Stunden zurücklegen zu können. Unsere Vorräte würden für knapp zwei Tage reichen, und ich hatte keine große Lust, auf abessinische Verpflegung zurückgreifen zu müssen. Gemeinsam überredeten wir den Professor, die Reise zu versuchen; schlimmstenfalls könnten wir die Nacht in der Ebene verbringen; eine Aussicht, die unser Chauffeur mit düsteren Geschichten von wilden Tieren und Banditen lebhaft ausmalte. Die Sonne stieg immer höher, und es wurde unerträglich heiß. Wir lagen im Zelt und rauchten und dösten, bis der Abuna kam und uns zur Messe abholte.

Ich will gar nicht erst versuchen, das Ritual zu beschreiben. Die Liturgie war mir, und eigenartigerweise auch dem Professor, völlig unverständlich. Teile der Messe wären uns gewiß vertraut gewesen, aber sie wurde im Allerheiligsten hinter verschlossenen Türen gelesen. Wir selbst standen in der äußeren Wandelhalle. Ein Teppich war für uns ausgelegt worden, und wir erhielten Gebetsstöcke, mit deren Hilfe wir während der zwei Stunden Gottesdienst standen. Um uns herum waren zwanzig, dreißig Mönche und einige Frauen und Kleinkinder aus den *tukuls.* Die Kommunion wurde den Kleinkindern gespendet, sonst niemandem. Viele Mönche waren verkrüppelt oder in irgendeiner Weise entstellt. Vermutlich handelte es sich bei ihnen um Pilger, die irgendwann einmal in der Hoffnung auf Genesung zur Quelle gekommen und in das Klosterleben aufgenommen worden waren. Die innere Berufung schien niemand zu prüfen. Priester und Diakone trugen lange weiß-goldene Umhänge und Turbane und gingen barfuß. Hin und wieder tauchten sie aus dem Allerheiligsten auf, und einmal schritten sie gemeinsam ringsherum. Der monotone, mehr oder weniger ununterbrochene Gesang wurde von einer Trommel und Sistren* begleitet. Kenner der abendländischen Liturgie werden darin kaum einen christlichen

* silberne Rasseln

Gottesdienst sehen, denn die Atmosphäre besaß jene geheimnisvolle Wirrheit, die ich bis dahin nur mit den nichtchristlichen Sekten des Orients assoziiert hatte.

Mir war es manchmal merkwürdig erschienen, daß das abendländische Christentum als einzige der großen Weltreligionen seine Mysterien jedem Beobachter vorführt, aber diese Offenheit war mir so vertraut, daß ich mich noch nie gefragt hatte, ob dies ein wesentliches und natürliches Element des christlichen Glaubens ist. Tatsächlich sind wir so erfüllt von diesem Geist, daß viele die Kirchengeschichte als einen Prozeß zunehmender Verfeinerung, ja Vernebelung betrachten. Sie stellen sich die Kirche des ersten Jahrhunderts als eine Gemeinschaft frommer Menschen vor, die in solcher Schlichtheit gemeinsam das Evangelium lasen, beteten und predigten, daß sie die hochentwickelten Zeremonien und die subtile Theologie späterer Zeiten verwirrend gefunden und nicht mehr erkannt hätten. In Debre Libanos sah ich die klassische Basilika und den offenen Altar plötzlich als eine große Errungenschaft, als einen bewußten Triumph des Lichts über das Dunkel, und die Theologie als eine Wissenschaft der Vereinfachung, die nebulöse und schwer faßliche Ideen formalisiert und verständlich macht. Die Kirche des ersten Jahrhunderts erschien mir als etwas Dunkles und Verborgenes, dunkel und verborgen wie die Leibesfrucht, die in der Gebärmutter heranreift; Legionäre, die sich aus der Kaserne stahlen, einander in einem abgeschlossenen Hinterzimmer einer levantinischen Hafengasse mit Zeichen und Parolen begrüßten, Sklaven, die im morgendlichen Dämmerlicht in die kerzenerleuchteten, verräucherten Kapellen der Katakomben schlichen. Die Priester gingen einem Gewerbe nach, verbargen ihr Amt, ihre Identität war nur den Eingeweihten bekannt, nach den Gesetzen ihres Landes waren sie Verbrecher. Der eigentliche Kern der Wahrheit war in den Köpfen der Menschen, zusammen mit abergläubischen Vorstellungen aus der heidnischen Zeit, in der sie aufgewachsen waren, dunklem und obszönem Unsinn, übernommen von den anderen esoterischen Kulten des Orients, magische Einflüsse der unterworfenen Barbaren. Und nun sah ich, wie sich diese obskuren Betstätten mit der Klarheit abendländischer Vernunft zu den großen offenen Altären des katholischen Europas entwickelt hatten, an denen die Messe in einer Lichtflut gelesen wird, vor aller Augen, während die Touristen mit dem Baedeker in der Hand lärmend herumlaufen, ohne etwas von dem Mysterium zu ahnen.

Während der Messe war es unserem Chauffeur gelungen, mit dem Auto auf dem Pfad zurückzusetzen, eine bemerkenswerte und wagemutige Leistung. Wir verabschiedeten uns von dem Abuna und fuhren, eskortiert von einem Trupp kleiner Diakone, die Schlucht hinauf. Oben angekommen, holte der Professor eine Handvoll Münzen aus der Tasche, mit denen er sich heimlich eingedeckt hatte. Er befahl den Kindern, sich aufzustellen, von unserem Boy wurden sie in eine Art Ordnung geschubst, und dann schenkte er jedem einen halben Piaster. Das hatten sie offenkundig nicht erwartet, aber sie begriffen rasch, und sobald sie ihr Geld erhalten hatten, stellten sie sich hinten wieder an. Unser Boy entdeckte diesen simplen Trick und verscheuchte diejenigen, die sich ein zweitesmal anstellten. Nachdem jeder seinen halben Piaster erhalten hatte, manche auch zwei, waren noch immer ein paar Geldstücke übrig. »Was meinen Sie«, fragte der Professor zaghaft, »wäre es sehr vulgär und touristenmäßig, wenn ich sie so hinwerfe, daß sie sich darum streiten?«

»Ja«, sagte ich.

»Natürlich«, sagte der Professor entschieden. »Kommt überhaupt nicht in Frage.«

Doch die Diakone umringten uns noch immer, bettelten und klammerten sich an das Auto, so daß man kaum losfahren konnte, ohne Menschenleben in Gefahr zu bringen. »Ça n'a pas d'importance«, sagte der Chauffeur unvermeidlich und warf den Motor an. Doch der Professor zog einen humaneren Abschied vor. »Vielleicht, ich weiß nicht...«, sagte er und warf seine Münzen unter die Kinder. Das letzte, was wir von Debre Libanos sahen, waren ein wildes Knäuel von nackten schwarzen Gliedern und eine Staubwolke. Es war interessant, die Geburt einer Tradition miterlebt zu haben. Jeder künftige Besucher von Debre Libanos wird sich zweifellos dieser raubgierigen Kinder erwehren müssen. Professor W. hatte ihnen die erste leichte Lektion in Zivilisation erteilt. Es ist merkwürdig, daß Amerikaner, und seien sie noch so kultiviert, auf diese Form der Unterweisung offenbar nicht verzichten können.

Die ersten drei Stunden unserer Rückfahrt verliefen ereignislos. Im Tiefland kamen wir rasch voran, und bei Einbruch der Dunkelheit befanden wir uns in der Ebene. Von da an ging es nur langsam und unsicher weiter. Einige Male verloren wir die Orientierung und fuhren in der falschen Richtung, bis uns ein Stückchen Busch oder Sumpf innehalten ließ. Zweimal saßen wir fest und mußten den Wagen anschieben, ein paarmal hätten wir uns wegen unerwarteter Bodensenken in den Wasserläufen fast überschlagen. Es waren diese Kanäle, die uns den Weg wiesen, da sie quer zu unserer Piste verliefen. Wenn wir einen erreichten, gingen der Armenier und der Junge in entgegengesetzter Richtung die Böschung entlang, bis sie eine Furt gefunden hatten, dann wurde gepfiffen und Zeichen gegeben, und wir fuhren in der richtigen Richtung weiter.

Bei jedem erzwungenen Halt beschloß der Professor, die Fahrt zu unterbrechen. »Es ist völlig unmöglich. In der

Dunkelheit werden wir nie den Weg finden. Vielleicht sind wir schon meilenweit abgekommen. Es ist gefährlich und sinnlos. Wir sollten hier übernachten und bei Tag weiterfahren.«

Dann kehrte der Chauffeur mit guten Nachrichten zurück, und der Professor sagte: »J'ai décidé; nous arrêtons ici.«

»Ah«, laute die unvermeidliche Antwort, »Vous savez, monsieur, ça n'a pas d'importance.«

Die ganze Fahrt über saß der Junge auf der vorderen Stoßstange und hielt Ausschau nach den wenigen Steinen und Spuren, die uns den Weg wiesen. Einmal jedoch geriet der Armenier in Verzweiflung. Wir waren eine halbe Stunde gelaufen, immer weiter im Kreis herum, und hatten den leeren Boden mit Taschenlampen abgesucht. Erfolglos kehrten wir zurück. Es war mittlerweile etwa zehn Uhr und bitter kalt. Wir wollten schon darüber diskutieren, wie wir uns in den kommenden acht Stunden warm halten wollten, als der Junge in der Ferne Lichter sah. Wir fuhren weiter, geradewegs auf eine Karawane zu, die an einem Lagerfeuer kampierte. Unsere Ankunft sorgte für große Unruhe. Männer und Frauen liefen aus den Zelten oder sprangen aus Bergen von Decken hoch, die auf der Erde lagen. Die Tiere zerrten an ihren Leinen oder stolperten mit zusammengebundenen Beinen umher. Gewehre richteten sich auf uns. Der Armenier ging auf die Männer zu, die ihm, nachdem er zum Zeichen unseres guten Willens etwas Geld verteilt hatte, den Weg wiesen.

Unser schlimmster Zwischenhalt war auf dem Entoto, in Sichtweite von Addis Abeba. Dieser Teil der Strecke war uns schon bei Tageslicht als sehr gefährlich aufgefallen, aber inzwischen waren wir so steif und verfroren, daß wir an nichts anderes mehr denken konnten. Zweimal blieben wir nur Zentimeter vor dem Abgrund stehen, da der Junge auf der Stoßstange eingeschlafen war. Und noch einmal saßen wir fest, zwei Räder in der Luft und zwei in einer tiefen Rinne, aber schließlich fanden wir die Straße, und in diesem Moment ging uns das Benzin aus. Zwei Minuten zuvor wäre dieses Desaster unüberwindlich gewesen. Doch nun ging es immer bergab, so daß wir mit abgestelltem Motor bis in die Stadt rollten. Als wir schließlich das Hotel des Professors erreichten, waren wir viel zu müde, um uns zu verabschieden. Der Professor nahm wortlos seine Flaschen mit dem geweihten Wasser, nickte kurz und ging hinauf in sein Zimmer, und ich war eingeschlafen, noch ehe er verschwunden war. Ein verdrießlicher Nachtportier besorgte uns einen Kanister Benzin, und dann fuhren wir zum Hôtel de France. Der Direktor erwartete mich mit einem kochenden Wasserkessel und einer Flasche Rum. Ich schlief gut in dieser Nacht.

V

In meiner naiven Ungeduld, endlich losfahren zu können, hatte ich mir in London ein durchgehendes Schiffsbillett nach Sansibar besorgt, wohin die Messageries Maritimes von Dschibuti aus eine vierzehntägliche Verbindung unterhalten. Nun, da alle anderen nach Hause fuhren, bedauerte ich meinen Entschluß ein wenig und dachte wehmütig an ein irisches Weihnachten. Das nächste Schiff, die *Général Voyron*, sollte erst in zehn Tagen gehen, und die Aussicht, in Addis Abeba oder Dschibuti so lange zu warten, erschien mir nicht sehr verlockend. Das Schwierige an Abessinien (und natürlich auch sein Reiz) ist die Unzugänglichkeit des Landesinneren. Sehr gern hätte ich eine Reise in den Norden nach Axum oder Lalibela gemacht, doch das hätte Campingausrüstung erfordert und die Bereitstellung einer Karawane. Dies zu organisieren hätte Wochen gedauert und mehr gekostet, als ich mir leisten konnte. Dennoch hätte ich es gern versucht, wenn ich einen Begleiter gefunden hätte, aber niemand wollte mitkommen, und mich allein auf den Weg zu machen, ohne die geringsten Kenntnisse der Geographie und der Landessprache, erschien mir sinnlos. Ich war schon im Begriff, mein Ticket verfallen zu lassen und das italienische Schiff zu nehmen, mit dem Irene heimfahren wollte, als Mr. Plowman, der britische Konsul in Harar, der mit seiner Familie zur Krönung in die Hauptstadt gekommen war, mir freundlicherweise vorschlug, mit ihm zurückzukehren und ein paar Tage in seinem Haus zu verbringen. Ein schöneres Angebot konnte ich mir nicht vorstellen. Welchen Glanz assoziierte ich mit Harar – dem ersten arabischen Stadtstaat, der Perle unter den Eroberungen des äthiopischen Imperialismus, dem Schauplatz von Sir Richard Burtons *First Steps in Africa*, dem Karawanentreffpunkt zwischen Küste und Hochland, einem Ort, wo durch Vermischung von Galla, Somaliern und Arabern Frauen heranwachsen, die in ganz Ostafrika für ihre Schönheit berühmt sind! Angeblich ist eine Straße geplant, die Harar mit der Eisenbahnlinie verbinden soll, aber bis dahin erreicht man die Stadt nur über die gewundene Paßstraße und schmale Piste, auf der Arthur Rimbaud Waffen für Menelik transportieren ließ.

Bis auf einen schrecklichen Nachmittag, den ich mit Irene im Wald von Jemjem auf der hoffnungslosen Suche nach schwarzweißen Affen verbrachte, waren die letzten Tage in Addis Abeba angenehm ruhig, so daß wir unsere fieberhaften Eindrücke von Stadt und Leuten überdenken konnten. Am Morgen des 15. November verließen wir Addis Abeba mit dem letzten Sonderzug. Die Abfahrt war weit weniger formell als die Ankunft. Keine Kapelle spielte auf, aber auf dem Bahnsteig hatte sich die komplette europäische Kolonie eingefunden. Sogar unser armenischer Chauffeur war zu unserem Abschied gekommen; mein Waggon war mit kleinen Blumensträußen geschmückt, die die Bediensteten eines britischen Beamten, der in den Heimaturlaub fuhr, dort angebracht hatten. Mr. Hall war mit Monokel und Zylinder erschienen. Er vertraue darauf, daß ich über Abessinien nur Gutes schreiben würde. Ich versicherte ihm, daß er sich darauf verlassen könne.

Am nächsten Tag kamen wir frühmorgens in Dire Dawa an, wo wir, die Plowmans und ich, unseren Mitreisenden adieu sagten. Wir hatten die Nacht praktisch schlaflos verbracht, und den größten Teil dieses heißen Sonntags blieben wir in Bollolakos' Hotel auf unseren Zimmern. Ich besuchte die Messe in einer Kirche, die voller abscheulicher französischer Kinder war, wusch mich in einem sandigen Badezimmer, schlief und schrieb einen Artikel über abessinische Politik, den ich meiner Zeitung schicken würde. Als ich den Briefumschlag zuklebte, hatte ich das wunderbare Gefühl, wieder ein freier Mann zu sein. Ich konnte tun und lassen, was ich wollte. Ich konnte mich mit Leuten treffen, ohne jene Befangenheit bei ihnen zu spüren, daß sie mit »der Presse« reden; diese Reaktion kann ganz unterschiedlich ausfallen – manche Leute waren verschlossen, fast schon unhöflich abweisend, andere ermüdend langatmig, aber niemand, so mein Eindruck, behandelte einen Journalisten wie einen normalen Menschen.

Wir speisten an diesem Abend in einer angenehmen kleinen Gesellschaft, bestehend aus den Plowmans und ihrer Gouvernante, dem zypriotischen Direktor der örtlichen Bank, Mr. Halls Bruder, der in Dire Dawa ein Geschäft betrieb, und dessen Frau, einer Engländerin, die eine große emaillierte Brosche trug, die ihrem Vater, seinerzeit Londoner Stadtverordneter, anläßlich der Einweihung von Epping Forest überreicht worden war. Wir saßen im Freien unter einem Orangenbaum, tranken Chianti und plauderten über die Krönung, während viele kleine rote Ameisen zu Hunderten über den Tisch wanderten und uns von oben auf den Kopf fielen.

Da die Pferde der Plowmans noch nicht angekommen waren, würden sie erst am Dienstag aufbrechen und am Donnerstag in Harar eintreffen. Der Eisenbahndirektor hatte den Stationsvorsteher von Dire Dawa telegraphisch angewiesen, Maultiere und Diener für mich aufzutreiben. Ich beschloß, dieses Angebot anzunehmen und einen Tag vor meinen Gastgebern in Harar zu sein. Mir erschien es vorteilhafter, die Stadt allein und inoffiziell zu betreten.

Und so brach ich am nächsten Morgen in aller Frühe auf, versehen mit einem lethargischen grauen Maultier, begleitet von einem abessinischen Führer, der Französisch sprach, einem betagten Pferdeknecht, der ungeachtet meiner ausdrücklichen Anweisungen mitkam, und einem Galla von beispiellos schurkischem Aussehen, der mein Gepäck trug. Wir waren noch nicht sehr weit gekommen, als sich dieser Mann von uns entfernte, mit weit ausholenden, schlingernden Schritten in Richtung Bergland stürmend, meine Tasche mit Paß, Kreditbrief und den wichtigsten Kleidungsstücken nachlässig auf dem Kopf balancierend. Das irritierte mich, und auch der Führer klang alles andere als zuversichtlich. Alle Galla seien unehrlich, sagte er, und dieser sei ein besonders unangenehmer Bursche. Er wies jede Verantwortung von sich, ihn engagiert zu haben. Das habe der Stationsvorsteher getan, er selbst hätte einen Mann von so offenkundig verbrecherischem Aussehen niemals engagiert. Es sei nicht ungewöhnlich, daß Träger mit dem Gepäck verschwinden; sobald sie in den Bergen seien, bei ihrem Volk, werde man ihrer nicht mehr habhaft. Erst kürzlich sei ein Inder auf besonders abscheuliche Weise von ihnen umgebracht worden. Vielleicht, fügte er hinzu, sei unser Mann aber nur vorausgeeilt, um seine Ration *Kat** zu kauen.

* Kat ist eine Pflanze mit leicht berauschender Wirkung, die bei Arabern und den mohammedanischen Völkern Ostafrikas außerordentlich beliebt ist. Kurzfristig kann der Genuß durchaus anregend sein, auf die Dauer stumpft er ab. Gewohnheitsmäßige Kat-Esser sollen gute Arbeiter, jedoch weniger gute Ehemänner sein. Kat schmeckt bitter, fast wie Sauerampfer. Ich habe ein paar Blätter gegessen, ohne eine Wirkung an mir festzustellen. Wirklich Süchtige konsumieren schon morgens große Portionen.

Und genau so war es. Wir begegneten dem Mann ein paar Stunden später, am Wegesrand sitzend, den Schoß voller Blätter, Zähne und Mund vom Kauen ganz grün. Sein Gesichtsausdruck war unter dem Einfluß des Rauschgifts beträchtlich sanfter geworden, und für den Rest der Reise verhielt er sich durchaus folgsam und lief leicht benebelt hinter uns her.

Die ersten Kilometer folgten wir dem breiten Flußbett, durch das ein paar Stunden im Jahr ein wilder Sturzbach tobt, der Bäume und Felsbrocken mitreißt und den angesammelten Müll der Stadt fortträgt. Es war nun kurz vor Ende der Trockenzeit, und der Boden war weich und pulverig. Das Gehen war anstrengend, bis wir den Fuß des Karawanenwegs erreichten. Für eilige Fußgänger und Reiter gibt es eine Abkürzung über das Gebirge. Auf Anraten des Führers nahmen wir den längeren, aber weniger anstrengenden Weg, der sich weit um die Ausläufer windet und oben in den Bergen wieder auf den Felspfad stößt. Vom Hotel bis zum Hochland sind es vier Stunden auf diesem Weg. Die Maultiere gingen es geruhsam an; man mußte praktisch ununterbrochen auf sie einprügeln, damit sie sich überhaupt vorwärts bewegten. Auf dem Gipfel machten wir Rast.

Hinter uns erstreckte sich, so weit der Blick reichte, eine einzige Ödnis. Das Bergland, das wir gerade hinaufgestiegen waren, war bedeckt mit farblosem Sand und Gestein, und jenseits des Tals erhoben sich ebenso menschenleere Berge. Das einzige Lebenszeichen war eine Kamelkarawane, die uns in einiger Entfernung folgte. Vor uns sah alles anders aus. Dies war Galla-Land, kleine Dörfer überall und grob markierte Felder. Der Weg war stellenweise von Kakteen und blühender Wolfsmilch gesäumt, die Luft frisch und kräftigend.

Nach weiteren drei Stunden erreichten wir ein Rast aus, wo die Boys auf eine Mahlzeit hofften. Der Wirt erklärte jedoch, daß der zuständige Gouverneur kürzlich seine Lizenz eingezogen habe, ein Unrecht, das er seinem Rivalen zuschrieb, einem Griechen, dem das Rasthaus in Haramaya gehörte. Er gab den Burschen einen Kanister *talla*, das die beiden Christen tranken, während sich der Mohammedaner frommerweise auf eine Handvoll Kat beschränkte. Dann ging es weiter. Eine Stunde später sahen wir den See von Haramaya, der zwischen zwei grünen Hügeln schimmerte. Wir schlugen vor, dort zu übernachten. Es ist nicht schwer, die gesamte Strecke auf einem Pony in einem Tag zurückzulegen, mit einem Maultier ist das durchaus möglich, aber die meisten Leute machen hier Station und warten lieber bis zum nächsten Morgen. Es waren noch vier Stunden bis Harar, und dies schien mir unter diesen Umständen kaum zu bewältigen. Außerdem werden die Stadttore bei Sonnenuntergang geschlossen, so daß man bisweilen Schwierigkeiten hat, nach diesem Zeitpunkt eingelassen zu werden. Ich war sehr müde, und beim Anblick des Wassers zeigten die Maultiere zum erstenmal so etwas wie Interesse. Ja, es wurde sogar unmöglich, sie auf der Piste zu halten, weshalb ich es den Boys überließ, die Tiere zu tränken, und ich den letzten Kilometer um den See zum Rasthaus zu Fuß zurücklegte.

Dies war ein eingeschossiges weißes Gebäude mit Speisesaal, Küche, Veranda und vier winzigen Gästezimmern. Die Ausstattung war äußerst einfach. Es gab natürlich kein Bad, keine Toiletten und keine Fensterscheiben. Geführt wurde das Haus aber von einem sehr sympathischen jungen Griechen, der mir etwas zu essen brachte und pausenlos und in einem sehr eigenwilligen Englisch mit mir sprach. Es war drei Uhr. Ich sei bestimmt müde, sagte er, er werde mir einen Cocktail machen. Er nahm ein großes Glas, in das er Whiskey, Crème de Minthe und Fernet Branca und Sodawasser gab. Er machte sich ebenfalls einen Drink aus denselben Zutaten und stieß mit mir an: »Prost! Zu dumm, daß es kein Eis gibt.« Das Getränk war erstaunlich erfrischend. Nach dem Mittagessen ging ich in mein Zimmer und schlief bis zum Abend.

Wir aßen zusammen Dosenspaghetti und ein sehr zähes Brathühnchen. Er erzählte von seinem Elternhaus in Alexandria und seiner Schwester, die einen Sekretärinnenkurs mache, und von einem reichen Onkel in Dire Dawa, der ihm dieses Rasthaus eingerichtet habe. Auf meine Frage, was dieser Onkel tue, antwortete er, er habe ein »Monopol«. Dies schien eine passende Beschreibung fast aller kommerziellen Unternehmungen in Abessinien zu sein. Ich fand nicht heraus, was der Mann monopolisierte; was immer es war, es schien sehr lukrativ und mit häufigen Reisen nach Aden verbunden zu sein. Der Neffe hoffte, nach der Pensionierung seines Onkels dessen Geschäft übernehmen zu können.

Während des Essens tauchten zwei schwerbewaffnete Soldaten mit einer Nachricht für meinen Gastgeber auf, was ihm nicht besonders zu gefallen schien. Er erzählte mir, daß er eine Affäre mit einer älteren Abessinierin von Stand habe; sie sei nicht sehr attraktiv, aber an einem so entlegenen Ort wie diesem habe man keine andere Wahl. Dic Dame sei großzügig, doch sehr fordernd. Erst am Nachmittag sei er bei ihr gewesen, und schon wieder seien ihre Männer gekommen, um ihn zu holen. Er gab den beiden jeweils eine Zigarette und bat sie zu warten. Als sie zu Ende geraucht hatten, kehrten sie zurück. Wieder bot er ihnen eine Zigarette an, doch sie lehnten ab; ihre Herrin war offenbar sehr ungeduldig. Der junge Mann zuckte mit den Schultern, entschuldigte sich mit der (für ihn typischen) Wendung: »Ob Sie es mir nachsehen werden?«, und verschwand mit den beiden in der Dunkelheit. Ich ging wieder in mein Zimmer und schlief.

Am nächsten Morgen ritten wir nach Harar. Zahllose Kamele, Maultiere und Esel waren unterwegs, Berittene und Gruppen von Frauen, gebeugt unter gewaltigen Holzbündeln. Karren gab es nicht. Ich glaube, daß Karren in Abessinien unbekannt sind und die Eisenbahn das erste Fahrzeug mit Rädern war, das in diesem Land auftauchte. Nach drei Stunden Ritt sahen wir die Stadt. Wenn man von Haramaya kommt, bietet sie einen ganz anderen Anblick als auf der Zeichnung in Burtons *First Steps in Africa*. Dort wird sie gezeigt, wie Burton sie auf dem Weg von der somalischen Küste aus sah, auf einem weithin beherrschenden Hügel. Für uns war die Stadt ein unregelmäßiger brauner Fleck am Fuß der Berge. In der Ferne erhob sich der Tafelberg, den die Abessinier als Zufluchtsgebiet für den Fall bestimmt haben, daß sich das Land gegen sie erhebt. Auf dem Gipfel gibt es einen Süßwassersee und ein natürlich geschütztes Fort, das sie gegen die Galla zu halten hoffen, bis Entsatz aus dem eigenen Hochland eintrifft. Niemand darf diesen Ort ohne Genehmigung des örtlichen Dedejmatch besuchen.

Einige Gebäude – das britische Konsulat, Lij Iyasus aufgegebener Palast, eine von Kapuzinern unterhaltene Leprakolonie, eine Kirche und die Villen von ein paar indischen Händlern – befinden sich außerhalb der Mauer; ein paar Frauen, die vor dem Tor neben kleinen Haufen von Getreide und Paprikaschoten hockten, stellten den Markt dar. Es gab einen provisorischen und recht wackeligen Triumphbogen, den die Firma Mohammedali der Stadt anläßlich der Krönung geschenkt hatte. Ein Posten stand am Tor Wache; es gab auch ein städtisches Zollamt, wo wir unser Gepäck hinterlassen mußten, bis der

Beamte ein paar Stunden später vom Mittagessen zurückkommen würde.

Wie in den meisten mittelalterlichen Städten führte auch in Harar keine Straße vom Tor direkt zum zentralen Platz. Eine enge Gasse wand sich, neben der Mauer, um viele Ecken, bis sie stadteinwärts bog und sich zur Hauptstraße verbreiterte. Beiderseits dieser Gasse standen verfallene Häuser, trostlose Ruinen, einige leer, andere, mit Wellblech verkleidet, dienten als Ställe für Ziegen oder Geflügel. Die Stadt schien, wie die zahlreichen Leprakranken, die hier wohnen, in den Randgebieten zu sterben, doch im Innern pulsierte das Leben.

Zwei Hotels gibt es in Harar, das Leon d'Or und das Bellevue, die für europäische Reisende als ungeeignet gelten. Jede eventuelle Unsicherheit, für welches der beiden ich mich entscheiden sollte, löste sich auf, sobald wir auf die Hauptstraße einbogen und ein dicker kleiner Mann mit schwarzem Käppchen sich meine Zügel schnappte und mich zum Leon d'Or dirigierte. Während meines kurzen Aufenthalts in Harar entwickelte ich eine aufrichtige Sympathie zu diesem Mann, einem Armenier namens Bergebedjian mit einem bemerkenswerten Charakter; er sprach ein sehr lautes und eigenwilliges Französisch, und seine Ansichten waren mir sehr sympathisch. Einem toleranteren Menschen als ihm dürfte ich kaum begegnet sein; hinsichtlich Rasse, Religion oder Moral kannte er keine Vorurteile und keine Skrupel. Sein Denken war eine klare, transparente Fläche von ruhiger Skepsis, frei von jenen trüben Stellen undurchdachter Prinzipien. Welche Gebote die Oberfläche von Zeit zu Zeit gestört haben mochten, sie hatten keine Wellen erzeugt; hier und da aufblitzende Reflexe, aber das Wasser blieb unverändert.

Leider war sein Hotel weniger bewundernswert. Der größte Teil seines Geschäfts spielte sich in der Bar ab, wo er Unmengen von farblosem und höllisch scharfem Schnaps verkaufte, den ein Landsmann brannte und mit den kapriziösen Namen »Very Olde Scotts Whiskey«, »Fine Champayne« oder »Hollands Gin« versah, wie es der Geschmack seiner Kunden verlangte. Neben der Bar war ein kleiner Eßraum, wo zwei, drei Stammgäste, ebenfalls Armenier, ihre fetten und scharfen Mahlzeiten einnahmen. Die Zimmer gingen auf einen kleinen Innenhof, wo man unter dem Küchenabfall, der dort herumlag, einige kümmerliche Reste eines Gartens entdecken konnte. Das Gebäude war früher die Residenz eines abessinischen Beamten gewesen. Heute stieg dort kaum jemand ab, ein Gast alle drei Wochen, sagte der Besitzer, nicht mehr; doch gerade in diesem Moment war noch ein zweiter Gast da, ein französischer Angestellter der Banque d'Indo-Chine in Dschibuti auf Dienstreise. Ich aß mit diesem jungen Mann, einem formbewußten, höflichen Menschen, zu Mittag. In dem heißen Wind waren seine Lippen aufgesprungen, so daß er nicht lächeln konnte und im beiläufigen Gespräch etwas angriffslustig wirkte. Er war es, der mir den beklagenswerten Gedanken in den Kopf setzte, quer durch den Kongo zu fahren und von der Westküste aus die Heimreise anzutreten. Der Hotelbesitzer bediente uns persönlich, so daß wir den abscheulichen Gerichten nicht entrinnen konnten. Nach jeder Mahlzeit fühlten wir uns beide ziemlich unwohl.

Am Nachmittag unternahm ich einen Rundgang durch die Stadt und sah, daß sie weitgehend verfallen war. Die herausragendsten Gebäude waren der moderne Verwaltungssitz, das französische Hospital, die Firma von Mohammedali, eine Kathedrale der Kapuziner-Mission und eine alte Moschee mit zwei weißgetünchten Minaretten; der Rest bestand aus einer Handvoll kleiner Geschäfte, einigen armenischen, griechischen und indischen Läden, Wohnhäusern, die aus einem Zimmer bestanden, meist hinter schmutzigen kleinen Höfen, und etlichen *tedj*-Häusern, einer Mischung aus Bordell und Kneipe, gekennzeichnet durch ein rotes Kreuz über der Tür – ein traditionelles Zeichen, das für Mißverständnisse sorgte, als die schwedische Ärztemission ins Land kam.

Gebäude und Menschen sahen für Abessinien völlig ungewöhnlich aus, was an diesem Nachmittag besonders auffiel, weil alle Abessinier an einem Empfang im Regierungssitz teilnahmen, so daß auf den Straßen fast nur turbantragende Harari unterwegs waren. Die Schönheit der Frauen war atemberaubend, sie übertraf alle meine Erwartungen. Die einheimischen Frauen, die ich in Addis Abeba gesehen hatte, waren alles andere als attraktiv. Die Gesichter plump und pausbackig, die Haare unschön aufgetürmt zu einer schwarzen, wirren Masse, die mit geschmolzener Butter zum Glänzen gebracht wird, die Figur durch mehrere Unterröcke grotesk aufgetrieben. Die Frauen von Harar sind schlank und sehr aufrecht, sie bewegen sich mit der Anmut der Somalis, aber statt affenähnlicher Gesichter und schwarzer Haut hatten sie eine goldbraune Haut und außerordentlich feine Gesichtszüge. Überdies waren Kleider und Schmuck von einer Finesse, die den Somalierinnen völlig fehlte. Das Haar war zu unzähligen dünnen Zöpfen geflochten und mit bunten Seidentüchern verhüllt. Die Frauen trugen lange Hosen und Seidentücher so um den Oberkörper geschlungen, daß die Schultern unbedeckt blieben. Die meisten trugen leuchtend goldenen Schmuck. Burton spricht zwar von ihrer Schönheit, bezeichnet ihre Stimmen aber als rauh und bemerkenswert unangenehm. Ich weiß nicht, was ihn zu diesem Urteil veranlaßte; im Vergleich zu den Stimmen arabischer Frauen fand ich sie oft sanft und angenehm. (Kein menschlicher Laut ist so unangenehm für das Ohr wie die Stimmen zweier sich streitender Araberinnen.) Wie der Armenier mir später mitteilte, konnte man für vier Taler im Monat und freie Kost ein Verhältnis mit diesen exquisiten Geschöpfen eingehen. Bei Ausländern erwarteten die Eltern mehr. Da in diesem Betrag aber auch die Arbeit des Mädchens im Haus enthalten sei, wäre dies eine völlig akzeptable Investition, wenn ich längere Zeit in der Stadt bleiben wollte. Ich erklärte, daß ich nur drei Tage bleiben würde. In diesem Fall, sagte er, sei es natürlich besser, sich auf eine verheiratete Frau zu beschränken. Bei unverheirateten Mädchen müßten zuvor gewisse Dinge erledigt werden, die Zeit und Geld erforderten.*

Ich besuchte die Leprasiedlung außerhalb der Stadtmauer, eine Ansammlung von *tukuls*, die von einem französischen Priester geleitet wurde. Vier oder fünf Personen teilen sich eine Hütte, was der alte Priester mit einem schrecklichen Ausdruck beschrieb: »Wissen Sie, Monsieur, ein Mann entspricht mehreren Leprakranken.«

Ich ging zur Kathedrale und begegnete dort dem Bischof von Harar, dem berühmten Monsignore Jerome, von dem ich in Addis Abeba schon viel gehört hatte. Er ist seit achtundvierzig Jahren im Land, erlebte in der Anfangszeit viel Entmutigung und Verfolgung, gewann im Laufe der Jahre aber eine einflußreiche Position am Hof. Er war Privatlehrer von Ras Tafari, dessen Talent als politischer Taktiker von vielen Leuten, oft in schroffen Worten, auf ihn zurückgeführt wurde. In der jüngsten Zeit, nachdem der Schüler seine Ziele verwirklicht hat, werden die Empfehlungen des Bischofs nicht mehr so oft eingeholt. Überhaupt ist zweifelhaft, ob seine Ratschläge immer noch von Nutzen wären, denn er ist inzwischen sehr alt und hat nicht mehr den scharfen Blick für die politischen Verhältnisse.

* Bei den Harari, wie bei den Somalis und den meisten Galla, ist Infibulation gebräuchlich.

Der Bischof hat es sich zur Gewohnheit gemacht, alle Besucher seiner Kirche persönlich zu begrüßen, was mir aber nicht bekannt war, so daß ich nicht schlecht staunte, als er plötzlich auf mich zukam – hochgewachsen und ausgemergelt, eine Gestalt wie ein Heiliger bei El Greco, mit langem schlohweißem Haar und Bart, großen unruhigen Augen und einem nervösen, fast ekstatischen Lächeln. Schlurfend bewegte er sich vorwärts, wedelte dabei mit den Händen und stieß leise Seufzer aus. Nachdem er mir die Kirche gezeigt hatte, die schäbig und wenig bemerkenswert war, bat er mich zum Gespräch in seinen Diwan. Vorsichtig lenkte ich das Gespräch von den Unterhaltskosten der Kirche auf Arthur Rimbaud. Zunächst sprachen wir eine Weile aneinander vorbei, da der etwas schwerhörige Bischof mein »poète« als »prêtre« mißverstanden hatte und hartnäckig erklärte, daß seines Wissens kein Pater Rimbaud jemals in Abessinien gewesen sei. Später klärte sich das Mißverständnis auf; der Bischof versuchte, sich zu erinnern, und erklärte schließlich, daß er Rimbaud recht gut gekannt habe. Ein junger bärtiger Mann, der irgendwelche Probleme mit einem Bein hatte, ein sehr ernster Mann, der nicht viel ausgegangen sei, immer an seine Geschäfte gedacht habe, kein guter Katholik, auch wenn er in Marseille im Frieden mit der Kirche gestorben sei. Er habe mit einer Eingeborenen in einem kleinen Haus am Platz gewohnt, das jetzt nicht mehr stehe. Er habe keine Kinder gehabt, die Frau lebe wahrscheinlich noch, sie sei nicht aus Harar, nach Rimbauds Tod sei sie zu ihrem Volk nach Tigre zurückgekehrt ... ein sehr, sehr ernster junger Mann, wiederholte der Bischof. Diese Bezeichnung schien ihm am besten zu gefallen – sehr ernst und traurig.

Ich war ziemlich enttäuscht. Während der ganzen Reise hatte ich gehofft, in Harar etwas Neues über Rimbaud herauszufinden, vielleicht sogar einem Mischlings-Sohn zu begegnen, der in irgendeiner Gasse ein Geschäft betrieb. Das einzig Interessante, das ich vom Bischof erfuhr, war, daß Rimbaud, in Harar von so vielen schönen Frauen umgeben, sich eine Lebensgefährtin aus dem stumpfen Volk der Tigre nahm – eine erstaunliche und wenig verständliche Entscheidung.

An diesem Abend, gegen sechs, schlug Monsieur Bergebedjian vor, zu der abessinischen Gesellschaft zu gehen, die inzwischen das Mittagessen beendet habe und den Abend im Gouverneurssitz bei Musik verbringen würde. Er selbst mußte in jedem Fall dorthin, da er eine Aladdin-Lampe vorbeizubringen versprochen hatte, ohne die sie in völliger Dunkelheit dasäßen. Also brachen wir auf und wurden vom stellvertretenden Gouverneur sehr herzlich empfangen. Offenbar war der Stadt anläßlich der Krönung ein beträchtlicher Geldbetrag zur Verfügung gestellt worden, der für Feierlichkeiten verwendet werden sollte, worunter man sich zu Recht eine einzige große Party vorstellte. Seit zwei Wochen feierte man nun schon, und so würde es weitergehen, bis zur Rückkehr des Dedejmatch aus der Hauptstadt. Als Symbol für den Anlaß war am Ende des Saals eine Art Altar errichtet worden, auf dem eine blumengeschmückte große Photographie von Tafari stand. Etwa fünfzig Abessinier in weißen *shammas* saßen schon ziemlich betrunken im Kreis auf dem Fußboden. Grüne Stühle der Sorte, wie man sie in öffentlichen Parkanlagen findet, wurden für uns an einen samtbezogenen runden Tisch gestellt. Der Gouverneur saß bei uns und schenkte große Gläser Whiskey ein. Sklaven gingen unter den Gästen umher und verteilten deutsches Flaschenbier. Mit dem Erscheinen unserer Lampe begann die Unterhaltung. Ein Orchester, bestehend aus drei einsaitigen Fiedeln, spielte auf. Die Sängerin war eine Abessinierin von verblüffender Leibesfülle. Sie sang mit rauher Stimme und war nach jeder Liedzeile außer Atem. Es war eine endlos lange patriotische Ballade. Regelmäßig fiel der Name Haile Selassie. Die Musik wurde ebensowenig beachtet wie bei einer Party in Europa, doch die Frau sang trotz der lauten Gespräche fröhlich weiter, mit einem Ausdruck ruhiger Freundlichkeit. Als ein ungebetener Gast entdeckt und unter einigem Getöse hinausgeworfen wurde, drehte sie sich nur um und beobachtete die Szene, noch immer lautstark singend. Zum Schluß ihrer Darbietung gab man ihr etwas Bier zu trinken und viele freundliche Klapse auf den Po. Der Whiskey war für uns und einige privilegierte Gäste reserviert. Der Gastgeber rief diese zu sich, bat um ihre Gläser und schüttete den Whiskey aus der Flasche auf dem Tisch in ihr Bier.

Der zweite Song war erheblich länger als der erste. Er war von jener in europäischen Kabaretts so beliebten Art, bei der auf Mitglieder des Publikums angespielt wird. Jeder Name wurde mit Beifall und stürmischem Schulterklopfen begrüßt. Der Gastgeber erkundigte sich nach unseren Namen und flüsterte sie der Sängerin ins Ohr, doch sie kamen, wenn überhaupt, so entstellt heraus, daß man sie kaum wiedererkannte. Nach zwei Stunden erklärte Monsieur Bergebedjian, daß er in sein Hotel zurückkehren und sich um das Abendessen kümmern müsse. Dies war das Signal für ein allgemeines Hin und Her: drei, vier Notabeln wurden an den Tisch eingeladen, Weingläser herbeigebracht, eine Biskuittorte und schließlich eine Flasche Champagner. Wir stießen mit ihnen auf unser Wohl an, hielten würdevolle unverständliche kleine Ansprachen in unserer jeweiligen Sprache. Dann, nach ausführlichem Händeschütteln, kehrten wir ohne Aladdin-Lampe zum Hotel zurück.

Nach einem extrem unverdaulichen Essen setzte sich Monsieur Bergebedjian zu uns, dem ernsten Bankangestellten und mir, auf ein Glas beunruhigenden Likörs namens »Koniak«. Ob wir Lust hätten, eine Party zu besuchen, in der Stadt werde eine Hochzeit gefeiert. Sehr gern, sagten wir. Diesmal wurden umfangreiche Vorbereitungen getroffen. Zunächst legte Monsieur Bergebedjian Patronengurt und Pistolentasche an, dann ging er zur Kasse, der er eine schwere automatische Pistole entnahm, lud das Magazin und steckte sie an ihren Ort, dann holte er unter dem Bartresen vier oder fünf Holzschläger hervor, die er an seine Diener verteilte; der Bankangestellte zeigte seinen Revolver vor, ich meinen Degen. Monsieur Bergebedjian nickte zufrieden. Irgendwie erinnerte die ganze Szene an die Ratte, die sich zum Angriff auf die Villa der Gangsterkröte Toad vorbereitet. Dann verbarrikadierte Bergebedjian das Haus mit zahllosen Riegeln und Vorhängeschlössern. Und schließlich brachen wir auf, begleitet von drei Dienern mit Stöcken und Sturmlaterne. In Harar sei es nicht mehr so unsicher wie früher, erklärte er, aber es sei besser, kein Risiko einzugehen. Als wir auf die Straße hinaustraten, funkelte uns eine rotäugige Hyäne an und tappte davon. Ich weiß nicht, warum Hyänen für ihr Gelächter bekannt sind. In Abessinien wimmelt es von ihnen, sie kommen nachts in die Städte, suchen nach Abfällen und verrichten den weniger wertvollen Dienst, Leichen auf den Friedhöfen auszugraben; in Addis Abeba heulten sie die ganze Zeit in der Nähe meines Hotels, und in der Nacht, die ich in einem Zelt im Garten der Plowmans verbrachte, störte mich ein Rudel von Hyänen, die wenige Meter von mir entfernt an Knochen herumnagten, aber nie habe ich etwas gehört, das wie Lachen klang.

Die Straßen waren stockdunkel – nirgendwo ein erleuchtetes Fenster – und völlig leer, abgesehen von den Hyänen, Hunden und Katzen, die sich um den Abfall stritten. Unser Weg führte durch eine schmale Gasse, zwischen hohen verfallenen Mauern, manchmal über eine Stufe, manchmal war es nur eine ausgetrocknete Rinne. Unser erster Halt war das Haus eines griechischen Kaufmanns. Wir klopften an die Fensterläden, hinter denen das Licht sofort ausging. Monsieur Bergebedjian rief den Namen des Mannes, woraufhin ein Augenpaar durch ein kleines Guckloch spähte. Höflichkeiten wurden ausgetauscht, Riegel umständlich aufgeschoben, schließlich konnten wir eintreten. Der Mann bot uns »Koniak« und Zigaretten an. Monsieur Bergebedjian forderte ihn auf, uns auf die Party zu begleiten. Er lehnte ab mit dem Hinweis, daß er sich um seine Buchführung kümmern müsse. Monsieur Bergebedjian lieh sich daraufhin etwas Silber (ein Darlehen, das sogleich eingetragen wurde, wie ich sah), dann verabschiedeten wir uns und gingen weiter durch finstere, leere Gassen. Plötzlich schoß ein Polizist aus dem Graben hoch, in dem er gelegen hatte, und fuhr uns heftig an. Monsieur Bergebedjian spielte ein wenig mit seinem Revolver, es kam zu einem kleinen Schlagabtausch, und am Ende beschloß der Polizist, uns zu der Party zu begleiten. Bald stießen wir auf einen zweiten Polizisten, der, in eine Decke gewickelt, auf dem Stand eines Gemüsehändlers lag. Die Männer rüttelten ihn wach und schleppten ihn mit. Schließlich erreichten wir einen kleinen Hof, hinter dem aus einer erleuchteten Tür Gesang zu hören war.

Mit unseren vielen Waffen sahen wir fraglos wie eine furchteinflößende Bande aus, aber es dürfte vor allem der Anblick der beiden Polizisten gewesen sein, der für Angst und Schrecken sorgte. Was auch immer es sein mochte, unser Erscheinen löste Panik aus. Es gab nur die eine Tür, durch die wir eingetreten waren, eine Flut von Mädchen stürzte schwankend, stolpernd, kreischend an uns vorbei. Andere verbargen sich unter ihren Kopftüchern oder stiegen eine Treppe hinauf, die zu einem kleinen Dachgeschoß führte. Monsieur Bergebedjian wies mehrfach auf unsere friedlichen Absichten hin, doch es dauerte eine Weile, bis das Vertrauen wiederhergestellt war. Dann brachte uns ein junger Mann Stühle, und es wurde wieder getanzt.

Das Haus bestand aus einem einzigen Raum mit einer Galerie voller Kaffeesäcke, die man über eine Leiter erreichte. Unter der Leiter, in der Ecke des Raums, war die Küche, ein großer Herd aus Lehm und kleinen Steinen, auf dem zwei, drei Tontöpfe standen. An der hinteren Wand, gegenüber der Eingangstür, verlief eine teppichbelegte Estrade. Dort wurden unsere Stühle hingestellt. Die wenigen männlichen Partygäste lungerten an der Tür herum, die Mädchen hockten gemeinsam auf der Estrade; getanzt wurde mitten im Raum, zur Musik der Mädchen, die sangen und Handtrommeln schlugen. Es war eine hübsche Szene, beleuchtet von einer einzigen Öllampe. Die Wände waren mit bunten Korbtellern geschmückt. Ein Holzkohlebecken mit Weihrauch stand in einer Ecke. Eine Korbschale mit Süßigkeiten ging unter den Mädchen auf der Estrade von einer zarten, hennageröteten Hand zur anderen.

Der Tanz war von allersimpelster Art. Ein Mädchen und zwei Männer standen sich gegenüber. Das Mädchen trug ein Tuch über dem Kopf, die Männer hielten ihre *shamma* über die untere Gesichtshälfte. Sie bewegten sich aufeinander zu und wieder zurück; nach mehreren Wiederholungen dieser Schrittfolge tauschten sie die Plätze, einander umkreisend, und wiederholten die Figuren von der anderen Seite aus. Als das Mädchen in unsere Nähe kam, zog Monsieur Bergebedjian ihr das Kopftuch weg. »Schauen Sie«, rief er, »hat sie nicht wunderschönes Haar?« Ärgerlich richtete sie das Kopftuch wieder, doch Monsieur Bergebedjian neckte sie, indem er jedesmal, wenn sie vorbeikam, an ihrem Kopftuch zupfte. Er war aber ein gutmütiger Bursche und lenkte bald ein, als er merkte, daß ihr das wirklich unangenehm war.

Dies war das Haus der Braut. Eine zweite Party fand in einem anderen Viertel statt, im Haus des Bräutigams. Wir machten uns auf den Weg dorthin und sahen, daß es von ähnlicher Bauweise, aber sehr viel größer und prächtiger war. Das Mädchen hatte offenkundig eine gute Wahl getroffen. Diese Partys werden eine Woche lang vor der Hochzeit gefeiert – die Freundinnen und Angehörigen der Braut in ihrem Haus, die des Bräutigams in seinem. Erst am eigentlichen Hochzeitstag kommen sie zusammen. Aus irgendeinem mir unerfindlichen Grund waren diese Feiern in der jüngsten Zeit vom Staat verboten worden; das erklärte die Aufregung bei unserem Erscheinen. Wir blieben etwa eine Stunde und kehrten dann ins Hotel zurück. Die Polizisten kamen mit und lungerten noch eine Weile herum, bis sie einen großen Becher mit klarem Schnaps bekamen. An Schlaf war in dieser Nacht kaum zu denken – die Kissen waren hart wie Bretter, und durch die Fenster (unverglast und ohne Läden) drang das unablässige Gebell von Hunden und Hyänen und gelegentlich das klagende Hornsignal des Nachtwächters.

Am nächsten Morgen ritt der Bankangestellte fort, und Monsieur Bergebedjian ging mit mir durch die Stadt. Er war ein erstaunlicher Fremdenführer. Wir betraten die Geschäfte aller seiner Freunde, tranken köstlichen Kaffee und rauchten Zigaretten; mit allen schien er irgendwelche kleinen Geschäfte zu tätigen, hier bezahlte er einen Maria-Theresien-Taler, dort erhielt er einen. Wir gingen zum Gericht, wo gerade eine Immobiliensache verhandelt wurde. Aus irgendeinem Grund waren beide Prozeßparteien und alle Zeugen in Ketten. Der Angeklagte war ein Galla, der seinen Fall mit Hilfe eines Dolmetschers vortrug. Er echauffierte sich aber so sehr, daß der Dolmetscher ihm nicht mehr folgen konnte und nach mehrfachen Ermahnungen aufgab, so daß der Mann seine Argumente in seiner eigenen Sprache vortrug. Hinter dem Gerichtshaus sahen wir einen Löwen in einem Holzkäfig, der so klein war, daß er sich kaum darin bewegen konnte, und derart stank, daß es auf dem Hof kaum auszuhalten war. Wir sahen die große Halle, in der die Rohfleischtafeln stattfinden. Ein älterer Junge mit Stock brachte einer Gruppe Sklaven militärischen Drill bei. Die Kommandos waren erkennbar englischen Ursprungs, wahrscheinlich importiert von einem alten Soldaten der Kenia African Rifles. Wir gingen in das Gefängnis, einen unbeschreiblich verdreckten Ort, der nur mit dem Löwenkäfig zu vergleichen war. Monsieur Bergebedjian, der eine gewisse Furchtsamkeit nicht leugnen konnte, wollte erst nicht eintreten. Drei, vier Insassen, sagte er, sterben dort jede Woche an Typhus. Ein Häftlingsfloh könne uns beide töten. Daran erinnerte ich mich mit einiger Nervosität, als ich abends im Badezimmer feststellte, daß ich überall Flohbisse hatte. Wirklich entspannt war ich erst, als die Latenzzeit vorbei war. Die Gefängniszellen lagen um einen kleinen Innenhof; drei, vier Mann pro Zelle, an Ketten geschmiedet, die gerade so lang waren, daß die Männer ins Freie kriechen konnten. Wer von den Angehörigen versorgt wurde, verließ das Gefängnis nie. Die anderen wurden beim Straßenbau eingesetzt und konnten auf diese Weise ihren Lebensunterhalt verdienen. Das Schicksal derjenigen, um die sich niemand kümmerte, schien weitaus beneidenswerter. Die meisten Gefangenen saßen wegen Schulden, oft geringfügiger Beträge. Sie blieben in Haft, bis alles bezahlt war oder, noch wahrscheinlicher, bis sie starben. In Harar gab es nicht weniger als drei Gefängnisse. Mein Diener war eines Tages wegen Verstoßes gegen die sanitären Vorschriften verhaftet worden, und ich mußte fünf Dollar entrichten, um ihn freizubekommen. Wie man denn wissen solle, daß es in Harar derlei Vorschriften gebe, erklärte er nicht zu Unrecht. Das Ganze sei eine abgekartete Sache, weil er ein Fremder sei.

Wir besuchten einige *tedj*-Häuser, die zu dieser vormittäglichen Stunde noch ziemlich leer waren. In manchen gab es überhaupt keine Gäste, in anderen ein paar Männer, die die Nacht dort verbracht hatten, nun dasaßen, sich den Kopf hielten und mit den Frauen über die Rechnung stritten. Nur in einem herrschte ausgelassene Stimmung, eine Gruppe, gerade vom Land eingetroffen, war im Begriff, sich zu betrinken. Jeder saß neben einer Karaffe mit trübem *tedj*. Einer spielte auf einer Art Banjo. Die Frauen waren ausnahmslos häßlich. Monsieur Bergebedjian zog bei einer Frau einen Ärmel hoch und legte eine Wunde an der Schulter frei. »Ein ungewaschener Haufen«, sagte er, gab der Frau einen freundlichen Klaps und einen halben Piaster.

Wir gingen durch den Basar, wobei Monsieur Bergebedjian alle angebotenen Waren auf das freundlichste herabsetzte und ich ein paar Silberarmreifen kaufte, die er für mich zu einem Bruchteil des geforderten Preises erstand. Wir besuchten mehrere Privathäuser, wo Monsieur Bergebedjian alles in Augenschein nahm, Kleidungsstücke in Schubladen, Gewürze auf dem Küchenregal, er öffnete den Herd und probierte vom Essen, er kniff die Mädchen und schenkte den Kindern einen halben Piaster. Wir besuchten eine Werkstatt, wo drei, vier atemberaubend schöne Mädchen Tische und Tabletts aus feinem Weidenkorbmaterial mit wunderbaren Mustern herstellten. Überall schien er willkommen zu sein, überall stellte er sich ganz und gar auf die jeweilige Umgebung ein. Sehr viel später wurde mir klar, daß die beiden fähigsten Menschen, denen ich während meiner sechsmonatigen Reise begegnete – der Chauffeur, der uns nach Debre Libanos gefahren hatte, und Monsieur Bergebedjian –, Armenier waren. Ein Volk von großer Begabung und ausgeprägter Sensibilität. Nach meinem Eindruck sind nur die Armenier wirklich weltläufig. Wahrscheinlich hält sich jeder hin und wieder für einen solchen Menschen. Manchmal, wenn mir dieses erhabene Ideal allzu attraktiv erscheint, wenn ich unter meinen Freunden die Fähigkeit des einen beneide, sich auf die unterschiedlichsten Menschen einzustellen, die kosmopolitischen Erfahrungen des anderen, hier das Talent, sich zuverlässig vor Gefühlsduselei und Falschheit zu schützen, dort die Vorurteilslosigkeit, die Ordnung in Finanzdingen und die hübsch berechnete Gastfreundschaft, und wenn ich erkenne, daß ich, was immer mir passieren wird und wie sehr ich es auch bedauere, nie jene abgebrühte Welterfahrung erlangen werde, die in den Romanen beschrieben wird, die ich vor kurzen Zugreisen manchmal im Bahnhofskiosk kaufe; daß ich immer Schwierigkeiten haben werde mit neun von zehn Menschen, denen ich begegne, daß ich an den Dingen, die den meisten Menschen lohnend erscheinen, immer etwas Irritierendes und ziemlich Schreckliches finden werde und ihre Wertmaßstäbe mich immer befremden werden; daß mir die unvermeidlichen kleinen Katastrophen und Ungerechtigkeiten des Lebens vermutlich zunehmend mehr, und nicht weniger, ausmachen werden – dann tröste ich mich mit dem Gedanken, daß ich als Armenier das Leben nicht ganz so schwer nehmen würde.

Nach dem Mittagessen, einer sehr anstrengenden Mahlzeit, rief ich meine Bediensteten zusammen und ritt hinaus zum Konsulat auf der Anhöhe, wohin die Plowmans am Vormittag zurückgekehrt waren. Es war ein recht altes Haus in einem großen Garten, und dort verbrachte ich drei erholsame Tage.

Der Konsul und ich gingen zu einer weiteren Feier im Gouverneurshaus, einer Nachmittagsparty für die sechs, sieben Europäer in Harar – der französische Arzt, zwei Priester, zwei schwedische Lehrerinnen und der italienische Konsul. Wir saßen an einem Tisch in demselben Zimmer und tranken Champagner und aßen Biskuitkuchen. Ich besuchte Monsieur Bergebedjian ein paarmal und sah die religiösen Tänze in der Kirche am Tag des heiligen Michael. Dann setzte ich meine Reise fort. Eigentlich hatte ich nur zwei Nächte bleiben wollen, in der festen Annahme, daß mein Zug nach Dschibuti am Samstag abend in Dire Dawa abfahren würde. Da mir aber versichert wurde, daß der Zug erst am Sonntag fahren werde, blieb ich bis Samstag nachmittag, übernachtete in Haramaya und erreichte am Sonntag mittag nach einem anstrengenden, aber ereignislosen Ritt den Bahnhof.

Dort erfuhr ich, daß der Zug am Abend zuvor abgefahren war. Der nächste Zug sollte am Dienstag vormittag eintreffen und zwei Stunden nach der planmäßigen Abfahrt der *Général Voyron* in Dschibuti sein. Ich bat den Agenten der Messageries telegraphisch, das Schiff aufzuhalten, und fügte mich in ein ödes Wochenende.

Erster Alptraum

Wenn wir von einer Auslandsreise heimkehren und in den ersten Wochen, weil unsere Freunde so höflich danach fragen, immer wieder unsere Erlebnisse schildern und dabei zu Formulierungen greifen, die sich allmählich verselbständigen, bis sich alles zu einer wunderbaren Geschichte verbindet; wenn aus den ungewöhnlichen Leuten, denen wir begegnet sind, im nachhinein märchenhafte, phantastische Personen werden und sich alle Schwierigkeiten und Ungewißheiten des Reisens in richtige Gefahren verwandelt haben, wenn die kleinen Ärgernisse heroische Dimensionen annehmen und am Mittagstisch zu unvorstellbaren Entbehrungen werden; und schon vorher, wenn wir gegen Ende der Reise in unserem Tagebuch die etwas dürftige Chronik der vorangegangenen Monate lesen – wie wenig Aufmerksamkeit schenken wir doch, neben all diesen falschen Ängsten und vermeintlichen Schreckgespenstern, dem abgrundtiefen Horror der Langeweile!

Über diesen Aspekt des Reisens ist meines Erachtens noch nicht genug gesagt worden. Niemand macht sich einen wahren Begriff von Langeweile, solange er nicht in den Tropen war. Die Langeweile eines zivilisierten Lebens ist banal und überschaubar, eine Petitesse, die man zwischen Zeigefinger und Daumen zerquetscht. Die schwärzesten Dinge im gesellschaftlichen Leben Europas – reiche Frauen, die über ihre Armut sprechen, arme Frauen, die über ihren Reichtum sprechen, Wochenendpartys von Cambridger Dandys oder Dozenten der London School of Economics, rivalisierende Byzantinisten, die einander zu widerlegen suchen, Schauspielerinnen außerhalb des Theaters, Psychologen, die einem die eigenen Bücher erklären, Amerikaner, die einem erzählen, wieviel sie in der letzten Zeit getrunken haben, Stubenfliegen am frühen Morgen in Südfrankreich, Amateurschriftsteller, die über Tantiemen und Rezensionen reden, Amateurjournalisten, streitende Liebespaare, mystische Atheisten, Geschichtenerzähler, Hunde, Juden, die mit den Cliquen von Montparnasse vertraut sind, Leute, die sich unergründlich geben, überhaupt all die Schrecken, vor denen man in die entlegensten Winkel der Welt flieht, sind nur Stiefmütterchen und Pimpernellen – verglichen mit den üppig rankenden Blumen in diesen dunklen und dampfenden Refugien.

Ich langweile mich ziemlich schnell, aber in Europa habe ich mich nie so entsetzlich und auf so demütigende Weise gelangweilt wie in den anschließenden vier Tagen. Sie waren schwarz und zeitlos wie die Hölle; eine Handvoll feine Asche, in die Augen gestreut, eine Decke über dem Gesicht, eine Masse weicher Schlamm, knietief. Mein Tagebuch ruft mir mit ebendiesen Worten mein Leiden in Erinnerung, aber das Gefühl, das sie auslösten, scheint fern. Ich kenne eine Frau, die fortwährend Kinder bekommt; jedesmal beschließt sie, daß dieses das letzte sein soll, doch jedesmal vergißt sie ihren Entschluß, und erst wenn die Wehen einsetzen, ruft sie Hebamme und Ehemann zu: »Halt, halt, ich erinnere mich gerade, wie es ist. Schluß jetzt, ich will keines mehr.« Doch da ist es schon zu spät. Also geht die Farce weiter. Genauso, scheint mir, wird das Treiben unseres Ameisenhaufens durch gnädiges

Vergessen aufrechterhalten. »Nie wieder«, sage ich beim Verlassen des Hauses, »werde ich mit dieser Frau zu Mittag essen.« – »Nie wieder«, sage ich im Zugabteil, »werde ich diese Leute besuchen.« Doch ein, zwei Wochen später nehme ich die nächste Einladung bereitwillig an. »Halt«, rufe ich unhörbar, wenn ich die knochige Hand der Hausherrin ergreife. »Halt, halt«, rufe ich in meinem lauwarmen Bad, »ich erinnere mich gerade, wie es ist. Ich weigere mich, das noch einmal mitzumachen.« Aber es ist zu spät.

Von Zeit zu Zeit begegne ich Leuten, die sich angeblich nie langweilen; sie gehören zwei Gruppen an, beide lügen meistens. Die einen lassen sich verzaubern von fast allen beobachtbaren Objekten – einer einsamen Blüte an einer weißgetünchten Mauer, Schornsteinen gegen den Himmel, zwei Hunden auf einem Misthaufen, einem alten Mann mit Schubkarren ... Die Ermahnungen meines Internatsdirektors, eines sehr trägen Pfarrers, steigen in mir auf: »Nur ein langweiliger Junge langweilt sich«, »Es gibt so viele Dinge auf der Welt ...«

Andere finden Trost in ihrer eigenen Gedankenwelt. Wann immer sie mit einer trüben Aussicht konfrontiert sind, entfliehen sie der nüchternen, objektiven Welt in die grünen Auen und Elfenbeinpaläste ihrer Phantasie. Vielleicht haben sich einige von ihnen aufgrund einer Entwicklungsstörung diese angenehme Fähigkeit aus ihren Kindheitstagen bewahrt, doch meistens stelle ich fest, daß beide Haltungen schlicht auf Pessimismus hinauslaufen – die Leugnung, daß jedes menschliche Handeln wertvoll ist.

Gibt es eigentlich schon eine Anthologie von Gedichten über die Langeweile? Mit Richard Sickerts »Ennui« als Frontispiz wäre das ein hübsches Weihnachtsgeschenk. Shakespeare und die Bibel sind voll von zitierenswerten Passagen. Man könnte auch den Song des Dienstmädchens in Mr. Herberts *Riverside Nights* aufnehmen und das *»Nobody knows how bored we are, and nobody seems to care«* aus dem letzten Krieg. Im Anhang könnte man Selbstmörderbriefe abdrucken, die unablässig in den Zeitungen erscheinen und allzu bald vergessen sind, Bekenntnisse von Männern mittleren Alters, die uns erklären: »Wie satt ich das alles habe! Ich kann nicht mehr. Ich höre auf. Gestern ist die Uhr kaputtgegangen, und dem Milchmann schulden wir vier Shilling. Sag Ruby, der Schlüssel zum Kohlenkeller liegt oben unter dem Hut. Wir haben keine Kohlen mehr. Ich bin kein schlechter Mensch, aber ich kann nicht mehr. Grüß Tante Lu von mir, sie war immer so anständig. Wenn der Milchmann mehr haben will, es sind nur vier Shilling.«

Ich wünschte, ich könnte von den vier Tagen zwischen Harar und Aden einen Bericht schreiben, der würdig wäre, in diese Anthologie aufgenommen zu werden. Aber die Wahrheit ist, daß diese Tage verschwommen und unwichtig geworden sind. Das Leiden war real, aber wie eine Mutter, die aus dem Halbschlaf hochfährt, habe ich nur den vagen Eindruck, daß eigentlich nicht viel passiert ist.

Eigentlich ist nicht viel passiert. Nach dem Mittagessen bezahlte ich meine Maultiere, den Führer, den Träger und den alten Mann, der sich irgendwann während der Reise dank schierer Beharrlichkeit als rechtmäßiges Mitglied meines Gefolges etabliert hatte.

Dann saß ich in Mr. Bollolakos' Hotel.

Draußen in den leeren Straßen lag strahlend und miasmisch der weiße Staub. Drinnen war es schattig. Die Bar war geschlossen, das Personal schlief. Auf dem Innenhof war es nicht auszuhalten. Es gab nur einen Ort, wo man sitzen konnte – ein kleiner quadratischer Salon mit Zementfußboden und getünchten Wänden, in der Mitte ein Tisch mit einer Plüschdecke darauf, vor der Wand ein wackeliges Korbsofa und zwei metallene Schaukelstühle. An Lesestoff hatte ich nur den ersten Band einer Taschenbuchausgabe von Pope dabei. Es gibt Momente, in denen man nichts von Pope lesen möchte, sondern etwas Handfesteres und Informatives braucht. In der Stadt gab es keine Buchhandlung, keinen Zeitungsladen. Noch in den einfachsten Hotels findet sich meist irgendwelcher Lesestoff, Werbebroschüren, von Gästen zurückgelassene Zeitschriften oder Bücher, Ansichtskarten in einem Gestell … In Mr. Bollolakos' Hotel gab es nichts.

Ein paar Stunden saß ich im Schaukelstuhl und las Popes frühe Gedichte.

Die meiste Zeit dachte ich daran, wie furchtbar der nächste Tag sein würde.

In meinem Zimmer waren noch drei Bände Pope und Schreibpapier.

Doch um auf mein Zimmer zu gelangen, hätte ich den Innenhof überqueren müssen.

Bald verlor ich das Interesse an Popes Jugendgedichten und beschloß, über den Innenhof zu gehen. Die drei Bände Pope waren irgendwo ganz unten in meiner Reisetasche. Doch ich fand sofort das Schreibpapier und auch ein winziges Französisch-Wörterbuch, das ich ganz vergessen hatte.

Etwa eine Stunde saß ich in dem Salon im Schaukelstuhl und las in dem Französisch-Wörterbuch. »*Bourrasque*, (f.), Windbö; Zornausbruch. *Bourre* (f.) Füllhaar; Flaum. *Bourreau* (m.) Henker« …

Dann zog ich den Tisch an das Korbsofa heran, schob die Plüschdecke beiseite und schrieb ganz viele Briefe mit Weihnachtsgrüßen an alle Leute in England, deren Adresse mir erinnerlich war. Ich schrieb, daß es in Abessinien schön sei, daß sie mir im Nebel und der Monotonie Londons leid täten, daß ich mich darauf freute, sie wiederzusehen und von all ihren Skandalen zu hören, daß ich

Anfang des Jahres wieder zu Hause sein würde, daß ich ein atemberaubendes abessinisches Gemälde gekauft hätte, das sie bekommen würden, sobald ich heimgekehrt sei – jedes Wort war gelogen.

Bei Sonnenuntergang wachte das Personal auf. Die Bar wurde geöffnet, Tische wurden in den Innenhof gestellt und zum Abendessen gedeckt. Mr. und Mrs. Hall und der zypriotische Bankdirektor trafen ein. Ich berichtete, daß ich keine Bücher hätte, worauf sie mir mitfühlenderweise einige Nummern von *John o' London's Weekly* liehen. Mr. Hall war überaus liebenswürdig. Er führte mich nach dem Essen zurück zu seinem Haus und zeigte mir Pastellzeichnungen von äthiopischen Sonnenuntergängen, die er angefertigt hatte, und eine kolorierte Photographie des Prinzen von Wales, die in der Ecke des Herrenzimmers auf einer verhängten Staffelei stand. Seine Einladung zur Krönung war am Tag zuvor mit der Post eingetroffen. Die Verspätung erklärte er mit Intrigen höheren Orts. Es gebe viele Leute, die neidisch auf den Schmuck seiner Frau seien, sagte er und wies mit einem bedeutsamen Kopfnicken auf die feine Brosche, die an die Einweihung von Epping Forest erinnerte.

In dieser Nacht las ich unter meinem Moskitonetz drei Ausgaben von *John o' London's Weekly*, ohne Unterbrechung, Wort für Wort, von vorne bis hinten.

Am nächsten Morgen, nach dem Frühstück, las ich die vierte. Dann ging ich zur Bank und zog die Einlösung eines kleinen Schecks so weit in die Länge, wie es die Höflichkeit zuließ. Ich schickte einen Empfehlungsbrief an den berühmten Monsieur de Montfried, erfuhr aber, daß er in Europa war. Es war noch immer früh am Tag. Ich nahm einen Schlaftrunk und ging wieder zu Bett.

An diesem Abend traf der Zug aus Awash ein. Ihm entstiegen der alte Herr, mit dem ich nach Addis Abeba gereist war, und eine der Damen, die sich in der Gesandtschaft einquartiert hatten. Der Herr war unterwegs zu den Plowmans in Harar, sie wollte an die Küste und weiter nach Europa reisen. Die jüngsten Nachrichten aus Addis Abeba besagten, daß jedermann sehr erschöpft war.

Am nächsten Morgen in aller Frühe fuhr der Zug nach Dschibuti. Von der Förmlichkeit oder Unbeschwertheit, die unsere Ankunft charakterisiert hatte, war nichts mehr zu spüren. Eine halbe Stunde nach der vorgesehenen Abfahrt wurden die Dame von der Gesandtschaft und ich aus den Waggons gewiesen, in denen sie an den zwei vorangegangenen Tagen gereist war, denn es galt, Platz zu machen für die Diener einer abessinischen Prinzessin, die zum Shopping an die Küste fuhr. Diese Männer waren sturzbetrunken und verbrachten ihre Zeit damit, von der Plattform aus Bierflaschen in die Wüste zu werfen. Je länger wir fuhren, desto schlimmer wurden Hitze und Feuchtigkeit. Das Land zu beiden Seiten der Strecke war eine einzige Ödnis; langsam schaukelten und ruckelten wir dahin, die Verspätung, für die die königliche Gesellschaft gesorgt hatte, war auf anderthalb Stunden angewachsen, während die junge Dame von der Gesandtschaft mich mit kritischen Bemerkungen über die zwei, drei englischen und irischen Bekannten unterhielt, die wir, wie sich zeigte, gemeinsam hatten.

Aufregend wurde es, als wir gegen Sonnenuntergang in Sichtweite des Meeres kamen und bemerkten, daß die *Général Voyron* noch da war. Sie lag weit draußen vor Anker, mit qualmendem Schornstein, wartete höchstwahrscheinlich auf den Zug. Kurz vor Dschibuti verläuft die Bahnstrecke in zahllosen Kehren und Kurven zwischen hohen Felsen und ausgetrockneten Wasserläufen, so daß wir das Schiff immer wieder aus den Augen verloren; wenn es wieder auftauchte, schien es jedesmal noch weiter entfernt zu sein. Und auf einmal war klar, daß die *Général Voyron* schon abgelegt hatte.

Ich diskutierte mit dem Agenten der Messageries über diese Angelegenheit, doch der zeigte sich wenig bußfertig. In meinem Telegramm hätte gestanden, daß ich um halb sechs ankäme, er habe das Schiff bis sechs aufgehalten; um sieben sei ich angekommen, er könne nichts dafür, wenn der Zug Verspätung habe, auf dieser Strecke hätten die Züge manchmal mehrere Tage Verspätung. Diese Einstellung wird von denen, die sie sympathisch finden, als mediterrane Logik bezeichnet. Es ist wahr, daß Armenier diese Dinge etwas anders sehen.

Wir gingen zum Hôtel des Arcades. Die Liebenswürdigkeit von Madame war weniger tröstlich als bei der Ankunft. Wir besuchten den britischen Vizekonsul, um uns nach Schiffen zu erkundigen, und erfuhren, daß am Donnerstag ein Dampfer nach Europa und am Samstag ein kleines Schiff nach Aden gehen würde. Das nächste Schiff der Messageries nach Sansibar fuhr in zwei Wochen. Er sagte, daß es im vergangenen Monat mehrere kleine Erdbeben gegeben habe, und zeigte auf einen großen Riß in der Wand seines Büros.

Gedrückter Stimmung kehrte ich ins Hotel zurück. Wie man es auch drehte und wendete, meine Lage war nicht rosig. Alles sprach dafür, Dschibuti möglichst schnell zu verlassen. Ich hatte mich praktisch schon entschieden, nach Europa zu fahren, als meine Hotelbesitzerin mir zu Hilfe kam. Es gebe ein italienisches Schiff, das am nächsten Tag nach Aden fahre, der Messageries-Dampfer aus Sansibar würde mich dort an Bord nehmen. Wir aßen auf dem Trottoir, und ich ging etwas besserer Laune zu Bett.

Der folgende Tag war der allerschlimmste. Am frühen Morgen wurde ich mit der Information aus dem Schlaf gerissen, daß das italienische Schiff da sei und in einer

Stunde abfahre. Ich zog mich hastig an, packte meine Siebensachen und stürzte nach unten. Madame begrüßte mich in einem rosaroten *peignoir.* Der Boy hatte sich geirrt. Im Hafen war kein Schiff.

Sobald das Büro der italienischen Reederei geöffnet hatte, buchte ich dort meine Passage. Das Schiff, die *Somalia,* sollte jeden Moment eintreffen und nach kurzem Aufenthalt wieder ablegen. Sobald es gesichtet sei, werde man mir telefonisch Bescheid sagen. Ich saß den ganzen Tag im Hotel herum und wartete auf den Anruf. Sich weit vom Hotel zu entfernen, war unmöglich. Wir besuchten das führende Kaufhaus am Platz und kauften ein paar Bücher; die abessinische Prinzessin war gerade dort in einem schweren grünen Schleier und feilschte um den Preis eines pseudochinesischen Essensgongs von grauenhafter Machart. Abends teilte mir die Schiffsagentur mit, daß die *Somalia* erst am nächsten Morgen erwartet werde. Später stellte ich fest, daß in dem anderen Hotel drei amerikanische Filmmenschen abgestiegen waren; ihre Firma war sehr zufrieden mit den Aufnahmen, die sie von der Krönung gemacht hatten, und auch mit sich selbst waren sie sehr zufrieden. Wir gingen gemeinsam los und besuchten eine unsagbar trostlose Kaschemme im Eingeborenenviertel.

Der nächste Tag war ziemlich schlimm. Wieder wurde ich am frühen Morgen mit der Nachricht geweckt, daß die *Somalia* eingetroffen sei und sogleich ablegen werde. Diesmal war die Information teilweise korrekt. Ich bezahlte eine schwindelerregende Hotelrechnung, gegen die ich in meiner Eile keine Einwände erhob, und lief zum Hafen. Tatsächlich, die *Somalia* lag vor Anker, ein sauberer kleiner Küstendampfer mit Platz für ein halbes Dutzend Passagiere. Nachdem ich an Bord gegangen war, erfuhr ich, daß wir erst um sechs ablegen würden. Ich traute mich nicht, wieder an Land zu gehen. Ich beobachtete die Ankunft des Schiffs nach Europa, das die Dame von der Gesandtschaft an Bord nahm und dann ablegte. Den ganzen Tag saß ich im Salon auf einem Drehstuhl und las eines der Bücher, die ich in der Stadt gekauft hatte – einen bemerkenswert kenntnislosen Bericht über Abessinien, übersetzt aus dem Englischen.

Weit nach sechs Uhr legten wir schließlich ab und fuhren bei schönstem Wetter hinaus in Richtung Aden. Abends im Speisesaal waren wir zu fünft – der Kapitän, ein französischer Angestellter und ein italienischer Beamter, der mit seiner Frau nach Mogadischu unterwegs war. Wir hatten uns nicht viel zu sagen. Der italienische Beamte riß Witze über Seekrankheit. Der französische Angestellte nannte mir Zahlen über den Kaffeehandel in Hodeida, deren Bedeutung ich inzwischen vergessen habe, der Kapitän machte der Beamtengattin galante Komplimente auf italienisch.

Am nächsten Morgen kamen wir in Aden an. Damit endeten vier ganz besonders unerfreuliche Tage.

Die Krönung von Haile Selassie

Addis Abeba, November 1930

Bilder aus dem Photoalbum
von *Agnes Willoughby Bancroft*

Revue der äthiopischen Kavallerie am Krönungstag.
(Photo: Joseph Steinlehner)

Der Menelik-Palast, beflaggt mit den Fahnen
der Länder der Delegationen.
(Photo: Joseph Steinlehner)

Triumphbogen in Addis Abeba, errichtet aus Holz
und Musselin anläßlich der Krönung Haile Selassies.
(Photo: Joseph Steinlehner)

Der Bahnhof von Addis Abeba, beflaggt mit
den Fahnen der Länder der Delegationen, im Vorder-
grund das Monument des Löwen von Juda.
(Photo: D. Kalaidjian)

Der Herzog von Gloucester, der Leiter der britischen Delegation, nimmt die Parade der barfüßigen Kaiserlichen Leibgarde ab. Links außen Ras Tafari (Haile Selassie), in der Mitte Ras Kassa Hailu.

Das Kaiserpaar im Wagen auf dem Weg
zur St.-Georgs-Kathedrale, dem Ort der Krönung.

Bei der Enthüllung des Menelik-Denkmals
in Addis Abeba. Links der amerikanische Gesandte
Herman Murray Jacoby im Gespräch mit Marschall
Franchet d'Esperey. Weitere Personen (v. l. n. r.):

Fürst Udine, der Herzog von Gloucester,
Ras Seyoum Mengesha, Ras Kassa Hailu, Ras Birru
Wolde-Gabriel; rechts außen Ras Tafari, über den
ein Sonnenschirm gehalten wird.

Äthiopische Krieger in traditioneller Uniform
mit Maschinengewehren auf dem Gelände
der St.-Georgs-Kathedrale.

Kaiserin Menen Asfaw im feierlichen Ornat
auf dem Weg zur Krönung.

Kaiser Haile Selassie im feierlichen Ornat, rechts von ihm der Kaiserliche Zeremonienmeister (Agafari) und Prinz Makonnen, Sohn des Kaisers.

Haile Selassie im feierlichen Ornat,
mit Szepter und Reichsapfel. Rechts von ihm
der Agafari, links der Kaiserliche Beichtvater
Abba Hanna Jimma.

Britisches Reich

I

Pures Mißgeschick führte mich nach Aden, und ich rechnete damit, daß es mir dort nicht gefallen würde. Überhaupt hatte ich ein ziemlich klares Bild von dem, was mich dort erwarten würde; das berüchtigte Klima, das den Verstand und alle Initiative zerbröselt, eine Landschaft, in der nichts wächst und nichts lebt, eine selbstzufriedene Gesellschaft, halb Welwyn Garden City und halb Trocadero Bar: langweilige technische Gespräche unter den Männern, arrogante Spitzzüngigkeit bei den Frauen. Ärgerlich dachte ich an den Glanz und die Pracht, die ich erst auf Sansibar erleben würde. Wie sehr ich mich geirrt hatte!

Wie sehr ich mich in all meinen Vorstellungen über diese Reise geirrt hatte – Sansibar und der Kongo, mit deren Namen sich so romantische Phantasien verbinden, gaben mir nichts, während diejenigen Stationen, von denen ich das Schlimmste erwartet hatte, Kenia und Aden, sich als die interessantesten erwiesen.

Doch schon der erste Eindruck von Aden schien meine düsteren Ahnungen zu bestätigen. Der Ort ist, wie jeder Schiffsreisende weiß, der das Rote Meer hinuntergefahren ist, ein erloschener Vulkan, mit dem Festland verbunden durch eine flache, fast unsichtbare Landzunge; kein Baum, keine Blume, kein Grashalm wächst dort, nur farbloses

Gestrüpp, das hier und da aus dem Ascheboden hervorbricht. Es gibt keine Erde und kein Wasser, abgesehen von dem, was auf Kamelkarren unablässig durch die Tunnelstraße dorthin geschafft wird; die sanitären Verhältnisse – in den Hotels, den Clubs, dem Kasino, den privaten Bungalows – erinnern an ein provisorisches Camp. Es gibt keine Architektur, abgesehen von einigen Wasserreservoirs unbekannten Alters. Ein wirres Durcheinander von Bungalows erstreckt sich über die Berghänge wie Picknickabfall nach dem Bank Holiday. Ein unbebautes Grundstück gegenüber dem Hafenbecken ist ansatzweise gestaltet worden und heißt nun Park, dahinter verläuft eine bescheidene Straße, in der sich Reedereiagenturen, zwei Hotels und ein paar Läden befinden, in denen orientalische Geschmacklosigkeiten in Seide, Messing und Elfenbein feilgeboten werden. Das erste Hotel am Platz ist so teuer wie Torr's in Nairobi, Essen gibt es in zwei Geschmacksrichtungen – Tomatenketchup oder Worcestersauce; das Badezimmer besteht aus einer Kabine, in der eine Blechdose von der Decke baumelt; im Boden der Dose steckt eine grün verkrustete Tülle; man steht auf dem glatten Zementboden, und wenn man an einer Schnur zieht, ergießt sich ein Wasserstrahl über Kopf und Rücken; für einen erheblichen Zuschlag und nach angemessener Voranmeldung gibt es auch warmes Wasser. Der Portier ist erkennbar kriminell veranlagt, die Terrasse wird von Geldwechslern heimgesucht. Der einzige Luxus ist ein fadenscheiniges, ausgestopftes, unverkennbar männliches Meerestier, das in einer Vitrine aufbewahrt und gegen Bezahlung feierlich als Meerjungfrau präsentiert wird. Man müßte schon lange suchen, um in England ein solches Hotel zu finden.

Aden hat noch andere Nachteile, vor allem die Aufteilung in zwei Städte. Bislang habe ich von dem Teil gesprochen, der unter dem Namen Steamer Point bekannt ist; etwa fünf Kilometer – eine teure Taxifahrt – entfernt liegt Crater Town, das wirtschaftliche Zentrum und der ursprüngliche Kern der Kolonie. Crater Town ist auf drei Seiten von Felsen umgeben und auf der vierten von dem ehemaligen Hafen, der heute versandet und schon lange nicht mehr in Betrieb ist. Hier befindet sich die ursprüngliche Residentur, heute ein Gästehaus für durchreisende arabische Stammesführer. Es gibt eine große stillgelegte Kaserne, zum Teil schon eingerissen, sowie eine anglikanische Kirche in Backsteingotik, die einst die Garnisonskapelle war und in der noch heute ein Pfarrer jeden Sonntag vor leeren Bänken die Messe liest. Dieser Mann, ernst und unendlich liebenswürdig, ist erst kürzlich aus Bombay hierhergekommen; er rettete mich aus dem Hotel und bot mir an, ein paar Tage in seinem großen, etwas baufälligen Haus am Strand von Crater zu verbringen, einem Haus, das unter Taxifahrern als »Padre Sahibs Bungalow« bekannt ist. Einige Beamte der Kolonialverwaltung und vielleicht ein halbes Dutzend britische Handelsagenten wohnen noch immer in Crater. Die übrige Bevölkerung besteht aus Asiaten, mehrheitlich Indern, Arabern oder Juden, einigen Somaliern, Persern und Parsen. Sie alle bewohnen ein kompaktes Viertel zwischen dem Meer und den Bergen.

In den letzten Jahren ist der Handel zurückgegangen. Kaffee aus Mokka, der bislang via Aden verschifft wurde, wird nun über Hodeida transportiert, und als Umschlagplatz für Häute ist Aden weitgehend von den kleinen französischen und italienischen Häfen am Roten Meer verdrängt worden, die nun direkt nach Europa exportieren. Die Ermattung, die sich in Aden über jedermann herabsenkt, vervollständigt das Bild der allmählichen Auflösung. Die Geschäftsleute sprechen noch immer düster von der »Wirtschaftskrise«, aber den meisten ehrlichen Beobachtern ist klar, daß die Chancen für einen Aufschwung außerordentlich gering sind. In dieser Situation dürfte es zu einem allgemeinen Weggang indischer Händler nach Ostafrika kommen, doch etwa sechzig Prozent der Bevölkerung sind arabischsprachige Mohammedaner, die den Exodus vermutlich überleben werden. Das Problem für die britische Politik wird dann sein, ob Crater Town zu einem arabischen Dorf verkommt, inmitten der Kasernenruine und der Garnisonskapelle, so wie die arabischen Dörfer in Nordafrika inmitten römischer Befestigungen, ein »pittoreskes« Element zwischen den Verwaltungsbüros in Steamer Point und dem Luftwaffenstützpunkt in Khormaksar, wo Schiffsreisende während des Landgangs ihre Schnappschüsse machen; oder ob man es zu einer arabischen Hauptstadt machen kann, einem Zentrum für das Bildungswesen, für Gesundheitseinrichtungen und für Vermittlung zwischen den Stämmen des Hadramaut und des Jemen. In der Stadt begegnet man einem bemerkenswert bunten Völkergemisch. Araber sind hier in allen Bildungsstufen vertreten, von höflichen alten Herren im Staatsdienst, die goldgerahmte Brillen, Seidenturbane und leichte Jacketts tragen, in der Hand abgenutzte Regenschirme mit geschmückten Griffen, bis hin zu leicht benebelten Wüstenbeduinen; diese sehen ganz anders aus als die edlen Wilden der romantischen Vorstellung: ihre Kleidung besteht aus einem um die Hüfte geschlungenen Tuch, gehalten von einer Schärpe, aus der das Heft eines langen Dolchs herausragt. Das Haar ist glatt, schwarz und fettig, wird hinten zu einem lockeren Knoten zusammengebunden und auf der Stirn mit einem dünnen Tuch festgehalten. Die Männer sind kleinwüchsig und nicht sehr muskulös, die Gesichter bartlos oder mit einem dünnen Flaum bedeckt, der Ausdruck degeneriert und etwas dümmlich, ein Eindruck, der durch den federnden, unregelmäßigen Gang noch verstärkt wird.

Der britische Repräsentant stellte mir einen liebenswürdigen Araber vor, der mich durch Crater Town führte und als Dolmetscher fungierte. Er zeigte mir seinen Club, einen größeren Saal, in dem wir, an einem Werktag und zur Hauptgeschäftszeit, die wichtigsten arabischen Bürger auf Diwanen liegend und Kat kauend vorfanden. Später führte er mich in ein arabisches Kaffeehaus, das von den unteren Schichten frequentiert wird; auch hier wurde dem Müßiggang der gleiche Respekt entgegengebracht. Die Kat kauenden Männer hockten, leicht benebelt, ringsum an der Wand. »Auch diese einfachen Leute haben ihre kleinen Freuden«, bemerkte mein Begleiter.

Später erhielt ich vom Präsidenten und dem Vorstand des Clubs eine Einladung zum Tee. Diesmal waren die Katbündel durch Kekse, Datteln und Zigarettendosen ersetzt worden. Mein Dolmetscher war mitgekommen, aber der Präsident, dessen Vater Chefsekretär des Sultans von Lahedsch war, sprach soviel Englisch, daß die Konversation sehr mühsam war.

Ich wurde einem Dutzend Araber vorgestellt. Wir saßen in zwei Reihen einander gegenüber. Ein Diener brachte Tee und Limonade in Flaschen. Wir sprachen über die schlechten Bedingungen für die lokalen Händler.

Alles wäre in Ordnung und jedermann zufrieden, sagten die Araber, wenn die Bank ihnen nur längere und höhere Überziehungskredite einräumte. Ich wies darauf hin, daß wir uns in England mit dem gleichen Problem herumschlagen müßten. Sie lachten höflich. Europäer, sagten sie, bekämen immer soviel Geld, wie sie wollten. Selbst die Inder, die für ihre Ehrlosigkeit und Unzuverlässigkeit bekannt seien, erhielten großzügigere Vorschüsse als die Araber. Wie sollte man leben, wenn man kein Geld bekäme? Ohne Kredit könne man nicht leben. Ihnen sei zu Ohren gekommen, daß ich ein Buch schreibe. Ob ich in meinem Buch der Bank wohl nahelegen könnte, ihnen mehr Geld zu leihen? Ich versprach, es zu versuchen. (Würden die Angestellten der Bank of India, die dieses Buch lesen, den Arabern in Aden bitte mehr Geld leihen?)

Wir sprachen über London. Sie erzählten, daß der Sultan von Lahedsch dort gewesen und dem König-Kaiser begegnet sei. Wir sprachen über den König-Kaiser und die niedliche Prinzessin Elizabeth. Ich gestehe, daß mir Konversation dieser Art nicht sonderlich liegt. Es entstanden mehrere Pausen. Eine wurde durch den Präsidenten unterbrochen, der plötzlich erklärte: »Wir alle bedauern aufrichtig den Verlust Ihrer R 101.«

Ich bestätigte, daß es eine furchtbare Katastrophe* gewesen sei, und sagte, daß ich mit einem der Opfer gut befreundet gewesen sei.

»Es ist sehr bedauerlich«, sagte der Präsident, »daß so viele Ihrer hochgebildeten Männer den Tod gefunden haben.«

Für mich war das ein neuer Aspekt der Tragödie.

Wieder erlahmte das Gespräch, bis einer der Anwesenden, der sich an der Unterhaltung bislang nicht beteiligt hatte, aufstand, sein Hemd lüpfte und die Narbe zeigte, die ihm nach einer kürzlich erfolgten Gallensteinoperation geblieben war. Der Mann war Korrespondent einer Londoner Zeitung. Er berichtete, daß er der Auslandsredaktion unlängst einen vollständigen, von ihm selbst mit viel Mühe ermittelten Stammbaum des Imams von Sanaa geschickt habe. Nun wollte er wissen, ob der Beitrag inzwischen abgedruckt worden sei und ob ich andernfalls nach meiner Heimkehr ein gutes Wort in Fleet Street für ihn einlegen könne.

---

* Der Zeppelin R 101 sollte England an die Spitze der Luftschiffentwicklung bringen. Am 4. Oktober 1930 stürzte er auf dem Jungfernflug nach Indien ab. (Anm. d. Übers.)

Als es Zeit wurde aufzubrechen, überreichte mir der Präsident eine handsignierte Photographie von ihm in Prunkuniform.

Eines Abends fand in Crater eine Art Jahrmarkt statt. Es gab Buden, wo man im Schein von Petroleumfunzeln Süßigkeiten und Limonade kaufen konnte, an Tischen wurden einfache Glücksspiele gespielt. Eines war das einfachste Glücksspiel, das ich je gesehen habe. Der Bankier teilte fünf verdeckte Karten aus, und die Spieler setzten auf eine Karte eine 1-Anna-Münze. Sobald auf jede Karte Geld gesetzt war – zwei Spieler durften nicht auf dieselbe Karte setzen –, wurden sie umgedreht. Der Gewinner erhielt dann den doppelten Einsatz, und der Bankier steckte jedesmal drei Annas ein. Gespielt wurde auch um Ananaskonserven. Männer tanzten zwischen den Ständen. Ein Offizier, der frühere Kommandant des Aden-Regiments, erzählte mir die interessante Tatsache, daß arabische Soldaten sich während einer Marschpause nicht ausstrecken wie die Europäer, sondern Grüppchen bilden und tanzen. Allerdings war mir nicht klar, was an diesem trägen Geschlurfe und Geklatsche, das sie dort vorführten, besonders entspannend war.

Ein gemeinsames Band unter den verschiedenen Kulturen von Crater war der Pfadfinderclub von Aden. Araber lassen sich zwar nicht dazu bewegen, mit Juden eine gemeinsame Gruppe zu bilden, aber es ist schon erstaunlich, die Angehörigen beider Rassen an einem Lagerfeuer sitzen zu sehen, wie sie abwechselnd ihre Lieder singen und gelegentlich in den Refrain des anderen einstimmen. Der Scoutmaster, ein englischer Handelsrepräsentant, lud mich zu einem dieser Meetings ein.

Treffpunkt war eine stillgelegte Unteroffiziersmesse und der ehemalige Kasernenhof. Mein Bekannter war vor allem für die arabische Abteilung zuständig, die Juden hatten ihre eigene Organisation. Als ich, reichlich spät, eintraf, sah ich die letzteren in ihrem Teil des Geländes – ein Trupp großgewachsener, bläßlicher Jungen in adretten Uniformen mit allen möglichen Insignien, die ein noch immer wohlhabender lokaler Geschäftsmann gestiftet hatte. Mit Ausnahme eines eindrucksvollen kleinen Persers waren die Araber – »Araber« heißt in diesem Zusammenhang Christen, Somalier, Araber und mohammedanische Inder – weniger prächtig ausgestattet. Sie waren auch nicht so zahlreich. Dies hatte damit zu tun, daß zwei Scouts zu diesem Zeitpunkt ihre Hochzeit feierten.

Es wurden gerade Prüfungen für höhere Ränge und Abzeichen abgehalten. Bei den hiesigen Scouts spielt der Erwerb von Abzeichen eine große Rolle. Einige Kinder trugen zahllose Auszeichnungen am Ärmel. »Im allgemeinen drücken wir nach dem dritten oder vierten Versuch ein Auge zu«, erklärte der Scoutmaster. »Es entmutigt sie, wenn sie allzu oft durchfallen.«

Zwei, drei Figuren waren dabei, in einer Mauerecke Feuer zu machen. Dafür hatten sie nur zwei Zündhölzer. Von ihren Müttern waren sie mit unglaublichen Essensportionen in Blechdosen ausgestattet worden, die sie nun aufwärmen und vertilgen wollten. Wahrscheinlich qualifizierte sie das für eine Kochmedaille. »Es ist natürlich anders als in England«, sagte der Scoutmaster. »Wenn man nicht höllisch aufpaßt, kippen sie Paraffin über das Brennholz.«

Die Streichholzschachtel des Scoutmasters leerte sich rasch. Immer wieder kam ein kleines Kerlchen atemlos angelaufen. »Bitte, Sahib, nix brennen. Bitte mehr Streichholz.« Wir gingen hin, rissen den Brennholzhaufen auseinander und sahen zu, wie sie alles wieder aufschichteten. Es dauerte nicht lange. Dann wurde ein Streichholz angezündet, mitten auf den Haufen geworfen und ging sofort aus. Es folgte das zweite Streichholz. »Bitte, Sahib, nix brennen.« Dann ging alles wieder von neuem los. Gelegentlich erhoben sich Jubelrufe, und wir wurden rasch herbeigerufen, um ein richtiges Feuer zu sehen. Hin und wieder schoß eine Stichflamme in die Höhe, begleitet von einer schwarzen Rauchsäule. »Öl«, sagte der Scoutmaster. Dieses Feuer wurde disqualifiziert.

Später präsentierte sich ein junger Somali zur Prüfung in den zehn Pfadfindergesetzen. Er kannte sie auswendig. »Erstes Gesetz auf die Ehre eines Pfadfinders kann man unerschütterlich bauen zweites Gesetz ...«, und so weiter, in einem Atemzug.

»Sehr gut, Abdul. Und jetzt sag mir: was bedeutet *sparsam?*«

»*Sparsam?*«

»Ja, was bedeutet es, wenn du sagst, ein Pfadfinder ist sparsam?«

»Bedeutet, Pfadfinder hat kein Geld.«

»Nun ja, das ist mehr oder weniger richtig. Was bedeutet *rein?*«

»*Rein?*«

»Du hast gerade gesagt, ein Pfadfinder ist rein in Gedanken, Worten und Taten.«

»Jawohl, Pfadfinder ist rein.«

»Aber was heißt das?«

»Heißt Gedankenwortenundtaten.«

»Ja, aber was bedeutet das?«

Beide schienen das Vertrauen in die Zurechnungsfähigkeit des anderen zu verlieren.

»Bedeutet zehntes Pfadfindergesetz.«

Eine Pause. Der Junge trat von einem schwarzen Bein auf das andere und starrte seelenruhig in die Sonne.

»Na gut, Abdul. Das reicht.«

»Bestanden, Sahib?«

»Ja, ja.«

Ein großes Strahlen legte sich über das kleine Gesicht, und dann hüpfte er über den Paradeplatz, trat Staubwolken über die Feuermacher los und lachte vor Freude.

»Na ja, ist natürlich etwas anders als bei englischen Jungen«, sagte der Scoutmaster wieder.

In diesem Moment trafen die beiden Bräutigame ein, beide identisch gekleidet, in bunt gestreiftem Seidenrock, mit Schärpe und Turban, Kaftan und Zierdolch. Sie waren Cousins, etwa vierzehn Jahre alt. Eine Woche zuvor waren sie verheiratet worden. Heute würden sie ihre Bräute zum erstenmal sehen. Sie waren sehr begeistert und wollten ihre Kleidung unbedingt ihren Freunden und dem Scoutmaster vorführen.

Unterdessen hatten die Juden am Strand ein gigantisches Lagerfeuer errichtet. Beide Pfadfindertrupps versammelten sich ringsum und sangen lokale Lieder in ihrer jeweiligen Sprache. Ich fragte, worum es bei diesen Liedern ging, aber der Scoutmaster war sich nicht sicher. Nach allem, was ich von arabischen Liedern weiß, dürften sie mit dem zehnten Pfadfindergesetz nicht vereinbar gewesen sein.

Als ich mich bei dem Scoutmaster abschließend für diese eindrucksvollen Darbietungen bedankte, sagte er: »Fanden Sie es wirklich interessant?«

»Ja, natürlich.«

»Dann darf ich Sie vielleicht um einen Gefallen bitten. Wir haben daran gedacht, eine Pfadfinder-Zeitschrift herauszugeben. Ob Sie uns wohl eine kleine Geschichte schreiben würden? Muß nicht lang sein, wissen Sie, irgend etwas über die Pfadfinder in verschiedenen Teilen der Welt.«

Ich hielt es für das einfachste, zuzusagen, habe aber kein schlechtes Gewissen, weil ich das Versprechen nicht eingelöst habe. Schließlich war ich auf einer Ferienreise.

Vielleicht war die englische Kolonie in Steamer Point deswegen so außerordentlich angenehm, weil sie zum größten Teil aus Junggesellen bestand. Auf dem Papier sah ihre Zusammensetzung genau so aus, wie man es erwarten würde – Resident und Adjutant, ein paar Militärs, ein Marineoffizier, zahlreiche Luftwaffenleute, Beamte des India Office und des Kolonialministeriums; ebenjene Figuren, die der ganzen romanlesenden Welt ein so unsympathisches Bild von englischen Kolonialstationen vermittelt haben. Zufällig waren es in Aden durchweg sehr angenehme Menschen. Überhaupt glaube ich, daß englische Beamte in Übersee gar nichts Lächerliches an sich haben – schwierig sind ihre Ehefrauen. Mittelpunkt des gesellschaftlichen Lebens in Aden waren der Club und die Messen, nicht die abendlichen Partys in den Bungalows. Auf Sansibar war der Club nach acht Uhr praktisch leer – jedermann war zu Hause bei seiner Frau; in Aden waren Bar und Salon bis Mitternacht gerammelt voll. Kinder gab es hier anscheinend nicht, jedenfalls waren sie kein Gesprächsthema.

Es gab jede Menge Unterhaltung. Während meines kurzen Aufenthalts – ich verbrachte nur zehn Tage in Aden – gab es einen Ball im Club, einen in der Residentur und eine überaus lebhafte Party bei den Pionieren. Und es gab eine Filmvorführung.

Dies ist ein ganz besonderes Element des Lebens in Aden, das jeden Donnerstag auf dem Dach des Seamen's Institute stattfindet. Ich begleitete den Luftwaffenoffizier, der die Mission in Addis Abeba geleitet hatte. Wir aßen zuerst im Club mit zwei seiner Kollegen. An den anderen Tischen saßen ebenfalls Gruppen, die sich den Film anschauen wollten. In vielen Bungalows fanden Partys statt. Am Donnerstagabend gehen die Leute hier ins Kino, so wie sie in London tanzen gehen. Vom Club zum Seamen's Institute sind es knapp hundert Meter, aber wir fuhren in zwei Autos hin. Andere Grüppchen trafen ein. Ein paar Somalis lungerten am Eingang herum und beobachteten, wer alles vorfuhr. Der Wagen der Residentur, mit dem Wimpel an der Motorhaube, war schon da. Auf dem Dach standen bequeme Korbstühle. Die erste Reihe war für die Gäste des Residenten reserviert. Die anderen Plätze waren zu zwei Dritteln belegt. Natürlich trug jeder Gesellschaftsanzug. Es war ein warmer Abend, die Sterne funkelten. (Hier könnte ich einfügen, daß über den tropischen Sternenhimmel ziemlich viel Unsinn verbreitet wird. Südlich von Kairo habe ich kein einziges Mal einen Himmel gesehen, der es mit einem klaren nördlichen Nachthimmel auch nur annähernd hätte aufnehmen können. Das Kreuz des Südens, oft als »spektakuläres Juwel« bezeichnet, ist so trüb und formlos wie eine Handvoll Glühwürmchen.)

Zunächst lief eine Pathé-Wochenschau, die den König beim Aufbruch von London nach Bognor Regis zwanzig Wochen zuvor zeigte und ein undatiertes Pferderennen, vermutlich ebenso antiquiert. Es folgte eine schöne alte Slapstickkomödie. Ich bemerkte zu meinem Begleiter, um wieviel besser diese frühen Komödien verglichen mit den heutigen seien, stellte zu meiner Überraschung aber fest, daß der Mann eingeschlafen war. Ich wandte mich an meinen anderen Sitznachbarn. Dessen Kopf war hintenübergesunken, die Augen geschlossen, der Mund weit geöffnet. Seine brennende Zigarette näherte sich den Fingern. Ich nahm sie weg und machte sie aus. Dies irritierte ihn. Er schloß den Mund und sagte, ohne die Augen zu öffnen: »Nicht schlecht, was?« Dann klappte er den Mund wieder auf.

Im Halbdunkel der Leinwand konnte ich sehen, daß, bis auf wenige Ausnahmen, sämtliche Zuschauer schliefen. Es folgte ein unsägliches britisches Drama mit dem Titel »The Woman Who Did«. Es ging um eine Frauenrechtlerin und ein uneheliches Kind und einen reichen Großvater. Das Dach befand sich weiterhin in tiefem Schlaf. Es gehört zu den Merkwürdigkeiten des Adener Klimas, daß es praktisch unmöglich ist, gleichzeitig untätig und wach zu sein.

Später wurde »God Save The King« auf dem Klavier gespielt. Jeder sprang hoch und machte sich, nun wieder völlig energiegeladen, auf den Weg in den Club, zu Bier, Austern und Bridge.

Alle waren furchtbar nett, und zwischen den Mahlzeiten unternahm ich den ernsthaften Versuch, einen Einblick in die komplizierten politischen Verhältnisse in Arabien zu erhalten. Dieser Versuch sah meist so aus, daß ich Landkarten, Berichte und Notizbücher auf einem Tisch ausbreitete und dann in einen leichten und ausgedehnten Halbschlaf fiel. Wirklich anstrengend war nur ein einziger Nachmittag, an dem ich mit Mr. Leblanc und seinen »Jungs« eine »kleine Tour über die Felsen« unternahm.

Ich hatte nicht die leiseste Ahnung, worauf ich mich einließ, als ich die Einladung zu seiner kleinen Tour über die Felsen annahm. Leblanc war ein einflußreicher Kaufmann, Firmenrepräsentant und Reeder, der einzige europäische Magnat in Aden. Von ihm hieß es, daß er das Risiko liebe und mehr als nur ein Vermögen gemacht und verloren habe. Ich hatte ihn an meinem ersten Abend in Aden beim Essen in der Residentur kennengelernt. Er äußerte sich voller Sarkasmus über Abessinien, wo er geschäftlich stark engagiert war. Er sprach verächtlich über Rimbauds Gedichte, erzählte den neuesten Klatsch über Leute in Europa, holte aus seiner Frackweste einen Zeitungsausschnitt über die Hochzeit von Miss Rebecca West, und nach dem Essen spielte er ein paar neue Schallplatten, die er mitgebracht hatte. Nach den grauenhaften vier Tagen in Dire Dawa und Dschibuti, die mich völlig erledigt hatten, war das alles sehr aufbauend und heilsam.

Ein, zwei Tage später lud er mich zum Abendessen in sein Haus in Crater ein. Ein eleganter Wagen mit uniformiertem indischen Chauffeur holte mich ab. Wir aßen auf dem Dach, ein köstliches Mahl mit eisgekühltem Rosé – »nichts Besonderes, aber ich trinke ihn gern, er wächst auf einem kleinen Weingut in Südfrankreich, das mir gehört« – und herrlichem Jemen-Kaffee. Mit seiner flachen Golduhr in der Hand kündigte Leblanc einen Stern an, ich habe vergessen, welchen. Auf die Sekunde genau erschien er, grün und bedrohlich, über dem Bergrand, Zigarren glühten unter dem Nachthimmel, von fern drangen Geräusche aus dem Eingeborenenviertel heran, alles war unendlich stilvoll und kultiviert.

An diesem Abend erkannte ich eine neue Facette im Charakter meines Gastgebers. Leblanc, den Mann von Welt, hatte ich bereits erlebt. Hier nun war Leblanc, der Patriarch. Seine Wohnung befand sich im obersten Geschoß seines Firmensitzes. Am Tisch saßen seine Tochter, sein Sekretär und drei seiner »Jungs«. Dies waren seine jungen Assistenten, die das Geschäft erlernten, ein Franzose sowie zwei Engländer, die unlängst in Cambridge ihr Studium abgeschlossen hatten. Sie arbeiteten viel – oft, wie Leblanc mir erklärte, die halbe Nacht hindurch, wenn ein Schiff im Hafen lag. Er ermunterte sie nicht, in den Club zu gehen oder in Steamer Point Anschluß zu suchen. Alle drei wohnten in einem nahe gelegenen Haus, sie lebten gut und gehörten gewissermaßen zur Familie des Patriarchen. »In Steamer Point würden sie nur trinken, Karten spielen und Geld ausgeben. Hier arbeiten sie so viel, daß sie gar keine Gelegenheit haben, ihr Geld loszuwerden. Wenn sie Urlaub machen, fahren sie die Küste entlang und besuchen meine Niederlassungen. Sie lernen

Land und Leute kennen. Sie fahren auf meinen Schiffen, und nach ein, zwei Jahren haben sie fast ihr ganzes Geld gespart und das Geschäft gelernt. Um fit zu bleiben, unternehmen wir gemeinsame Wanderungen. Tennis und Polo würde sie nur Geld kosten. In den Bergen zu wandern kostet nichts. Sie kommen aus der Stadt heraus, in die kühle Luft, die Aussicht ist großartig, die körperliche Bewegung verschafft ihnen die Kondition, die sie für die Arbeit brauchen. Sie werden eine Weile abgelenkt. Sie sollten irgendwann mal mitkommen.«

Ich stimmte bereitwillig zu. Nach der drückenden Atmosphäre in Aden würde es guttun, sich ein wenig in der kühlen Luft zu bewegen. Und so verabredeten wir uns für den nächsten Samstagnachmittag. Beim Abschied gab mir Leblanc eine Ausgabe von Gides *Voyage au Congo* mit.

Leblanc, den Mann von Welt, und Leblanc, den Patriarchen, kannte ich bereits. Am Samstag lernte ich Leblanc, den Mann der Tat, kennen, Leblanc, den Spieler.

Zunächst sollte ich mit seinen jungen Assistenten in ihrer »Messe« (wie offenbar alle gemeinschaftlichen Haushalte im Orient heißen) zu Mittag essen. Ich erschien in der Art Wanderkluft, wie ich sie von Photographien her kannte – in kurzer Hose, offenem Hemd, derben Schuhen, Wollstrümpfen und mit einem stabilen Wanderstock. Es gab ein exzellentes Essen, bei dem sie mir erzählten, wie sie eines Abends in das Totenhaus der Parsen eingestiegen seien und welchen Aufruhr das ausgelöst hatte. Da sagte einer: »So, es wird Zeit, daß wir uns umziehen. Wir haben dem alten Herrn versprochen, um halb bei ihm zu sein.«

»Umziehen?«

»Nun ja, es ist natürlich Ihre Entscheidung, aber ich glaube, Sie werden in diesen Sachen ganz schön schwitzen. Wir tragen meistens nur Shorts und Schuhe. Die Hemden lassen wir im Auto, die werden uns zum Badestrand gebracht. Und wenn Sie Schuhe mit Gummisohle haben, würde ich die nehmen. Einige Felswände sind ziemlich glatt.« Zum Glück hatte ich zufällig Schuhe mit Gummisohle. Ich ging zurück zum Haus des Kaplans, wo ich einquartiert war, und zog mich um. Eine leise Unruhe stieg in mir auf.

Mr. Leblanc sah grandios aus. Er trug frischgebügelte weiße Shorts, ein seidenes Netzunterhemd und weiße Espadrillen, um das Fußgelenk geschnürt wie bei einem Tänzer. Er hielt eine Nachthyazinthe in der Hand und schnupperte daran. »Manche Leute hier bezeichnen sie als Lilie«, sagte er. »Ich weiß gar nicht, warum.«

Mit ihm war noch ein zweiter Fremder gekommen, ein Repräsentant einer Ölfirma. »Ich vermute«, flüsterte er mir zu, »es wird ein bißchen anstrengend. Ich bin überhaupt nicht in Übung für solche Sachen.«

Wir stiegen in die Autos und fuhren bis unmittelbar zu den Felsen unweit der alten Wasserreservoirs. Ich dachte schon, wir hätten uns verfahren, doch alle stiegen aus und fingen an, sich das Hemd auszuziehen. Leblanc und seine Jungs gingen ohne Kopfbedeckung. Der Fremde und ich behielten unsere Tropenhelme auf.

»Die Spazierstöcke würde ich im Auto lassen«, sagte Leblanc.

»Werden sie uns keine guten Dienste leisten?« (Ich erinnerte mich an unbeschwerte Wanderungen in den Hügeln von Wicklow.)

»Sie werden feststellen, daß sie eher hinderlich sind«, sagte Leblanc.

Wir taten, wie uns empfohlen.

Dann begann die kleine Tour. Leblanc ging leichten, federnden Schritts voran, direkt auf die Felswand zu, unbekümmert und entschlossen, so wie Moses sich vielleicht dem Felsen näherte, aus dem er dann Wasser schlug. Ein schmaler, zickzackförmiger Spalt zog sich von oben bis unten durch die kahle Felswand. Leblanc blieb am Fuß des Felsens stehen, machte einen kleinen Hüpfer und begann plötzlich, sehr schnell und ohne erkennbare Mühe hinaufzuklettern. Er kletterte nicht, er schwebte in die Höhe. Es war, als zöge ihn jemand von oben herauf und als müsse er nur dafür sorgen, nicht ins Pendeln zu geraten, indem er mit leichten Bewegungen von Fuß und Hand Kontakt mit dem Felsen hielt.

Ebenso leichtfüßig entschwanden auch Leblancs Jungs, einer nach dem anderen, in die Höhe. Der Fremde und ich starrten einander an. »Alles in Ordnung?« rief oben eine laute Stimme. Wir begannen loszuklettern. Etwa eine halbe Stunde brauchten wir für den Felsspalt. Nicht einmal gab es eine Stelle, wo man hätte verschnaufen oder auch nur in normaler Haltung hätte pausieren können. Wir mühten uns von Tritt zu Tritt, und wegen der Tropenhelme konnten wir nicht mehr als vierzig, fünfzig Zentimeter in die Höhe schauen. Plötzlich stießen wir auf Leblanc, der mit seinen Jungs auf einem Felssims saß.

»Sie scheinen ein wenig zu schwitzen«, sagte er. »Ich sehe, Sie sind außer Übung. Dieser Ausflug wird Ihnen guttun.«

Und sobald wir nicht mehr kletterten, fingen unsere Knie an zu zittern. Wir hockten uns hin. Als es Zeit wurde weiterzugehen, kamen wir kaum wieder hoch. Unsere Knie schienen uns nicht mehr zu tragen, wie das in Träumen manchmal passiert, wenn man von bärtigen Nachrichtensprecherinnen verfolgt wird.

»Wir hielten es für besser, auf Sie zu warten«, fuhr Leblanc fort. »Als nächstes kommt nämlich ein recht schwieriges Stück. Eigentlich ist es ganz leicht, wenn man Bescheid weiß, aber man muß es von jemandem gezeigt bekommen. Ich habe es selbst entdeckt. Ich gehe abends oft alleine los, um schwierige Passagen zu finden. Einmal war ich die ganze Nacht unterwegs, saß irgendwo fest. Ich dachte, ich werde den Weg schon finden, wenn der Mond aufgeht. Da fiel mir ein, daß in der Nacht kein Mond schien. Es war eine etwas anstrengende Position.«

Das schwierige Stück war ein großer vorstehender Felsen von schuppiger Beschaffenheit.

»Es ist wirklich ganz einfach. Beobachten Sie mich und folgen Sie mir dann. Sie setzen den rechten Fuß dorthin« – auf eine völlig glatte, glänzende Felswand –, »dann greifen Sie mit der linken Hand ganz langsam nach oben, bis Sie einen Halt finden. Sie müssen sich ein bißchen strecken ... so. Und dann ziehen Sie das rechte Bein unter dem linken Bein nach ... das ist jetzt der schwierige Teil ... und suchen nach Halt ... Mit der rechten Hand halten Sie sich fest ... So.« Leblanc hing, nur noch halb zu sehen, über dem Abgrund. Sein Körper schien am Felsen zu kleben wie eine Fliege an der Decke. »In dieser Haltung. Sie sollten sich mehr auf die Füße als auf die Hände konzentrieren – hochstemmen, nicht greifen – das Gestein hier ist nicht immer sicher.« Zu Demonstrationszwecken riß er eine Handvoll Stein aus dem vermeintlich soliden Fels und ließ sie in die Tiefe fallen. »Und jetzt müssen Sie bloß das Gewicht vom linken auf den rechten Fuß verlagern und sich herumschwingen ... So.« Und damit entschwand Leblanc unseren Blicken.

Alpträume rufen mir jedes Detail dieser Expedition immer wieder in lebhafte Erinnerung. Nach etwa einer Stunde gräßlichster Kletterei erreichten wir schließlich den Rand des Kraters. Dann stapften wir über ein großes Lavafeld und stiegen auf der anderen Seite bis hinauf zum höchsten Punkt der Halbinsel. Hier machten wir Rast, um die – in der Tat sehr bemerkenswerte – Aussicht zu bewundern. Dann stiegen wir wieder hinunter in Richtung

Meer. Zur Abwechslung kam in dieser letzten Phase noch hinzu, daß wir der Sonne ausgesetzt waren, die seit Mittag auf die inzwischen glühendheißen Felsen brannte.

»Es tut weh, wenn Sie sich zu lange festhalten«, sagte Mr. Leblanc. »Man muß wie die kleinen Ziegen von Fels zu Fels springen.«

Schließlich, nach etwa drei Stunden, erreichten wir den Strand. Autos und Diener warteten schon. Badesachen und Handtücher lagen da, der Tee war bereit.

»Wir baden immer hier, nicht im Club«, sagte Leblanc. »Dort gibt es einen Schirm zum Schutz vor Haifischen – hier in dieser Bucht sind ihnen erst vor einem Monat zwei Jungen zum Opfer gefallen.«

Wir schwammen hinaus in das warme Wasser. Ein arabischer Fischer, der sich wohl ein Trinkgeld versprach, kam ans Ufer gelaufen und rief uns zu, daß es gefährlich sei. Leblanc lachte nur und schwamm mit kräftigen Zügen weiter hinaus. Wir stiegen wieder aus dem Wasser und kleideten uns an. Meine Schuhe waren völlig durchgelaufen, und die Shorts hatte ich mir aufgerissen, als ich auf einem Lavahang gestolpert und ein paar Meter auf dem Hosenboden entlanggerutscht war. In Leblancs Auto lagen ein sauberer weißer Anzug, ein Hemd aus grüner Crêpe de Chine, eine Fliege, Seidensocken, Wildlederschuhe, elfenbeinerne Haarbürsten, Duftspray und Haarwasser bereit. Wir aßen Bananen-Sandwiches und tranken köstlichen China-Tee.

Für zusätzliche Aufregung auf dem Rückweg sorgte Leblanc, indem er sich selbst ans Steuer setzte. Ich kann nicht ausschließen, daß dies das haarsträubendste Erlebnis des Tages war.

Am nächsten Tag – Sonntag, 14. Dezember – machte ich mich, mit einem unglaublichen Muskelkater, überall zerschürft und von der Sonne verbrannt, auf den Weg nach Lahedsch, wo ich durch Vermittlung des Residenten zwei

Tage als Gast des Sultans verbringen und am Dienstag die Versammlung der Stammesältesten erleben sollte. Dies sollte die zweite Versammlung sein. Die erste, die im Frühjahr des vorangegangenen Jahres stattgefunden hatte, war ein Experiment innerhalb dessen, was sich wahrscheinlich irgendwann als sehr wichtige Entwicklungsphase des Protektorats herausstellen wird.

Bis zu meiner Ankunft in Aden war mir nicht klar gewesen, daß es dort eine bestimmte Politik oder irgendwelche ungelöste Probleme gab. Ich sah einen kleinen roten Punkt auf der Landkarte und nahm an, daß dies ein gut verwaltetes, von den Unruhen im übrigen Arabien abgeschirmtes Gebiet sei, mit Missionsschulen, Verwaltungsbeamten, Kliniken, Tierschutzinspektoren, deutschen und japanischen Handelsvertretern, Fabianerinnen auf der Suche nach statistischem Material und all den anderen Accessoires des britischen Imperialismus. In Südarabien findet man nichts davon. »Protektorat« ist einer der ungenauesten Begriffe im politischen Jargon. In Sansibar bedeutet es nicht weniger als direkte Verwaltung. In Aden hatte es bis vor zwei, drei Jahren lediglich die Zuteilung beziehungsweise Nichtzuteilung von Geldbeträgen an die praktisch unabhängigen Stammesältesten bedeutet, die durch dreißig einzelne Verträge mit der Regierung von Aden verbunden sind. »Protektion« im üblichen Sinn gibt es nicht. Bei Ausbruch des letzten Krieges wurde das gesamte Territorium bis nach Khormaksar von den Türken überrannt und blieb bis zum Waffenstillstand in ihrer Hand. Noch immer befinden sich siebzig »geschützte« Personen als Geiseln in der Hand des Imams von Sana, und weite Teile des »geschützten« Territoriums entrichten ihm Tribut. Die im Atlas verzeichneten Grenzen sind faktisch bedeutungslos. Sie sind nirgendwo markiert und entsprechen nur den traditionellen Siedlungsgebieten der Stämme.

Das Land ist kaum erforscht und unwirtlich. Die Westgrenze wurde durch die Grenzkommission von 1903/04 festgelegt, als der Jemen in türkischer Hand war. Der Imam hat dieses Abkommen nie anerkannt, er verletzt es unablässig und ganz ungeniert. Im Norden erstreckt sich die Rub al-Khali, wo Grenzen bedeutungslos sind. (Es ist interessant, jedenfalls für mich, daß just in den Tagen, als Flight-Commander Vachell und ich seine Landkarte und den großen weißen Fleck darin studierten, dessen Rand er mehrere Male überflogen hatte und von dem er meinte, daß von allen unerforschten Winkeln der Welt dieser wahrscheinlich am längsten unerforscht bleiben werde, daß just in diesen Tagen ein gewisser Mr. Bertram Thomas sich anschickte, dieses Gebiet zu durchqueren.) Im Nordosten liegt der Hadramaut, der, bis auf Mukalla, nach wie vor praktisch *terra incognita* ist. Ein Forschungsreisender der jüngsten Zeit, Biscawen, berichtet von zahlreichen Schlössern, in denen Araber, die auf Java und in den malaiischen Staaten zu Reichtum gekommen sind, ein außerordentlich luxuriöses Leben führen.

Der Begriff Protektorat bezieht sich auf die rund dreißig Stämme, die in diesem Gebiet leben, völlig separat von Aden. Für sie ist das Kolonialministerium zuständig, während Aden der Bombay Presidency untersteht. Der Resident in Aden ist für beide zuständig. In der Anfangszeit wurde beschlossen, Gelder an die unmittelbaren Nachbarn zu zahlen, um sich damit ein gewisses Wohlverhalten zu sichern. Diese Stämme sollten auf Überfälle auf die europäischen und indischer Siedler verzichten und die Karawanen ungehindert in Richtung Küste passieren lassen. Es war von Anfang an ein Provisorium, aber dank der Lethargie der lokalen Verhältnisse wurde es fast ein Jahrhundert lang aufrechterhalten. Gelegentlich versuchte ein ungewöhnlich energischer Administrator, interne Feindseligkeiten zu beenden, indem er die Geldzuwendung von friedlichem Verhalten abhängig machte, doch die meisten Residenten schienen das Residieren als ihre vornehmste Pflicht zu betrachten. Bis zum Krieg war der Druck der türkischen Expansionsbestrebungen ihre Hauptsorge. Als diese Gefahr beseitigt war, schien es nur zwei logische Strategien zu geben: entweder man gab das Protektorat insgesamt auf, so daß es dem Imam anheimfiele, mit dem man ein Abkommen über die Sicherheit von Aden abschließen würde, oder man errichtete dort eine direkte Administration. Gegen beides sprachen schwerwiegende Einwände: das eine würde gegen unsere vertraglichen Verpflichtungen verstoßen – die Schafiiten unter den beschützten Stämmen sind die Todfeinde der Zaiditen im Hochland –, das zweite wäre kostspielig und vermutlich wenig erfolgversprechend.

Sir Stewart Symes* schlug einen dritten Weg vor, der von der britischen Regierung offiziell angenommen wurde. Diese Politik sieht vor, das Protektorat zu entwickeln, die tonangebenden Stammesältesten zu stärken, um auf diese Weise den Desintegrationstendenzen der arabischen Gesellschaft entgegenzuwirken, die Stämme in eine zuverlässige, kooperationsfähige Organisation zusammenzuführen, die der Regierung von Aden durch eine einzige kollektive Garantie anstelle des gegenwärtigen Vertragswirrwarrs verbunden ist. Nach dieser Vorstellung soll Aden die kulturelle Hauptstadt des neuen Staates werden, und an die Stelle von Geldzahlungen würde der Ausbau des Bildungs- und Gesundheitswesens treten.

Ein wesentliches Element dieses Plans ist die Einrichtung einer *jirga*, eines Stammesrats, wie er gegenwärtig in Belutschistan existiert, der bei internen Streitigkeiten ver-

* Sir Stewart Symes verließ Aden wenige Wochen nach meinem Besuch, um das Amt des Gouverneurs von Tanganjika zu übernehmen.

mitteln würde und ein Verhandlungspartner für die Regierung von Aden wäre. Durch Reichtum und Rang ist der Sultan von Lahedsch als *primus inter pares* der natürliche Präsident dieses Rates. Er ist er einzige Stammesführer, der über soviel Prestige verfügt, daß er die anderen zusammenrufen und in seinem Palast unterbringen kann.

Der erste Ratsversammlung fand im Frühjahr 1929 statt. Die meisten Stammesältesten kamen, verunsichert und nicht ohne Mißtrauen. Zum erstenmal in ihrem Leben, vielleicht zum erstenmal in der Geschichte der Stämme, hatten so viele von ihnen sich friedlich zusammengefunden. Die neue Politik wurde ihnen in einfachen Worten erklärt, ein Vertrag aufgesetzt und unterzeichnet, der die Parteien zu Kooperation und freundschaftlichen Beziehungen verpflichtete. Gespräche wurden zwischen dem Residenten, dem Sultan von Lahedsch und den verschiedenen Stammesältesten geführt. Diese brachten ihre verständliche Sorge hinsichtlich der regelmäßigen Geldzuwendungen zum Ausdruck, waren im großen und ganzen aber aufgeschlossen. Der Erfolg oder Mißerfolg der Ratsversammlung am Dienstag galt als wichtiges Indiz dafür, ob diese jährliche Zusammenkunft sinnvoll war. Eingeladen waren die einstigen Unterzeichner und einige andere Stammesführer. Das Treffen sollte im Palast stattfinden. Drei Kilometer außerhalb der Stadt wurde ein provisorisches britisches Zeltlager errichtet, in dem der Resident während der Woche informelle Besprechungen mit einzelnen Stammesvertretern würde führen können.

Dies ist, kurz umrissen, die politische Situation im Protektorat und die Bedeutung der Stammesversammlung, und deshalb wurde ich, steif und wund, auf der Wüstenpiste nach Lahedsch transportiert.

Früher gab es eine Eisenbahnlinie von Aden nach Lahedsch, die aber kaum genutzt und vor kurzer Zeit völlig eingestellt wurde. Im Hafen gab es eine Stelle, wo noch immer rostige Waggons und Schienen herumlagen. Tatsächlich wohnte ein junger Schotte im Hotel, der sich um die Verwertung dieser Restbestände kümmern sollte. Ich unterhielt mich mit ihm. Seine Firma hatte den ganzen Krempel ohne jede Inaugenscheinnahme spottbillig aufgekauft und den jungen Mann nach Aden entsandt, wo er nun sein möglichstes versuchen sollte. Es gehe ganz gut, sagte er, mit viel Geduld verkaufe er Stück für Stück in die entlegensten Teile der Welt. Ein Ersatz für die Bahnverbindung war bislang nicht geplant. Wir – Colonel Lake, der *Chief Political Officer*, der Fahrer und ich – rumpelten in einem Militärlaster über die Sandpiste, parallel zu der ehemaligen Bahnstrecke, und deutlich konnte man die Vertiefungen sehen, wo einmal die Schwellen gewesen waren.

Nach etwa zwei Stunden erreichten wir das Camp. Das Aden-Regiment war am Vortag eingetroffen. Hinter einer Sanddüne, unseren Blicken entzogen, war aus Flechtwerk und Gras eine kleine ordentliche Küche errichtet worden. Alles war sorgfältig ausgerichtet. Signalfähnchen markierten den Weg zur Mitte des Camps, in symmetrischer Anordnung ringsum die Plätze für die Zelte. Mit den Zelten selbst gab es einigen Ärger, vor allem mit dem großen würfelförmigen Pavillon, der für die Audienz des Residenten gedacht war. Ein heißer, kräftiger Wind wehte, und mit Gras und Schilfrohr versuchte man, den Boden zu befestigen, ohne besonderen Erfolg. Überall wirbelten Sandwolken auf.

Als wir eintrafen, war gerade das große Zelt aufgebaut worden. Die Leute traten zurück und bewunderten ihr Werk. Der Unteroffizier kam, uns zu begrüßen. »Das wäre geschafft, Gott sei Dank. Seit fünf Uhr früh sind wir hier zugange. Jetzt haben wir einen Drink verdient.«

Im selben Moment blähte sich das Zelt auf, sackte zusammen und stürzte ein. Die kleinen geduldigen Araber begannen wieder von vorn und bauten mit Steinen Fundamente, einen Meter tief, die die Zeltpflöcke in dem lockeren Sand halten sollten.

Colonel Lake und ich aßen im Messezelt zu Mittag, dösten ein wenig und ritten dann auf Kamelen in die drei Kilometer entfernte Stadt. Ich hatte die Stadt schon aus der Luft gesehen, während eines Flugs, den Vachell und ich nach Dhala unternommen hatten, wo wir wegen tiefhängender Wolken aber nicht landen konnten. Es war eine typische arabische Stadt mit lehmfarbenen flachen Häusern und einem engen Gassengewirr. Der Sultanspalast war europäisch in der Anlage, kleiner als der Gebbi in Addis Abeba, aber schöner und gepflegter. Vor dem Palast erstreckte sich ein hübscher Garten, und rings um die Stadt lagen grüne Wiesen und Kokos- und Dattelpalmenhaine. Es gab eine große, kürzlich renovierte Moschee und die üblichen kleineren Schreine und Grabstätten.

Nachdem in der jüngsten Zeit ein Elektrizitätswerk gebaut wurde, verfügen die meisten größeren Häuser nun über Strom. Darauf ist man natürlich sehr stolz, und um seinen Gästen diese Errungenschaft noch deutlicher vor Augen zu führen, kam der Sultan auf den unseligen Einfall, das neue Gästehaus direkt über dem Kraftwerk zu errichten. Zum Glück war der Bau aber noch nicht fertig, so daß wir im alten Gästehaus einquartiert wurden, einer schönen, wenngleich etwas heruntergekommenen pseudoeuropäischen Villa am Stadtrand, fast schon in den Feldern. Hier übergab mich Colonel Lake der Obhut des arabischen Dieners, von dem er erfahren hatte, daß noch zwei andere Gäste im Haus wohnten – deutsche Ingenieure im Dienst des Sultans. Sonst hielt sich kein anderer Europäer in der Stadt auf.

Die Einrichtung war sehr einfach; in meinem Zimmer standen ein Waschtisch mit Porzellanbecken, ein eisernes Bettgestell mit Moskitonetz und ein Gartenstuhl. An der Wand ringsum waren Spuren einer gemalten Zierleiste zu erkennen, die mit Schleifen und Troddeln versehene Vorhänge darstellte. In den Aufenthaltsräumen gab es zwei Tische, weitere Gartenstühle und ein paar schmiedeeiserne Schaukelstühle, die im Orient offenbar eine ähnlich prominente Rolle spielen wie goldlackierte Stühle einst in London. Außerdem gab es ein paar Sachen aus dem Privatbesitz der deutschen Ingenieure – uralte Exemplare satirischer Zeitschriften, eine Geige, Obstkonserven und Kekse, Gebirgsphotographien, ein Grammophon, ein Album mit Photos männlicher Filmschauspieler.

Nach etwa einer Stunde trafen die beiden ein. Sie waren sehr jung – beide zweiundzwanzig, wie ich später erfuhr –, und sie kamen in Monteurskluft direkt von der Arbeit. Sie sprachen Englisch, der eine deutlich besser als der andere, beide aber ziemlich fließend, laut und unverständlich. Zuerst entschuldigten sie sich für ihr Äußeres. Es sei ihnen peinlich, mit mir zu sprechen, ehe sie sich nicht gewaschen und umgezogen hätten. Im Obergeschoß hatten sie hinter einem einfachen Vorhang eine Art Dusche eingerichtet, wo sie prustend herumplanschten und nach einigen Minuten tropfnaß und nackt und erfrischt wieder auftauchten. Sie trockneten sich ab, kämmten sich, zogen elegante Tropenanzüge an und riefen nach dem Essen. Sie holten unter ihren Betten ein paar Flaschen Amstel hervor, die sie zum Kühlen in die Dusche legten, und machten mir zu Ehren eine Dose Reineclauden auf. Die beiden waren sehr freundlich und großzügig.

Das Essen bestand aus einem scharfen Fleischeintopf und Salat. Die Küche sei nicht besonders gut, erklärten die beiden. Sie hatten den Hausdiener im Verdacht, ihre

Rationen zu unterschlagen und durch eigene, minderwertige Sachen zu ersetzen. Doch sie wollten sich nicht beklagen, sie würden gut bezahlt und könnten es sich leisten, die Mahlzeiten durch Kekse und Bier und Obstkonserven zu ergänzen. Bei einer Auseinandersetzung mit dem Diener würden sie wahrscheinlich den kürzeren ziehen. Ich würde feststellen, sagten sie, daß die Mahlzeiten mich krank machen. In der Anfangszeit hätten sie ständig an Durchfall und Nesselfieber gelitten, und die Moskitonetze seien viel zu kurz und voller Löcher. Wahrscheinlich würde ich Malaria bekommen, sagten sie, und der Salat, von dem sie sich reichlich auftaten, sei voller Typhusbazillen.

Ich berichte das alles so nüchtern und knapp, als wäre es mir so nüchtern und knapp berichtet worden. Tatsächlich dauerte ihr Bericht die gesamte Mahlzeit und noch etwa eine halbe Stunde darüber hinaus. Beide sprachen stets gleichzeitig und, wenn die Sache kompliziert wurde, immer lauter. »Wir können so gut Englisch, weil wir mit unseren holländischen Freunden in Aden Englisch sprechen«, erklärten sie (auch dies mit sehr viel mehr Worten und vielen Mißverständnissen und aneinander vorbeiredend). »Wir haben unser Englisch hauptsächlich von ihnen gelernt.«

Es gab Unterbrechungen. Oft verfärbte sich das Licht orange, flackerte und ging dann aus – einmal so lange, daß wir beschlossen, zum Kraftwerk zu gehen und nachzusehen, was dort los war. In dem Moment, als wir das Haus verlassen wollten, ging das Licht wieder an, und wir setzten unsere Unterhaltung fort. »Ingenieur« war eine Berufsbezeichnung, die offenbar für viele Tätigkeiten galt. Dreimal trafen Mitteilungen vom Palast ein. Die erste lautete, daß sie gleich am nächsten Morgen kommen sollten, das WC sei kaputtgegangen und müsse repariert werden; die zweite, daß einer der neuen Traktoren von Sultan Achmed (dem Bruder des Sultans von Lahedsch) in einem Flußbett festsitze; die dritte, daß das Licht ständig ausgehe. Alles wurde sorgfältig notiert.

Am nächsten Morgen hatte ich eine Audienz beim Sultan. Seine Hoheit war ein teilnahmsloser Mann mittleren Alters, der semieuropäische Kleidung trug – Turban, schwarzer Gehrock, weiße Leinenhose. Als Oberhaupt der al-Fadl, der Herrscherfamilie des Stammes der Abdali (der für kurze Zeit auch Aden gehörte), kommt ihm die einflußreichste Position im Protektorat zu. Er unterhält enge persönliche Kontakte zur Regierung in Aden und wird nachdrücklich von ihr unterstützt.

Als Aden von uns besetzt wurde, waren die al-Fadl schon etwa achtzig Jahre unabhängig vom Imam. Doch sie befanden sich in einer prekären Lage, und von ihnen übernahm die Regierung von Aden die nutzlose Praxis, sich mit regelmäßigen Geldzuwendungen den guten Willen der benachbarten Stämme zu erkaufen.* Die Beziehungen zur britischen Regierung haben wesentlich zu Reichtum, Beständigkeit und Prestige der Familie al-Fadl beigetragen. Sie sind das einzige wirklich ungefährdete Herrscherhaus in Südarabien, und von allen Stämmen im Protektorat hätten sie am allermeisten unter einer Dominanz der Zaiditen zu verlieren. Es gibt keinen ständigen Berater in Lahedsch und keinen Versuch, lokal Einfluß zu nehmen. Die Macht des Sultans in seinem Herrschaftsgebiet wird einzig durch das traditionelle Gesetz seines Volkes begrenzt.

Wir tranken köstlichen Kaffee auf dem Balkon, von dem man über den Garten blickt, und erkundigten uns mit Hilfe eines Dolmetschers höflich nach dem Befinden des jeweils anderen und all seiner Familienangehörigen. Ich erwähnte die bemerkenswerte Modernisierung der Stadt – Strom-

---

* Im Vertrag von 1839 zwischen der Company und dem Sultan von Lahedsch verpflichtete sich die Company, die bislang vom Sultan an die Fadli, Yafai, Haushabi und Amiri geleisteten Zahlungen zu übernehmen.

und Wasserversorgung, Omnibusse –, worauf der Sultan meinte, um wieviel moderner diese Dinge in London seien. Der Resident habe ihm berichtet, daß ich Bücher schriebe, erklärte er. Er selbst schreibe keine Bücher, aber sein Bruder habe ein sehr gutes geschrieben, das ich mir vor meiner Abreise unbedingt ansehen müsse. Gedolmetschte Unterhaltungen kommen mir immer so künstlich vor, daß es gar nicht lohnt, sich über das, was man sagt, groß den Kopf zu zerbrechen. Der Sultan fragte mich, ob ich komfortabel untergebracht sei. Ich sagte, daß sein Gästehaus der Inbegriff des Luxus sei. Er erwiderte, nicht so luxuriös wie in London. Mich plagte in diesem Moment, genau wie die Deutschen prophezeit hatten, das Nesselfieber. Ich sagte, daß es ruhiger sei als in London. Er sagte, daß es bald mehr Omnibusse geben werde. Dann verabschiedeten wir uns voneinander, und ich wurde zu Sultan Ahmed al-Fadl gebracht.

Der Bruder Seiner Hoheit wohnte in einem kleinen Haus auf der anderen Seite des Platzes. Er empfing dort bereits Besuch. Ein britischer Beamter war anwesend, der Unteroffizier, der beim Einsturz des großen Zeltes zugegen gewesen war, und der Sultan der Haushabi. Außerdem war ein Sekretär zugegen, und auf der Treppe saßen zahllose Diener und Wächter.

Der Haushabi-Sultan war ein wichtiger junger Mann, erlesen gekleidet und alles andere als zurechnungsfähig. Verlegen kichernd saß er in einer Ecke und stopfte sich verstohlen Kat-Büschel in den Mund. Von seinen Frauen wurde er nur selten aus dem Haus gelassen. Sultan Ahmed, der gut Englisch sprach, war ein gutaussehender Mann von etwa vierzig, mit hoher Denkerstirn und den besten Manieren. Er führte ein frommes, der Wissenschaft gewidmetes Leben. Er besaß fast so viel Ländereien wie sein Bruder, um deren Bewirtschaftung er sich persönlich kümmerte. Er experimentierte eifrig mit neuen Bewässerungsmethoden, neuen Traktoren, neuem Dünger und neuen Pflanzensorten – so wie ein aufgeklärter Grundbesitzer im England des achtzehnten Jahrhunderts.

Er zeigte mir sein Buch, eine Geschichte der Familie al-Fadl von den frühesten Anfängen bis zum Tod seines Vaters (der von einem britischen Posten bei der Evakuierung von Lahedsch vor dem türkischen Vormarsch 1915 bedauerlicherweise erschossen worden war). Es war in der schönsten Schrift geschrieben, illustriert mit zahllosen Stammbäumen in Rot und Schwarz. Ein paar Exemplare wollte er für Freunde und Verwandte drucken lassen, an einen reißenden Absatz glaubte er aber nicht.

Er schlug eine kleine Tour vor und verschwand sogleich, um sich umzuziehen. Seine Fahrerkluft bestand aus einem grauen Mantel, weißen Shorts, Khakistrümpfen, schwarzweißen Schuhen und einem grauen Seidenschleier. Wenn er Befehle erteilte, küßten ihm seine Diener die Knie, und wo immer wir unterwegs hielten, kamen die Leute herbeigeeilt, um ihn auf dieselbe Weise zu begrüßen. Sein Auto war nicht neu – ich glaube, es war eines der Fahrzeuge, die die deutschen Mechaniker aus den Überresten von Unfallfahrzeugen zusammengebaut hatten –, aber es trug ein Wappen aus Straußenfedern auf dem Kühler, und neben dem Chauffeur saß ein bewaffneter Posten. Wir fuhren zu seinem Landhaus, ein paar Kilometer entfernt, und gingen im Garten spazieren – im Schatten der Kokospalmen am Ufer eines Bachs blühten Büsche. Er forderte einen Blumenstrauß für mich an. Die Gärtner brachten einen riesigen Strauß von kleinen, süß duftenden Rosen und einigen großen weißen, lanzettförmigen, von stacheligen Blättern umhüllten Blumen, die einen überwältigend intensiven Duft verströmten und, wie mir die Deutschen später berichteten, in ganz Arabien als Aphrodisiakum bekannt sind, das besonders auf Frauen wirkt. Der Sultan schenkte mir außerdem zwölf bauchige Flaschen mit Honig aus Dhala – acht davon wurden mir später vom Diener des Gästehauses gestohlen, der auf diese Weise, ungewollt fürsorglich, mein wirklich unhandliches Gepäck reduzierte, ohne daß ich Anlaß hatte, mir Undankbarkeit vorwerfen zu müssen. Am Nachmittag besuchte ich das Camp, wo inzwischen alle Zelte aufgebaut waren, und am Abend saß ich mit den Deutschen zusammen. Allmählich gelang es mir, ihrem Wortschwall einen Umriß ihres wirklich erstaunlichen Lebenswegs zu entnehmen. Mit achtzehn hatten sie in München ihre Schulzeit beendet und mit vielen anderen ihres Jahrgangs beschlossen, ihr Glück in der Fremde zu suchen. Sie hatten sich in Zweiergruppen aufgeteilt, feierlich Abschied voneinander genommen und sich über den ganzen Globus verteilt. Sie besaßen kein Geld. Das einzige, was sie vorweisen konnten, waren technische Grundfertigkeiten und Sprachbegabung. Sie hatten sich als Automechaniker über Spanien und Nordafrika bis nach Abessinien durchgeschlagen, in der vagen Absicht, irgendwie nach Indien zu gelangen. Zwei Jahre zuvor hatten sie in Berbera gehört, daß der Sultan von Lahedsch gerade seinen französischen Ingenieur wegen betrügerischen Verhaltens entlassen hatte; sie hatten das Rote Meer überquert in der Hoffnung, den Job zu bekommen, hatten ihn auch bekommen und waren seitdem dort. Sie führten Arbeiten aller Art aus – vom Flicken Seiner Majestät Autoreifen bis zum Bau eines Staudamms und der Bewässerung der Ländereien des Sultans. Ihnen unterstand die Strom- und Wasserversorgung der Stadt, sie reparierten die Waffen der Palastwache, sie entwarfen und beaufsichtigten den Bau aller neuen Gebäude, sie berieten den Sultan bei der Anschaffung landwirtschaftlicher Maschinen, sie installierten eigenhändig das WC im Palast – das einzige seiner Art in ganz Südarabien. Wenn sie gerade nichts zu tun hatten, bauten sie ausrangierte Armeelaster zu Omnibussen um. Ihre einzige Sorge war, der Sultan könne sich in den Kopf setzen, ein Flugzeug zu kaufen. Das, so glaubten sie, würde unweigerlich zu Problemen führen. Aber vorerst waren sie so glücklich, wie der Tag lang war. Bald würden sie jedoch weiterziehen müssen. Jeder geistige Stillstand erschien ihnen riskant.

Sultan Ahmed, der neben seinen friedlicheren Tätigkeiten auch das Amt des Oberbefehlshabers der Armee ausübte, inspizierte am nächsten Morgen die Ehrenwache. Er sorgte dafür, daß ihr Erscheinungsbild von größter Einheitlichkeit war. Lange vor der Ankunft des Residenten waren die Soldaten im Palasthof angetreten, arrangiert wie Erdbeeren auf dem Karren eines Straßenhändlers, wobei die ansehnlichsten in der ersten Reihe standen. Die Stammesältesten waren tags zuvor auf Pferden und Kamelen eingetroffen und entsprechend ihrem Rang in verschiedenen Häusern in der Stadt untergebracht worden. Ihr Erscheinen im Prunksalon des Sultans, umgeben von schweren Eichenmöbeln und Plüschsesseln, war ein besonders eindrucksvolles Schauspiel. Abgesehen von den al-Fadl und ihren Ministern war niemand europäisch gekleidet. Sie trugen ihre besten und prächtigsten Gewänder und meist auch juwelenbesetzte Schwerter von beträchtlichem Alter. Sie sprachen kaum miteinander, standen verlegen herum und warteten auf den Residenten, einander mißtrauisch beobachtend, wie kleine Jungen in der ersten halben Stunde eines Kindergeburtstags. Obschon von altehrwürdiger Abstammung, führten die meisten ein bescheidenes, geradezu ärmliches Leben und waren sichtlich eingeschüchtert von der Pracht dieses Palastes. Einige, aus entlegeneren Regionen kommend, waren barfuß und gingen nun unsicheren Schritts über die Brüsseler Teppiche. Die Verlegenheit gab ihnen einen etwas schüchternen Gesichtsausdruck, der ganz anders war als der wildentschlossene Blick der Leinwandwüstenscheichs. Während wir warteten, wurde ich ihnen reihum vorgestellt. Ich wechselte über den Dolmetscher ein paar Worte mit ihnen, fragte sie, ob sie eine lange Reise gehabt hätten, wie die Ernteaussichten seien und wie es um ihr Weideland bestellt sei. Mir fiel auf, wie jung die meisten Anwesenden waren. Mit Ausnahme des alten Emirs von Dhala waren die meisten Stammesführer etwa in meinem Alter, und sogar ein, zwei Kinder waren unter ihnen. Dies, so erfuhr ich, war politisch durchaus beabsichtigt. Da arabische Gemeinschaften zu politischer Zersplitterung neigen, ist der Tod eines Stammesältesten immer wieder Anlaß zu Zwietracht und Desintegration und mithin Verfall des kollektiven Eigentums. Um diesem Übel entgegenzuwirken, hat sich in denjenigen Stämmen, deren Anführer, wie das gewöhnlich der Fall ist, aus der Herrscherfamilie kommt, eine Praxis der »Postremogenitur« herausgebildet, die so aussieht, daß das jüngste in Frage kommende männliche Familienmitglied ausgewählt und damit die Krisensituation so weit wie möglich hinausgeschoben wird.

Sobald die Gesellschaft aus Aden eingetroffen war, nahmen wir unsere Plätze im Audienzsaal ein, und die Stammesführer wurden der Rangfolge nach vorgestellt. Jeder gab dem Residenten die Hand und setzte sich dann in den für ihn bestimmten Sessel. Einige waren zunächst viel zu scheu, um durch den ganzen Saal zu schreiten, und versuchten, mit kleinen Verbeugungen von der Tür her davonzukommen. Doch ihre Gefährten drängten sie weiter, und so kamen sie mit niedergeschlagenen Augen nach vorn gehuscht, um eiligst ihren Gruß zu entbieten und dann in Richtung ihres Sessels zu verschwinden. Es war wie bei der

Preisverleihung nach dem dörflichen Sportfest, wobei Sir Stewart die Gutsbesitzersgattin war und der Sultan von Lahedsch der Pfarrer, die die Bauernkinder freundlich, aber bestimmt nach vorn riefen. Man mochte kaum glauben, daß jeder einzelne von ihnen imstande war, eine Streitmacht ins Feld zu führen und, gestützt auf alte und komplizierte Gesetze, ein Volk von vielleicht fünfzehnhundert, vielleicht zwanzigtausend Seelen zu regieren.

Der Sultan von Lahedsch eröffnete die Konferenz mit einer kurzen Ansprache auf arabisch. Anschließend rief Sir Stewart Symes, erst auf englisch, dann auf arabisch, den Anwesenden den Zweck dieser Zusammenkunft in Erinnerung. Er skizzierte die wichtigsten lokalen Ereignisse der letzten anderthalb Jahre und legte Motive und Aktivitäten der Regierung in Aden dar. Mit keinem Wort wurde auf jenes Thema eingegangen, das in jedermanns Gedanken war – der Imam von Sanaa.

Diese etwas mysteriöse Figur steht im Mittelpunkt eines der Probleme, die für Arabien von größter unmittelbarer Bedeutung sind. Soziales und religiöses Ansehen, wie in allen mohammedanischen Gesellschaften untrennbar miteinander verbunden, verleihen dem Mann einen regionalen Einfluß sondergleichen. Der Imam von Sanaa führt seine Abstammung bis auf den Zaiditen-Imam zurück, der im Jahr 900 aus dem Irak in Richtung Süden zog und sich im jemenitischen Hochland niederließ. Seine Vorfahren haben zeitweise praktisch das ganze Land vom Hedschas bis nach Hadramaut beherrscht. Nach ihrem Sieg 1630 über die Türken kontrollierten sie die meisten derjenigen Stämme, die heute im Protektorat leben. Um die Mitte des achtzehnten Jahrhunderts hatten sie wiederholt mit schafiitischen Aufständen zu tun, und in der zweiten Hälfte des neunzehnten Jahrhunderts mußten sie vor der türkischen Expansion wieder in das Hochland zurückweichen.

Der heutige Imam führte 1904 eine Revolte an, die von den Türken mühelos niedergeschlagen wurde, und bis 1918 akzeptierte er seine eingeschränkte Machtposition, beschränkte sich auf das jemenitische Kernland und verzichtete auf Herrschaftsansprüche gegenüber den schafiitischen Stämmen. Gleich nach dem Krieg begann er jedoch, eine expansionistische Politik zu betreiben. Er besetzte schafiitische Ortschaften jenseits der Grenze, auf die sich die anglo-türkische Kommission 1903/04 geeinigt hatte. 1928 sah sich die britische Regierung zum Eingreifen genötigt. Die Royal Air Force begann, in Zusammenarbeit mit den lokalen Stammesführern, die Zaiditen aus Dhala und anderen »geschützten« Gebieten zu vertreiben. Noch vor Abschluß dieser Aktion ordnete London die Einstellung der Maßnahmen an, so daß große schafiitische Distrikte und viele Geiseln weiterhin in der Hand des Imams blieben. Seitdem haben zwischen beiden Seiten keine offiziellen Verhandlungen mehr stattgefunden. Die Politik des Imams wird durch seine religiöse Haltung bestimmt; wie im Falle des Papstes ist der göttliche Auftrag nicht nur mit Vorteilen, sondern auch mit Schwierigkeiten verbunden. Nachdem er Ansprüche auf das Protektorat angemeldet hat, kann er von dieser Haltung nicht mehr abrücken, es sei denn, unter Druck, und den will London nicht ausüben. Der Imam ist ziemlich isoliert in Sanaa. Kürzlich empfing er zwei inoffizielle englische Reisende und gab ihnen eine Botschaft mit, in der er den einigermaßen grotesken Vorschlag machte, daß die Briten alle Vertragsverpflichtungen gegenüber den Schafiiten kündigen sollten. Im Gegenzug werde er ihre Herrschaft über Aden und Perim akzeptieren, vorausgesetzt, die Briten erkennen offiziell und öffentlich an, daß sie nur mit seiner Duldung dort seien. Die britische Regierung hat eine Haltung scheinbar würdevoller Reserviertheit eingenommen, während der Imam zunehmend Probleme hat. Die Schafiiten in der Umgebung von Hodeida machen ihm Schwierigkeiten, und es drohen militärische Auseinandersetzungen mit seinem wahhabitischen Nachbarn, Ibn Saud vom Hedschas. Früher oder später wird er um britischen Beistand flehen. Für das Kolonialministerium in Whitehall ist das alles ganz positiv, weniger leicht indes ist es, all jene in Südarabien, die unter dieser Situation zu leiden haben, zu einer kompromißbereiten Haltung zu bewegen. Der Bruder des alten Emirs von Dhala wird in Sanaa als Geisel gefangengehalten. Das Audli-Land besteht aus zwei Teilen, der nördliche ist ein fruchtbares Plateau, der südliche ist Wüste, die Zaiditen besitzen das ganze Land im Norden, treiben dort Steuern ein und konsumieren, was die Felder hergeben. Der Sultan der Audli ist zehn Jahre alt – übrigens ein sehr schöner und ausgesprochen würdevoller Junge, der während der ganzen Konferenz neben seinem Onkel saß, prächtig gekleidet, die Augen blau geschminkt. Ein Scheich nahm an der diesjährigen Konferenz nicht teil. Er hatte kurz zuvor gehört, daß sein einziger Sohn, Geisel des Imams, in seinem Gefängnis durch ein einstürzendes Dach ums Leben gekommen war. »Schutz der Schwächeren« ist ein sehr beliebter Ausdruck in Whitehall, der sich auf den Bankrott weißer Siedlerpioniere in Afrika bezieht. Muß dieselbe Idee parlamentarische Kritik befürchten, redet man lieber von »Chauvinismus«.

Es ist sehr erstaunlich, welche Wichtigkeit die Politik annimmt, sobald man auf Reisen geht. In England ist Politik ein Hobby für Spezialisten geworden – bestenfalls eine technische Debatte über wirtschaftliche Fragen, schlimmstenfalls ein Haufen Klatsch über ganz und gar langweilige Personen. In Frankreich und Italien kann man mit dem allergrößten Vergnügen und Gewinn reisen, ohne eine persönliche Meinung zu *L'Action française* oder

Faschismus zu haben. Außerhalb Europas kann man gar nicht anders, als politisch zu denken, wenn man an dem, was man sieht, überhaupt interessiert ist. Alles ist implizit politisch, und ich verteidige mich nicht dafür, daß auch in diesem Buch gelegentlich politische Fragen auftauchen. Ich bin ohne bestimmte Meinung über die britische Kolonialpolitik losgefahren und hatte auch nicht vor, mir eine Meinung zu bilden. Die Probleme waren aber so beharrlich, daß mir gar keine andere Wahl blieb, als mich mit ihnen auseinanderzusetzen.

Nachdem die Reden gehalten waren, gingen wir in den benachbarten Salon und plauderten bis zum Mittagessen. Nur die anwesenden Engländer und der Premierminister speisten mit dem Sultan. Es war ein sehr schönes Essen: es gab, unter anderem, frischen Spargel mit Zwiebelsauce. Wir tranken Zitronenlimonade, wie es sich für ein mohammedanisches Haus gehört.

Nach dem Essen verabschiedete ich mich vom Sultan und kehrte mit den anderen nach Aden zurück. Ich wünschte, ich hätte länger bleiben können. An den nächsten beiden Tagen würde der Resident seine Audienz im Camp halten, diejenigen Stammesführer empfangen, die eine Angelegenheit mit ihm privat besprechen wollten. Am darauffolgenden Tag sollte kein Brite in Lahedsch auftauchen, damit die Stammesältesten die Möglichkeit hätten, sich untereinander auszutauschen. Am letzten Tag sollte eine große Gartenparty im Palast stattfinden. Ich wünschte, ich hätte bleiben können, doch meine zwei Wochen in Aden waren abgelaufen. Die *Explorateur Grandidier* sollte am nächsten Tag mit Ziel Sansibar ablegen – wenn ich das Schiff verpaßte, würde ich abermals zwei Wochen warten müssen. Seit sechs Wochen hatte ich keine Post mehr bekommen, da ich mir alles nach Sansibar hatte schicken lassen. Meine Pläne waren noch immer ziemlich vage, aber jener schmallippige junge Mann in Harar hatte mich auf den Gedanken gebracht, den Kontinent bis zur Westküste zu durchqueren. Und so beschloß ich nach einigem Hin und Her weiterzufahren.

II

Jedermann räumte ein, daß es für einen Besuch Sansibars eine ungünstige Zeit sei. Wenn man in den Tropen über das Klima spricht, antworten die Leute in einem Ton amüsierter Nachsicht: »Das finden Sie heiß? Sie sollten mal erleben, wie es in dem und dem Monat ist.« Aber Dezember auf Sansibar gilt allgemein als schlechte Jahreszeit.

Die ganze Zeit kann ich nur an die Hitze denken. Ich sehe alles durch einen Dunstschleier, entstellt und verschwommen wie jene unheimlichen Gestalten, die sich in den Dampfschwaden eines türkischen Bads abzeichnen.

Ich wohne im Englischen Club. Morgens werde ich schon früh von der Hitze wach. Schweißüberströmt und völlig erschöpft liege ich unter dem Moskitonetz. Es dauert eine Weile, bis ich mich dazu durchringen kann, das Kopfkissen auf die trockene Seite umzudrehen. Ein Boy bringt Tee und eine Mango. Ich bleibe noch etwas liegen, unbedeckt, fürchte mich vor dem Tag. Alles muß man ganz langsam machen. Dann sitze ich schlapp in einer Sitzbadewanne mit kaltem Wasser. Ich weiß, daß ich, noch ehe ich mich abgetrocknet habe, wieder schweißnaß sein werde. Schritt für Schritt ziehe ich mich an. Man trägt hier lange Hose, Jackett, Hemd, Socken, Hosenträger, Fliege, Wildlederschuhe, alles. Halb angekleidet, reibe ich mir den

Kopf mit Haartonikum ein und setze mich unter den Ventilator. Das mache ich mehrmals am Tag. Es sind die einzigen erträglichen Momente. Ich gehe frühstücken. Ein indischer Kellner schlägt Spiegeleier und gebratenen Speck, Räucherfisch, Orangenmarmelade vor. Ich esse *Papai* – ein grauenhaftes Gemüse, geschmacklos und fettig. Es soll bekömmlich sein. Ich gehe in die Bibliothek und lese etwas über die Lokalgeschichte. Ich versuche zu rauchen. Der Ventilator bläst glühende Tabakkrümel über mein Jackett. Der Pfeifenkopf ist viel zu heiß, als daß ich ihn halten könnte. Durch das Fenster weht eine leichte Brise den Geruch von Gewürznelken, Kopra und verfaultem Obst herein. Vergangene Nacht ist ein Schiff angekommen. Ich schicke einen Boy zur Bank, sich nach meiner Post zu erkundigen. Noch immer nichts. Ich mache mir Notizen zur Geschichte Sansibars. Die Tinte verläuft in den Schweißtropfen, die auf das Papier fallen. Auf den Seiten des Geschichtsbuchs hinterlasse ich feuchte Fingerabdrücke. Die Abbildungen haben sich von den Seiten gelöst und werden vom Ventilator durch die Bibliothek gewirbelt. Bald gibt es Lunch. An meinem Tisch sitzt meist ein junger Beamter, der im Club wohnt, solange seine Frau auf Heimaturlaub ist. Ich mache mir einen Spaß daraus, ihm mit ernster Miene Fragen zu stellen, die er mit Sicherheit nicht beantworten kann: »Gibt es ein Abkommen über die wechselseitige Gleichbehandlung von französischen Staatsangehörigen auf Sansibar und britischen Staatsangehörigen auf Madagaskar? Wo erscheinen im Haushalt von Sansibar die Gelder, die der Sultan für seine Besitzungen auf dem Festland aufwendet? Welche Vereinbarung wurde zwischen der italienischen Regierung und dem Sultan hinsichtlich der Abtretung des somalischen Küstenstreifens südlich des Juba getroffen?« – Oder Fragen, die ihm unangenehm sein müssen: »Haben die Kaufleute unter den Ratsmitgliedern den sansibarischen Kredit für die Regierung von Kenia befürwortet? Stimmt es, daß der Sultan, im Gegensatz zum Residenten, für seine Portokosten selbst aufkommen muß? Stimmt es, daß die Verwaltung auf der Suche nach Geldern ist, die der Sultan im Ausland angelegt hat?« Der junge Mann ist sehr geduldig und verspricht, den Generalstaatsanwalt noch am Nachmittag anzurufen und mir die gewünschten Informationen zu verschaffen. Nach dem Essen gehe ich zu Bett. Pünktlich um zehn nach halb drei legt sich der warme Wind, der vom Meer hereinweht. Durch die plötzlich zunehmende Hitze wache ich auf. Wieder nehme ich ein Bad. Ich reibe mir den Kopf mit Haartonikum ein und setze mich unter den Ventilator. Tee. Manchmal gehe ich zur Andacht in die Kathedrale, wo es kühl ist. Manchmal nimmt mich mein junger Beamter zu einem Landausflug mit, vorbei an ausgedehnten Plantagen mit Kokospalmen und Nelkenbäumen, durch saubere kleine Dörfer, ein jedes mit Polizeiwache und Krankenstation. Manchmal ruft mich ein Türke an, den ich auf dem Schiff kennengelernt habe; er spricht über das angenehme Leben in Nizza und das glanzvolle Vorkriegskonstantinopel; er trägt das Haar kurz geschnitten und einen Fez; in Nizza, sagt er, kann er seinen Fez nicht tragen, weil man ihn sonst für einen Ägypter halten und für alles völlig überhöhte Preise verlangen würde. Wir trinken Zitronenlimonade und planen eine Reise in den Hedschas. »Wir werden reiten und reiten«, sagt er, »bis unsere Knie wund sind und bluten.« Er spricht sehr interessant über den Mohammedanismus, den er als Familienangelegenheit zu betrachten scheint, ganz wie englische Altkatholiken den universalen Glauben betrachten. Interessant ist auch, über europäische Geschichte mit einem klugen Mann zu diskutieren, der sie einzig aus mohammedanischer Sicht gelernt hat. Daß den Armeniern meine

Sympathie gilt, schockiert ihn erkennbar, aber er ist zu höflich, das zu sagen. Statt dessen berichtet er mir von exquisiten Folterqualen, die sie durch seine Verwandten erleiden mußten.

Dinner auf der Terrasse des Clubs. Es ist ein wenig kühler inzwischen, man kann fast mit Genuß essen. Abends unternehmen wir oft eine kleine Tour mit dem Wagen oder besuchen ein *ngoma*. Einmal bin ich ins Kino gegangen, wo, anders als in Aden, die Zuschauer hellwach waren – hauptsächlich Eingeborene, die sich über die Tölpeleien von zwei betrunkenen Amerikanern ausschütteten vor Lachen. Die *ngomas* sind interessant. Es sind Suaheli-Tänze, die ursprünglich gewiß eine rituelle Bedeutung hatten, inzwischen aber ausschließlich der Unterhaltung dienen. Wie die meisten Aktivitäten auf Sansibar, ob bei Einheimischen oder Einwanderern, stehen sie unter staatlicher Aufsicht. Auf der Polizeiwache wird Ort und Zeit der Veranstaltung notiert. Jeder kann hingehen. Ein paarmal erschienen Gruppen wohlgestalteter Neger vom Festland, deren Darbietung viel abwechslungsreicher und kunstvoller war als die der lokalen Gruppen. Missionare halten nicht viel von diesen Vergnügungen, weil sie der Ansicht sind, daß die Leute dabei in einen Zustand versetzt werden, der unmoralische Handlungen begünstigt. Einmal waren wir bei einem Tanz zugegen, der in völliger Dunkelheit stattfand; wir wurden sogar gebeten, unsere Zigarren auszumachen. Es war, soweit wir das erkennen konnten, eine Art Blinde-Kuh-Tanz – ein Mann stand in der Mitte, eingehüllt in einen feuerlöscherförmigen Strohkegel, während die anderen um ihn herumhüpften, ihn verlachten und verspotteten, dabei auf Blechdosen schlugen und den Mann aufforderten, sie zu fangen. Man konnte gerade noch sehen, wie die spitz aufragende Grashaube vor dem schwarzen Himmel hin und her tanzte. Ein andermal brachte eine wirklich gute Truppe vom Festland – aus einem Ort südlich von Tanga, wie mir berichtet wurde – eine Kapelle von vier, fünf Tamtam-Spielern mit. Die Männer warfen den Kopf in den Nacken, rollten mit den Augen und verrenkten die Schultern wie Pariser Varietémusiker.

Wir machten einen Ausflug in das Bordellviertel, das zu Burtons Zeiten – und noch eine Generation später – eines der bekanntesten östlich von Suez war. Heute gibt es dort nichts, was junge verheiratete Beamte in Versuchung bringen könnte. Das Viertel ist heruntergekommen und charakterlos. Bei unserem Anblick liefen die Frauen in ihre Häuser oder versteckten sich in den Höfen. Offenbar hielten sie uns für Spione, nicht für Kunden. Dies mag man, je nachdem, wie man dazu steht, auf den Charakter des britischen Beamten zurückführen oder auch nicht.

Das einzige, was anscheinend nicht unter der wohlwollenden Aufsicht der sansibarischen Verwaltung steht, ist die Hexerei, die noch immer in großem Umfang insgeheim praktiziert wird. Sansibar und vor allem Pemba waren die wichtigsten Zentren der schwarzen Kunst an der afrikanischen Ostküste, und von weit her kamen Novizen, um dort ihr Handwerk zu lernen. Sogar aus Haiti sollen noch immer Zauberheiler kommen, um die Urmysterien des Voodoo zu erforschen. Heute wird alles vor den Europäern verborgen, und selbst diejenigen, die die meiste Zeit ihres Lebens im Land verbracht haben, sind nur gelegentlich auf Spuren des allumfassenden Kults gestoßen, der unter der Oberfläche weiterhin blüht. Doch bezweifelt niemand, daß er tatsächlich noch blüht, und es überrascht nicht, daß er in dieser blasierten Gesellschaft seinen Ursprung hat.

An einem Tag fuhren mein türkischer Bekannter und ich zum Tee nach Bububu. Dieser Name hatte sich mir seit einer parlamentarischen Anfrage in Westminister zur Zukunft der Bububu-Eisenbahn unvergeßlich eingeprägt. Ich hatte gehofft, Mr. John Sutro werde eines Tages die Sansibar-Bububu-Eisenbahn für ein Dinner des »Railway Club« aussuchen, doch leider wurde die Strecke, genau wie die nach Lahedsch, aufgegeben und der restliche Bestand meistbietend verkauft. Unter den Kokospalmen am Stadtrand sind noch immer Spuren der Strecke zu erkennen.

Das Dorf und das Land in der Umgebung gehören einem Araber, einem dicken, kahlköpfigen, ungemein fröhlichen Araber, einem Cousin des Sultans. Er holte uns in Sansibar ab und wies uns unterwegs auf die verfallenen Villen von Verwandten hin. Sein eigenes Haus war alles andere als hübsch, aber es war groß und lag, hinter einer Mauer, in einem schönen Garten voller Springbrunnen, die uns zu Ehren angestellt worden waren. Die Einrichtung war eine kuriose Melange aus pseudoorientalisch (das den Orientalen offenbar entschieden besser gefällt als die echten Produkte heimischer Handwerker) und pseudoeuropäisch. Wir saßen draußen auf der Terrasse im Schatten eines Mangobaums, eingezwängt auf den unvermeidlichen Gartenstühlen, und aßen Kekse und eingelegten Ingwer. Für mich gab es Whiskey und Soda, der Türke beschränkte sich gewissenhaft auf Tee. Mein Gastgeber schien überzeugt, daß ich in staatlichem Auftrag gekommen sei (daß ich keinen offiziellen Titel trug, verlieh meiner Mission um so größere Bedeutung), und bemühte sich sehr, seine tiefe Loyalität gegenüber der britischen Verwaltung zum Ausdruck zu bringen. Nach arabischer Sitte wurden wir beim Abschied mit Blumen überhäuft.

Was Sansibar so deprimierend macht, ist nicht so sehr das Klima als vielmehr die Abwesenheit politischer Debatten. Es gibt überhaupt keine drängenden Probleme. Welche Schwierigkeiten es auch geben mag, alles wird durch behutsame Anpassung geregelt. In der Bevölkerung gibt es keine spürbaren Tendenzen zu Verstaatlichung oder Demokratie. Der Sultan verkörpert alles, was ein Aushängeschild sein sollte; er ist ein Mann von würdevollem Auftreten und einwandfreiem Privatleben. Er hat keinen Exklusivanspruch auf sein Amt. Die britische Regierung hat ihn eingesetzt, und man läßt ihm einen großen Teil der Staatseinnahmen, was ihm ermöglicht, in bescheidenem Komfort leben und zugleich ein weitverzweigtes Spitzelsystem zu unterhalten, mit dessen Hilfe er sich über die Aktivitäten seiner Beschützer informiert. Die beiden Hauptprodukte der Insel, Gewürznelken und Kopra, sind, verglichen mit den anderen Agrarerzeugnissen an der ostafrikanischen Küste, ausgesprochen lukrativ. Auf die Einhaltung der öffentlichen Ordnung wird strikter geachtet als in vielen Städten Großbritanniens. Die medizinischen Einrichtungen und die hygienischen Verhältnisse sind bewundernswert. Das Straßennetz ist hervorragend ausgebaut. Die Verwaltung trägt sich selbst. Die britische Regierung zieht nichts aus der Insel heraus, im Gegenteil, sie importiert zahlreiche gebildete und völlig ehrliche Angehörige unserer arbeitslosen Mittelschicht, die für wenig Geld sehr fleißig im Interesse der Insulaner arbeiten. Anhand bunter, leicht verständlicher Schautafeln bringen sie den einheimischen Bauern bei, wie sie sich vor Hakenwürmern und Elefantiasis schützen. Anstelle der kultivierten, recht dekadenten Aristokratie der Oman-Araber haben wir ihnen eine Truppe gerechtigkeits- und seifenliebender junger Privatschulabsolventen geschickt. Und dank dieser jungen Leute ist die Insel ein sicherer Ort für die Inder geworden.

Der britische Imperialismus zeigt in einigen Teilen der Welt ein merkwürdiges Gesicht. In Ostafrika hat er weder militärische noch wirtschaftliche, sondern kirchliche Interessen verfolgt. Wir wollten den Sklavenhandel beenden.

Deshalb, praktisch aus keinem anderen Grund, sah sich die Regierung durch öffentlichen Druck genötigt, Sansibar zu besetzen und die Uganda-Bahn zu bauen. In den letzten beiden Jahrzehnten des neunzehnten Jahrhunderts organisierten eifrige Gemeinden überall in Britannien Wohltätigkeitsbasare und Handarbeitszirkel, mit dem einzigen Ziel, die arabische Kultur in Ostafrika auszumerzen. Die Allianz zwischen Staat und Kirche war so herzlich, wie sie zwischen Papsttum und Empire von jeher hätte sein sollen, aber selten war. Die Mohammedaner sollten mit Gewehr und Kanone vertrieben, die Heiden mit Gesangbuch und Bibel vorsichtig zivilisiert werden.

Die Waffen taten das Ihre, und ein unablässiger Strom von Geistlichen ergoß sich über das Missionsfeld. Doch für jeden Hilfspfarrer gab es ein Dutzend elender Parasiten, die fest entschlossen waren, sich die von den Amateurgesetzgebern erlassenen neuen Bestimmungen zunutze zu machen. Der gesamte Kleinhandel auf Sansibar und Pemba wird von Indern dominiert. Fast jedes Geschäft – vom Schneider, der Uniformjacken für die Adjutanten des Residenten anfertigt, bis zu dem kleinen Dorfkrämer, der den Bauern ein paar Pennies mehr für ihre Zigaretten abluchst – ist in indischer Hand. Das britische Konkursgesetz wurde offenbar ausdrücklich zum Vorteil der Hindus erlassen. Von Sansibar bis zu den großen Seen erzählt einem jeder Amtsrichter die gleiche Geschichte: von indischen Händlern, die ohne Kapital ein Geschäft eröffnen, sich auf Kredit Waren beschaffen, Geld nach Indien überweisen, Bankrott anmelden und dann wieder von vorn anfangen. Kein Araber und kein Europäer kann mit ihnen konkurrieren, weil sie einen Lebensstandard haben, der so niedrig ist wie der der Eingeborenen. Mit einem Unterschied freilich: Was bei den Eingeborenen anständige, primitive Einfachheit ist, ist bei den indischen Einwanderern Verwahrlosung. Während die Eingeborenen ihre Stammesloyalitäten haben und mit ihrer natürlichen Umgebung durch ein ausgeprägtes Ordnungssystem verbunden sind, haben die ostafrikanischen Inder weder Wurzeln noch Frömmigkeit. Dazu kommt, daß die Inder auf den Inseln (weniger auf dem Festland) zunehmend Grund und Boden erwerben. Die Araber sind von Hause aus gastfreundlich und großzügig und wahre »Gentlemen«, insofern sie Wert auf Müßiggang legen. Durch die Pax Britannica ihres traditionellen Lebensstils beraubt, verkommen ihre Eigenschaften zu Dekadenz und Faulheit, wie das bei jeder verantwortungslosen Aristokratie zu beobachten ist. Orientiert an der Karriere des durchschnittlichen europäischen Wüstlings, machen sie Schulden und verpfänden ihren Besitz. Dies ist, durch britische Gesetze abgesegnet, *die* Gelegenheit für die Inder. Die Gerichte sind unablässig mit indischen Anträgen auf Übertragung arabischen Eigentums befaßt. Die einstigen Großgrundbesitzer arbeiten entweder als Verwalter auf ihren früheren Ländereien oder ziehen in die Stadt, wo sie in zerschlissenen Gewändern in den Cafés herumhängen und sich den Touristen als Fremdenführer anbieten. Ein englischer Richter erklärte mir, daß in den allermeisten von ihm behandelten Streitsachen die Kaufsumme nur einen Bruchteil des Wertes des Grundbesitzes ausmache. Was könne man da schon tun – die Araber unterschrieben alles, ohne es vorher durchzulesen.

Diese Entwicklung war zweifellos unvermeidlich. Die Araber haben sich das selbst zuzuschreiben. Sie haben sich nicht der wirtschaftlichen Umwälzung angepaßt, die das Verbot des Sklavenhandels bedeutete. Ihre Verdrängung war zwangsläufig. Die Briten hätten nichts daran ändern können. Das alles stimmt – und doch kommen wir nicht an der Tatsache vorbei, daß diese Entwicklung nicht eingetreten wäre, wenn die Briten nicht nach Ostafrika gekommen wären. Wir wollten eine christliche Kultur errichten, und inzwischen ist es uns fast gelungen, eine hinduistische zu errichten. Wir haben eine Zivilisation vorgefunden, die zwar borniert und unflexibel, im Grunde aber anständig und wertvoll war. Wir haben sie zerstört oder ihrer Zerstörung zumindest tatenlos zugesehen und die Entwicklung einer schäbigen und ärmlichen Kultur begünstigt. Vielleicht muß man das nicht verurteilen, bedauern darf man es allemal.

Ich habe noch gar nichts über die Stadt gesagt.

Vom Meer her, wenn man mit dem Schiff ankommt, macht sie einen hübschen, aber völlig unspektakulären Eindruck. Zu beiden Seiten erstrecken sich Palmenhaine, die Stadt wirkt sehr klein und flach. Es gibt keine Kuppeln oder Minarette, da derlei Zurschaustellung nach den puritanischen Vorschriften der hiesigen Sekte verboten ist. Am auffälligsten sind der Sultanspalast und das »Haus der Wunder«, wie das Gebäude der Stadtverwaltung auf arabisch heißt. Es hat ein schönes Treppenhaus, aber von außen ist weder dieser Bau noch der Sultanspalast interessant. Die Stadt ist ein einziges Gewirr von verwinkelten Gassen, die sich hierhin und dorthin winden, überraschend in einer Sackgasse enden oder wieder zum Ausgangspunkt zurückführen. Die Häuser sind solide arabische Bauten aus dem siebzehnten und achtzehnten Jahrhundert, meist mit wunderschön geschnitzten Eingängen und massiven messingbeschlagenen Türen. Im Innern sieht man fast überall prächtige Treppen. Eines spricht immerhin für diese Art Stadtplanung – alles liegt sehr dicht beieinander. In Städten wie Nairobi, Mombasa oder Kampala, die sich seit der Einführung von Kanalisationsmaßnahmen ausgebreitet haben, muß man ständig weite Wege mit dem teuren Taxi zurücklegen. In Sansibar liegen Residentur,

Kathedrale, Club, Bank, Postamt, Hotel, Büros und Geschäfte in einem Umkreis von fünf Minuten Fußweg. Die Stadt dürfte eines der reizvollsten erhaltenen Exemplare arabischer Architektur des achtzehnten Jahrhunderts sein. Schiffsreisende, die in Rikschas herumkutschiert werden, halten sie meist für viel älter. Ich bin mindestens einer Dame begegnet, die sie mit biblischen Zeiten assoziierte.

Zu Burtons Zeiten muß Sansibar eine Stadt von großer Schönheit und Vollkommenheit gewesen sein. Heute wohnt kein einziger Araber mehr in den prächtigen arabischen Häusern. Statt dessen gibt es Kontore mit indischen Büroangestellten und die Wohnungen englischer Familien, vollgestopft mit ägyptischen Hieroglyphen in Stickereiapplikation, Messingschalen aus Benares, Rattanstühlen, Klassenphotos, »Fundstücken« aus dem Basar und europäischem Kinderspielzeug. Die Gassen sind, zumindest im Europäerviertel, grotesk sauber, und Memsahibs fahren laut hupend in Morris-Zweisitzern entlang.

Die moderne Architektur ist meist ganz anständig. Die Residentur und das Museum – eine interessante Sammlung, die von dem wunderbaren Dr. Spurrier angelegt wurde – sind das Werk eines Amateurs, der sich von der Pracht der Umgebung vielleicht allzu sehr mitreißen ließ. Mein türkischer Bekannter wollte lange Zeit nicht glauben, daß das Museum nicht die Grabstätte eines Würdenträgers sei, und machte, wenn wir dort vorbeikamen, die entsprechenden frommen Gesten, bis ich ihn zu einem Besuch überreden konnte und ihm die präparierten Schlangen zeigte, den Schmuck des letzten Sultans, die handsignierten Glückwunschschreiben von Königin Viktoria, Livingstones Medizinköfferchen (in dem sich übrigens kein Chinin befand, statt dessen eine unglaubliche Fülle an pharmazeutisch nutzlosen Giften), Propagandaphotos von ungeimpften pockenkranken Kindern und andere sehenswerte Objekte.

Die jüngsten Gebäude des offiziellen Architekten fand ich sehr gut, weil sie große Sparsamkeit und Zurückhaltung mit feinem Gespür für lokale Einflüsse verbinden. Bislang hatte er allerdings noch nicht die Möglichkeit, seine Qualitäten vollständig unter Beweis zu stellen. Es wäre schade, wenn es – während seiner Amtszeit – irgendeinem Fanatiker nicht gelänge, den langweiligen Sultanspalast aus dem neunzehnten Jahrhundert zu zerstören, so daß sich die Gelegenheit zu einem Neubau böte. Beide Kathedralen sind architektonisch wenig interessant.

Ich fuhr für zwei Nächte nach Pemba. Überall Gewürznelken, Kokosnüsse und geteerte Straßen, wie auf Sansibar. Ein kleiner Dampfer, die *Halifa*, fährt einmal pro Woche zur Südspitze und zurück, die Überfahrt dauert eine Nacht. Ich stieg in Mkoani aus, in einer grünen Hügellandschaft mit verstreuten Bungalows. So klares Meerwasser wie an der kleinen Anlegestelle hatte ich noch nie gesehen, jeder Kieselstein, tief unten auf dem Grund, war deutlich zu erkennen. Ich fuhr mit dem Provinzverwalter nach Weti, unterwegs statteten wir in Chake-Chake und auf einer von Quäkern geführten Modellfarm Besuche ab. Abends ein angenehmes Dinner mit dem Doktor und seiner Frau, ohne gestärkte Hemden und Kasinojacken und ähnlichen Unsinn, wir saßen im Pyjama in einem Garten, wo Vorbereitungen für eine Weihnachtsparty im Gange waren. Dies war das einzige Haus auf der Insel, das über einen Stromgenerator verfügte, und um das Beste daraus zu machen, wurden Lichterketten zwischen den Bäumen aufgehängt. Am nächsten Tag – Heiligabend – fuhren wir zurück nach Chake-Chake. Dort ging ich mit ein paar Leuten schwimmen, in zwei Bungalows gab es Cocktails, Dinner in einem dritten, wo am Abend ein erbitterter Streit über die Zuteilung der Weihnachtsgeschenke ausbrach. Meine Gastgeber waren zwei ältere Junggesellen.

Sie veranstalteten eine gemeinsame Weihnachtsfeier für die europäischen Kinder auf der Insel, und an Bord der *Halifa* war ein ziemlicher Berg von Geschenken mitgekommen, die sie an ihre Gäste verteilen wollten. Sie probten mit Hilfe von Stühlen, die den Platz der Kinder einnahmen. »Das reicht für den Kleinen von Soundso«, und: »Dies ist für die Tochter von Soundso«, und »Haben die Soundsos zwei oder drei Kinder?« Zuerst verlief alles sehr harmonisch und Dickensisch. Als dann ein besonders großer, bunt bemalter Gummiball verschenkt werden sollte, kam es zu einem bösen Verdacht von Bevorzugung. »Mary Soundso soll ihn bekommen, die süße Kleine.« – »Der Bruder von Peter Soundso ist gerade nach England auf die Schule zurückgeschickt worden. Er ist furchtbar einsam, das arme Kerlchen.« Der Ball wurde zuerst auf den einen Haufen gepackt, dann auf den anderen, manchmal rollte er herunter und blieb irgendwo dazwischen liegen. »Süße Kleine« und »einsames Kerlchen« wurden Schlachtrufe, unter denen sich die beiden Männer den Ball immer wieder entrissen. Es war eigenartig, mit anzusehen, wie sie sich erregt um dieses Geschenk stritten. Und bald erklang das unvermeidliche: »Na schön. Mach, was du willst. Ich mag mit dieser Sache nichts mehr zu tun haben. Die Party könnt ihr ohne mich feiern.« Sofort kam es zu beiderseitigem Verzicht. Auf einmal kehrte sich die Situation um: Jede Seite versuchte, den Ball dem Kandidaten der anderen Seite aufzuzwingen. Ich vermied bewußt jeden Vermittlungsversuch. Schließlich wurde Frieden geschlossen. Ich weiß nicht mehr, unter welchen Bedingungen, aber soweit ich mich erinnere, wurde der Ball einem dritten Kind geschenkt, und all die anderen Haufen wurden zugunsten von Mary und Peter geplündert. Die beiden kamen letztlich ziemlich gut weg. Am späten Abend machte ich mich, begleitet von einigen Freunden, auf den Rückweg zur *Halifa*.

Wir weckten den indischen Steward und überredeten ihn, uns Zitronenlimonade zu machen. Dann wünschten wir uns Frohe Weihnachten, denn es war schon nach Mitternacht, und verabschiedeten uns. Früh am nächsten Morgen legte das Schiff in Richtung Sansibar ab, wo wir zum Nachmittagstee eintrafen. Meine Post war noch immer nicht da.

Weihnachten ohne die üblichen teutonischen Anklänge von Weihnachtsbäumen, Rentieren und Punsch hatte etwas sehr Irreales. Einige indische Händler in der Hauptstraße hatten ihre Schaufenster mit Lametta, Silvesterartikeln und künstlichem Schnee dekoriert, in der Kathedrale stand eine anheimelnde Krippe, Bettler machten mit dem Hinweis »Ich sehr christelig« auf sich aufmerksam, und im Club war das bißchen Leben, das zuvor dort geblüht hatte, vollständig erstorben. Ich dachte schon, ich würde den Weihnachtsabend allein verbringen müssen, doch Dr. Spurrier nahm mich mit zu einer netten Party in einer Wohnung unweit des Hafens.

Schließlich kam meine Post an, so daß ich nach Kenia weiterreisen konnte. Ich fuhr auf einem fast leeren italienischen Schiff, der *Mazzini*, die hauptsächlich zwischen Genua und Mombasa verkehrt, von dort aus weiter nach Sansibar, Daressalam und dann wieder zurück über Mombasa nach Europa. Die wenigen Passagiere waren fast durchweg ruhige Leute, die ein paar Tage Urlaub an Bord verbringen wollten. Das Beste an dem Schiff war ein alter Kinematograph, das Schlimmste eine Pest von Küchenschaben, die die Kabinen überfielen und in den Waschkabinen massenhaft starben. Eine Engländerin erklärte, sie sei heftig in den Hals gebissen worden, was mir aber ziemlich unglaubwürdig erscheint. Sie und ihr Mann kamen aus Nairobi. Es war das erstemal seit ihrer Ankunft im Land vor elf Jahren, daß sie das Meer wiedersahen. Der

Mann war Ziegelfabrikant. Das Problem mit den Ziegelsteinen, sagte er, sei ihre geringe Haltbarkeit, manchmal zerbröselten sie noch vor Gebrauch, er hoffte aber, schon bald ein neues Herstellungsverfahren einführen zu können.

Wir legten in Daressalam an. Es war grauenhaft heiß, und in der Stadt schien es wenig Interessantes zu geben – einige Überreste aus der Zeit der arabischen und deutschen Herrscher, eine Unmenge von Bungalows, ein Basar voller Inder. Ich besuchte den Agenten von Belgisch-Kongo und erklärte, daß ich an die Westküste und von dort aus nach Europa zurückkehren wollte. Er reagierte aufgeschlossen und berichtete von einer wöchentlichen Flugverbindung zwischen Albertville und Boma; das Billett sei spottbillig, der Vorteil groß. Er zeigte mir einen Flugplan. Er war zwei Jahre alt. Den neuen habe er noch nicht, ich könne aber sicher sein, daß, wenn sich überhaupt etwas geändert habe, dann nur zum Besseren. Ich glaubte ihm.

Am letzten Tag des Jahres trafen wir in Mombasa ein. Auf der Herfahrt hatte ich dort einen angenehmen Abend verbracht. Es ist eine grüne Insel, über eine Brücke mit dem Festland verbunden. Die Engländer haben Mombasa in eine passable Kopie einer Gartenstadt verwandelt. Der Hafen von Kilindini liegt etwas außerhalb. Er ist sehr groß, viel schöner als alles, was ich seit Port Said gesehen hatte. Es gibt dort ein portugiesisches Fort, Teile eines arabischen Viertels, Club, Golfplatz, Badestrand, einige Hotels. Doch den ganzen Vormittag nahm die Paßkontrolle in Anspruch.

Die Einwanderungsbeamten saßen im Salon, zwei dickliche, unbedeutende Leute, die zu Hause eine Stelle an einer drittklassigen Privatschule oder im Büro einer Tuchfirma in den Midlands ergattert hätten. In Mombasa waren sie Autoritäten, was sie auch demonstrierten. Ich zeigte meinen Paß vor, in dem ein ehemaliger Außenminister im Namen Seiner Majestät alle zuständigen Stellen ersuchte, mich frei und ungehindert passieren zu lassen und mir jeden Beistand und Schutz zu gewähren, dessen ich bedurfte. Ich benötigte nicht viel. Ich wollte nur den Zug um 16.30 Uhr nach Nairobi erwischen. Im Grunde eine ziemlich simple Angelegenheit. Doch weit gefehlt. Die beiden schienen die Empfehlung des Außenministers nicht ganz verstanden zu haben. Sie gaben mir ein Formular, das ich ausfüllen sollte. Der Grund meines Besuchs in Kenia? Wie lange wollte ich bleiben? Wen kannte ich dort? Wo würde ich wohnen? Wieviel Geld hatte ich dabei? Unter welchen anderen Namen reiste ich üblicherweise? Für welche Straftaten sei ich in welchen Ländern verurteilt worden? Ich füllte das Formular aus und gab es zurück. Sie lasen meine Antworten, wiegten bedenklich die Köpfe und baten mich, zu warten, bis die weniger verdächtigen Passagiere abgefertigt seien. Dann setzten sie ihr Verhör fort. Welche Beweise ich für meine Aussagen hätte? Ich ging in meine Kabine, holte den Kreditbrief über knapp zweihundert Pfund aus dem Koffer und die Empfehlungsschreiben an den Kolonialminister und den Apostolischen Gesandten. Meine Inquisitoren berieten sich flüsternd. Dann sagten sie, daß sie eine Sicherheitsleistung in Höhe von fünfzig Pfund haben wollten. Ob das bei allen Reisenden obligatorisch sei? Nein, aber meine Antworten hätten sie nicht zufriedengestellt. Inwiefern? Im Tonfall unseres Hin und Hers war die gegenseitige Abneigung nicht mehr zu überhören.

»Sie sagen, Sie wollen etwa drei Wochen bleiben. Warum sagen Sie nicht, wie lange genau?«

»Weil ich mich noch nicht entschieden habe. Vielleicht fünf Wochen, vielleicht zwei. Das hängt davon ab, wie gut es mir in Ihrem Land gefällt.«

»Sie sagen, Ihre Anschrift in Nairobi steht noch nicht fest. Was meinen Sie damit?«

»Ich meine damit, daß ich es noch nicht weiß. Ich habe einem Freund telegraphiert« – ich nannte den Chefadjutanten in Government House – »und ihn gebeten, mir ein Zimmer zu besorgen. Er hat mir versprochen, wenn irgend möglich eine Unterkunft im Muthaiga Club zu besorgen. Da gerade Rennwoche ist, könnte es etwas schwierig werden. Ich werde entweder dort absteigen oder im Torr's Hotel. Genau weiß ich das erst, wenn ich in Nairobi bin.«

Erneutes Gemurmel. Dann:

»Haben Sie fünfzig Pfund in ostafrikanischer Währung bei sich?«

»Nein. Ich kann Ihnen einen Scheck geben.«

»Das genügt nicht. Wir behalten Ihr Gepäck und Ihren Paß, bis Sie uns fünfzig Pfund in bar übergeben.«

»Wann bekomme ich das Geld zurück?«

»Bei Ihrer Ausreise.«

»Aber ich reise über Uganda aus.«

»Sie müssen sich bei der Grenze beim Paßbeamten melden. Er wird den Betrag anfordern.«

»Das dürfte ein Weilchen dauern.«

»Ungefähr eine Woche.«*

»Heißt das, daß ich an der Grenze eine Woche warten muß?«

»Genau das heißt es.«

Ich fuhr in die Stadt, löste einen Scheck ein und kehrte nach Kilindini zurück. Die Einwanderungsbeamten waren inzwischen von Bord gegangen. Ich fuhr zurück in die Stadt in ihr Büro, dann wieder zurück nach Kilindini mit der behördlichen Erlaubnis, an Land zu gehen, dann mit meinem Gepäck zurück in die Stadt.

---

* Mitte April wurde mir der Betrag schließlich in London zurückerstattet.

So verging der Vormittag.

Und so betrat ich Kenia, wild entschlossen, meinen Teil zu dem ohnehin schon vorhandenen Berg an abfälliger Literatur beizutragen, die über diese oft mißverstandene Kolonie geschrieben wurde.

III

Doch während der Zug von der Küste ins Hochland emporschnaufte und dabei gelegentlich (genauer gesagt dreimal zwischen Mombasa und Nairobi) aus dem Gleis sprang, legte sich allmählich meine schlechte Laune. Im Speisewagen saß ich an diesem Abend einer jungen Dame gegenüber, die unterwegs zu ihrem künftigen Ehemann war. Sie berichtete, daß sie zwei Jahre bei Scotland Yard gearbeitet habe und durch diese Tätigkeit hart geworden sei, doch seitdem sie in einer Bank in Daressalam arbeite, habe sie ihre Feinfühligkeit wiedergewonnen. Sie freue sich auf das Eheleben, denn in Daressalam bekomme man keine frische Butter.

In der Nacht wachte ich auf, um die Decke hochzuziehen. Nicht zu schwitzen, war ein ungewohntes Gefühl nach so vielen Wochen. Am nächsten Morgen kleidete ich mich nicht in weißes Leinen, sondern in grauen Flanell. Kurz vor Mittag kamen wir in Nairobi an. Ich fuhr mit dem Taxi hinaus zum Muthaiga Club. Dort war kein Zimmer für mich frei, aber der Sekretär war über meine Ankunft informiert worden, und ich stellte fest, daß ich bereits Clubmitglied war. In der Bar saßen mehrere Leute, denen ich auf der *Explorateur Grandidier* begegnet war, einige kannte ich aus London. Man trank Pink Gin in eindrucksvollen

Mengen. Jemand sagte: »Sie müssen nicht denken, daß es in Kenia immer so ist.« Ich befand mich inmitten einer Lunchgesellschaft. Anschließend fuhren wir zur Rennbahn. Jemand gab mir ein Kärtchen, das ich im Knopfloch tragen sollte. Ein anderer, der Raymond hieß, stellte mich einem Buchmacher vor und sagte mir, auf welche Pferde ich setzen sollte. Keines gewann. Als ich dem Buchmacher Geld geben wollte, sagte er, und es klang irgendwie bösartig: »Mr. de Traffords Freunde sind auch meine Freunde. Wir rechnen ganz zum Schluß ab.«

Jemand nahm mich mit in ein großes Zelt, wo wir Champagner tranken. Als ich für meine Runde bezahlen wollte, gab mir der Barmann einen Zettel zum Unterschreiben und eine Zigarre.

Wir kehrten nach Muthaiga zurück und tranken Champagner aus einem Silberpokal, den jemand gerade gewonnen hatte.

Jemand sagte: »Sie müssen nicht denken, daß es in Kenia immer so ist.«

Ein junger Mann, der einen schlangenlederbesetzten Sombrero trug, hatte gerade fünfundzwanzig Pfund beim Würfeln verloren. Er lud mich zu einer Dinnergesellschaft in Torr's Hotel ein. Raymond und ich fuhren los, um uns umzuziehen.

Unterwegs schauten wir auf einen Cocktail in der Bar vorbei.

Ein Mann in orangefarbenem Hemd fragte uns, ob wir Lust auf einen Boxkampf hätten. Wir bejahten. Er sagte: »Trinken Sie lieber etwas.«

Die Dinnergesellschaft im Torr's war sehr groß, sie nahm fast den halben Ballsaal ein. Die junge Dame neben mir sagte: »Sie müssen nicht denken, daß es in Kenia immer so ist.«

Nach einiger Zeit fuhren wir nach Muthaiga.

Dort war eine nette Amerikanerin namens Kiki, der ich zuvor schon begegnet war. Sie war gerade aufgestanden. Sie sagte: »Kenia wird Ihnen gefallen. Es ist immer so.«

Am nächsten Morgen wachte ich in einem bequemen Schlafzimmer auf. Der schwarze Boy, der mir Orangensaft brachte, sagte, daß ich mich im Torr's befände.

Mombasa und die Einwanderungsbeamten hatte ich längst vergessen.

Eine anderer Aspekt vom Leben in Nairobi: Ich sitze an einem Tisch im Büro der Indian Association und spreche mit deren Vertretern. Sie heißen Mr. Ishar Das, Mr. Varma und Mr. Shamsuddin. Mr. Das ist sehr umgänglich. Immer wieder dankt er mir für meine Unvoreingenommenheit. Mein Buch, sagt er, werde hoffentlich anders sein als *Mother India*. »Völlig anders«, versichere ich ihm. Mr. Varma ist sehr kämpferisch. Er raucht die ganze Zeit Zigarre, haut auf den Tisch und knurrt wütend. Mit der Rassendiskriminierung in Kenia sei es schon so weit gekommen, daß Inder die Wartesäle der Eingeborenen benutzen müssen. Dieses Argument erscheint mir widersprüchlich, aber ich halte es für das beste, nichts zu sagen, um keine Szene zu provozieren. Mr. Varma sieht aus, als führe er etwas im Schild. Mr. Shamsuddin spricht leiser und überlegter. Er ist der einzige, mit dem zu reden sich lohnt, aber Mr. Varma macht so viel Lärm, daß man praktisch nichts sagen kann. Insgesamt ist es ein wenig befriedigendes Gespräch, aber zum Abschied schenken sie mir einige ihrer Schriften. Darin steht, was sie mir bereits gesagt haben, Satz für Satz. Sie kennen ihre Standpunkte offensichtlich auswendig. Raymond, der mich beim Lesen dieser Pamphlete findet, meint, daß er für die Schwarzen sei, aber die Inder könne er nicht ertragen. Außerdem verbreiteten sie Flöhe und Beulenpest. Dann fährt er mich hinaus nach

Muthaiga. Die Windschutzscheibe seines Autos ist über Nacht zerbrochen und die Karosserie zerbeult. Jemand muß sich den Wagen ausgeliehen haben, meint er.

Eine andere Szene in Nairobi: Ein abendliches Picknick im Wildpark von Government House. Unsere Gruppe besteht aus dem Vizegouverneur und seiner Frau, den Adjutanten, einem Agrarexperten aus England und den Gästen, die zur Rennwoche angereist sind. Zu den letzteren gehört ein schnurrbärtiger Viehzüchter, groß und braun gebrannt, gekleidet wie ein mexikanischer Bandit. Seltsamerweise heißt er »Boy«. Seine Frau ist schmal und elegant, mit großen Augen und einer abenteuerlichen Vergangenheit. Einmal fuhr sie ganz allein von Addis Abeba nach Berbera, auch sie hat einen sonderbaren Namen – Genessie.

Wir fahren an einen Ort namens Lone Tree, verwirrend viele Zebras und wilde Tiere, geblendet von unseren Scheinwerfern, grün blitzende Augen, die uns entgegenfunkeln. Wir machen einen Umweg und sehen einige Hyänen – nicht so nahe wie die in Harar – und kleine hüpfende Wesen, die Dikdik heißen. Unterdessen haben die Diener ein großes Lagerfeuer gemacht und ringsherum Kissen bereitgelegt. Wir setzen uns und essen zu Abend. Die Adjutanten produzieren das höfliche Geschwätz, das die meisten Picknicks so grauenhaft macht. Bald nicken die meisten von uns ein, bis auf die arme Genessie, die ich mit Schilderungen von Abessinien wach halte (erst ein paar Tage später wird mir klar, daß sie sehr viel mehr über das Land weiß als ich).

Schon in den wenigen Tagen, die ich in Nairobi verbrachte, spürte ich, daß ich im Begriff war, mich in Kenia zu verlieben. Das Land hat etwas, das ich sonst nur in

Irland gefunden habe – Anmut, Weite und Großzügigkeit. Es war keineswegs so, daß es mir dort bloß gut gefiel, wie überall, wo die Leute amüsant und freundlich sind und ein angenehmes Klima herrscht, es war vielmehr ein Gefühl tiefer Zuneigung. Ich glaube, fast jeder im Hochland hat dieses Gefühl, mehr oder wenig ausgeprägt. Man hört die Leute über die wirtschaftlichen Verhältnisse schimpfen, über die lokale Verwaltung und über die Regierung in London. Aber selten hört man sie über das Land selbst schimpfen, wie man das bei Engländern in jedem anderen Teil der Welt erlebt. Kaum verwunderlich, daß sie, wenn sie ihre Existenz bedroht sehen, diesem Gefühl in Gestalt eines Lokalpatriotismus Ausdruck verleihen, der in Whitehall absurd anmuten muß.

In diesem Buch geht es mir darum, unmittelbare Eindrücke zu schildern. Ich möchte soweit wie möglich vermeiden, Themen anzuschneiden, die ausführlich zu diskutieren hier nicht der Ort ist. Persönliche Erlebnisse hängen jedoch von allgemeinen Verhältnissen ab, und ich kann meine Empfindungen gegenüber Kenia kaum verständlich machen, wenn ich den Unsinn, der über dieses Land verbreitet wird, nicht mit ein paar Bemerkungen zu entkräften versuche.

Das übliche Bild von Kenia wird durch Bücher wie Frederic de Janzés *Vertical Land* verbreitet. Ich habe dieses Kapitel mit der Beschreibung des Tages begonnen, den ich im Kreis von de-Janzé-Figuren zwischen Muthaiga und Torr's verbrachte. Und zwar deswegen, weil er erstens so schön kontrastiert mit den ungehobelten Beamten an der Küste und zweitens, weil dies tatsächlich, soweit ich mich daran erinnere, dem Ablauf meines ersten Tages in Nairobi entsprach. Immer wieder wurde mir erklärt, daß ich die Rennwoche nicht als typisch für das Leben im Land betrachten solle, über das »Happy Valley« seien in der Vergangenheit allzu viele Halbwahrheiten geschrieben worden. Kein Leser eines Buches über die *jeunesse dorée* von London oder Paris würde sie als repräsentativ für das ganze Land betrachten. Doch ebendiese Folgerung wird gezogen, wenn jemand ein Buch über die reiche Oberschicht in Kenia schreibt. Selbst von den Leuten, denen ich in Muthaiga begegnete, geben sich nur sehr wenige das ganze Jahr dem wilden Vergnügen hin. »Boy« etwa besitzt die größte Rinderfarm des Landes und kennt, so unwahrscheinlich es auch klingen mag, fast jedes einzelne seiner Tiere. Die allermeisten Siedler haben auf ihren Farmen viel zuviel zu tun, und nach Nairobi kommen sie nur, um gelegentlich bei ihrer Bank oder im Direktorat für Landwirtschaft vorbeizuschauen.

Wenig überzeugend ist es auch, die Siedler als eine Bande räuberischer Abenteurer darzustellen. Diese Sichtweise gewann nicht zuletzt durch *Kenya From Within* von Mr. Macgregor Ross an Popularität, und wenn in den nüchternen Londoner Wochenblättern Ostafrika erwähnt wird, lassen die Kommentare nicht selten ebenjenen unangebrachten Hochmut erkennen. Es ist auf den ersten Blick einigermaßen überraschend, am Äquator eine Kolonie englischer Großgrundbesitzer zu finden. Nach der Lehrmeinung, die just so altmodisch ist, daß sie in fortschrittlichen englischen Kreisen Anklang findet, haben diese Leute dort nichts zu suchen. Der Boden ist unveräußerlicher Besitz der farbigen Völker Afrikas, und je eher dafür gesorgt wird, daß sich die weißen Siedler dort nicht mehr halten können, desto besser. Wohlgemerkt, diese Lehre wird nicht als allgemein gültig betrachtet. Ihre entschlossensten Anwälte sind bereit, im eigenen Land die Vertreibung alteingesessener Grundbesitzer zu beschleunigen, während im Orient zwei Beispiele einer willkürlichen Politik praktiziert werden, die dieser Einstellung und einander widersprechen – die Umsiedlung von Juden nach Palästina und von anatolischen Christen nach Griechenland.

Aber natürlich ist es müßig, eine theologische Geschlossenheit von der Politik zu verlangen, die ja keine exakte Wissenschaft ist, sondern naturgemäß eine Abfolge improvisierter, praktischer Schritte zur Lösung von Problemen. In England wird ernsthaft die Ansicht vertreten, daß die Afrikaner in der Vergangenheit von europäischen Wirtschaftsunternehmen zu Unrecht ausgebeutet wurden, und nun will man alles dafür tun, daß dies in Zukunft nicht mehr geschieht. Es ist sinnlos, über die Frage abstrakter »Rechte« am Land zu diskutieren. Tut man es doch, gerät man auf alle möglichen ethnologischen Nebenschauplätze – Haben die nilotischen Stämme mehr »Recht« in Ostafrika als die Briten? Man muß sich auf die moderne Geschichte und einen groben Begriff von Gerechtigkeit beschränken. Wahrscheinlich könnte man sich auf ein allgemeines Prinzip einigen: daß die ganze Geschichte, von den frühesten Anfängen bis heute, durch Völkerwanderungen geprägt ist. Stämme sind gewandert, haben sich anderswo niedergelassen und ihre Kultur an die neue Situation angepaßt. Eroberung, Kolonisierung, kommerzielle Durchdringung, Missionierung, topographische Veränderungen, Verschleiß von Acker- und Weideland, versandende Häfen – all das führte zu einer ständigen Verschiebung von Bevölkerungen. Es ist sinnlos, zu behaupten, daß plötzlich, bei Ausbruch des Burenkriegs, bei der Gründung der Dritten Internationale oder zu diesem oder jenem Zeitpunkt in der jüngeren Geschichte, das Klavier verschwunden sei und alle Klavierlehrer arbeitslos wurden, der Lavastrom erkaltete und erstarrte und überhaupt die ganze Geschichte ein Ende fand, nur weil die aufgeklärten Völker Nordeuropas – nachdem sie ihren Glauben an die Offenbarungsreligion verloren hatten und sich in Sachen moralischer Orientierung hilflos auf ihre Empfindsamkeit stützten – beschlossen haben, daß es Unrecht sei. Die Entwicklung wird weitergehen, weil sie zum Leben gehört. Eine Nation kann ihre Bürger durch künstliche Maßnahmen davon abhalten, bestimmte Orte aufzusuchen. Sie kann diejenigen, die es trotzdem tun, bestrafen und ihren Ruin herbeiführen. Die Zukunft der europäischen Siedler in Zentralafrika wird letztlich aber davon abhängen, ob sich das Land für das fremde System einer landwirtschaftlichen Entwicklung durch einzelne Großgrundbesitzer eignet, von der Fähigkeit der Einwanderer, in einem ungewohnten Klima ihre Leistungsfähigkeit beizubehalten und sich dort fortzupflanzen, und von einer Wiederbelebung des Weltmarkts, die es ihnen ermöglicht, ihre Produkte zu einem Preis zu verkaufen, der so hoch ist, daß sie ihren Lebensstandard aufrechterhalten können. Bei der ersten Begegnung ist das Klima im kenianischen Hochland einige Monate lang fast ein wenig berauschend, insgesamt aber angenehm. Unklar ist jedoch, ob Nordeuropäer imstande sind, permanent in dieser Höhe und auf diesen Breitengraden zu leben. Sagen läßt sich das erst, wenn die zweite Generation herangewachsen ist. Viele Kinder, denen ich begegnet bin, machten einen ausgesprochen gesunden und bemerkenswert selbständigen Eindruck. Andere schwankten zwischen Antriebslosigkeit und großer Begeisterung. Bislang gibt es noch keine brauchbaren höheren Schulen. Wer es sich leisten kann, schickt seine Kinder nach England.

Man darf nicht vergessen, daß nur ein Teil der geringen europäischen Bevölkerung – alles in allem rund zweitausend Familien – als Bürger der Kolonie gelten kann. Die Beamten und Handelsvertreter kehren nach beendetem Einsatz wieder nach England zurück. Die Siedler betrachten das Land als ihren permanenten Wohnsitz. Man kann kaum erwarten, daß diese beiden Gruppen die Landespolitik aus derselben Perspektive oder mit derselben Anteilnahme beurteilen. Den Beamten sind Gehalt und Pension sicher. Die Siedler sind, was ihre Einkünfte angeht, zumeist auf eine prosperierende lokale Wirtschaft angewiesen. Diese Leute haben ihre Farm gekauft und ihr ganzes Kapital hineingesteckt. In guten Jahren haben sie den größten Teil des Gewinns in Gebäude, Land, Maschinen und Vieh reinvestiert. Nach der Lektüre vieler europäischer Darstellungen könnte man glauben, sie hätten einfach ein paar verängstigte Eingeborene vertrieben und sich deren vollständig ausgerüstete Farmen angeeignet, wie eine Invasorenarmee, die in eine englische Grafschaft einfällt und sie besetzt. Große Ländereien wurden frühen Siedlern wie etwa Lord Delamere übertragen, die genügend Mittel besaßen, sie zu entwickeln. Wenn es sich nicht gerade um Weideland handelte, war der Boden für extensive landwirtschaftliche Nutzung wertlos. Das Land bestand zum größten Teil aus Busch, der mit der Hand oder mit teuren Importmaschinen gerodet werden mußte. Es gab keine Straßen, auf denen die Produkte auf den Markt gebracht werden konnten. Die Unzufriedenheit der Inder erklärt sich auch daher, daß die Farmer diese Dinge Schritt für Schritt in Angriff nehmen mußten und der größte Teil des an Europäer abgegebenen Landes noch immer nicht vollständig entwickelt ist. Solange die gegenwärtige Unsicherheit andauert, sehen die Siedler keinen Grund, sich noch mehr zu engagieren. In Mombasa und Nairobi ist mit Immobilienspekulationen viel Geld verdient worden. Doch im Lande selbst haben sich Investitionen in Grund und Boden – ob in Form von Rodung und Bewirtschaftung unentwickelter Landstriche oder dem Kauf von bereits erschlossenem Boden – in den letzten zehn Jahren als wenig lukrativ und in den vergangenen anderthalb Jahren durchweg als ruinös erwiesen. Es ist nicht der wirtschaftliche

Profit, dessentwegen die kenianischen Siedler an Haus und Land festhalten, sondern ihre stille Liebe zu einem schönen Land, das sie mittlerweile als ihr Zuhause ansehen, und ihr Wunsch, hier eine traditionelle Lebensart einzuführen und zu praktizieren, die ihnen am Herzen liegt – das traditionelle Leben englischer Grundbesitzer, das, solange es die Gesellschaft prägte, das naheliegende Ziel für Satiriker aller Schattierungen war und auf das wir heute, da es nur noch ein exotisches Überbleibsel ist, beraubt jener Normalität, die dieses Leben einst auszeichnete, mit aufrichtiger Wertschätzung und Bedauern zurückblicken. Ich bin sicher, daß diese Leute, falls einer von ihnen mein Buch in die Hand nimmt, diese sentimentale Interpretation ihrer Motive verlegen bestreiten würden. Das gehört zur Vitalität ihres Charakters. Sie selbst würden einfach sagen, daß es unmöglich sei, in England Landwirtschaft zu betreiben. Deswegen seien sie nach Kenia gekommen, wo sie sich bessere Aussichten versprochen hätten. Sie werden ein bißchen über die Regierung schimpfen und darauf hinweisen, daß man, trotz aller Schwierigkeiten, ein paar Pferde halten und anständig auf die Jagd gehen könne – was zu Hause nur denjenigen möglich sei, die die Woche in einem Büro verbringen. So würden sie formulieren, was ich weiter oben gesagt habe. Die kenianischen Siedler sind keine Spinner jener Art, die Neu-England kolonisiert haben, auch keine Verbrecher und Ganoven der Art, die nach Australien ausgewandert sind, sondern ganz normale, anständige Leute, die andere Ansichten haben als ihre Altersgenossen und daher dem Künstler auf ungewöhnliche, aber ganz reale Weise verbunden sind. Man mag ihren Versuch, ein Märchenengland am Äquator zu errichten, als weltfremd betrachten, aber man kann sie nicht als Piraten oder Landräuber hinstellen.

Besonders dieser Vorwurf, der von afrikanischen Nationalisten gern erhoben wird, dürfte ohnehin nur auf einen Bruchteil der weißen Bevölkerung zutreffen. Die allermeisten kamen ins Land, nachdem in der Frage geschützter Eingeborenenreservate eine (hoffentlich) endgültige Entscheidung gefallen war. Selbst wenn die ersten Siedler schweres Unrecht getan hätten, wäre dies durch ähnliches Unrecht an ihren Nachfolgern kaum wiedergutzumachen. In der gegenwärtigen Situation spielt diese Frage keine große Rolle. Man darf jedoch darauf hinweisen, daß nirgendwo sonst ein Kolonisierungsprojekt mit so wenig bösem Willen zwischen Einwanderern und einheimischer Bevölkerung oder so viel aufmerksamer Fürsorge für die Schwächeren durchgeführt wurde. Als die Uganda-Eisenbahn gebaut wurde, waren weite Teile der heutigen Kolonie Kenia unbewirtschaftet und unbewohnt. Wüste Landstriche waren der einzige Schutz agrarischer Stämme vor den kriegerischen Stämmen. Und in diesen neutralen Gebieten ließ sich ein großer Teil der europäischen Farmer nieder. Wo immer festgestellt wurde, daß der Boden Eingeborenen gehörte, bat man sie, das von ihnen genutzte Gebiet zu markieren, und übertrug ihnen, unter Berücksichtigung ihrer Wanderbewegungen, das ganze Territorium, bevor über Ansprüche benachbarter Siedler entschieden wurde. Zumindest war dies der Grundsatz. Man kann unmöglich sagen, wie weit es in der Praxis Korruption oder leichten Zwang gab und ob die Eingeborenen immer verstanden, daß sie sich, sobald sie ein bestimmtes Gebiet beansprucht hatten, auf dieses von ihnen selbst markierte Territorium beschränken mußten. Wahrscheinlich wurde das Prinzip nicht immer absolut korrekt angewendet, aber von einem massiven Fehlverhalten kann man nicht sprechen, außer im Fall der Massai. Niemand wird ernsthaft behaupten, ihre Behandlung sei gerecht oder angemessen gewesen.

Wohl kann man sagen, daß die Massai ein aggressives Volk sind, das nur das Recht des Stärkeren anerkennt, und daß sie gemäß ihren eigenen moralischen Begriffen behandelt wurden. Es bleibt die Tatsache, daß ihre willkürliche Vertreibung aus Laikipia im Jahre 1904, wo sich niederzulassen sie mit ausdrücklichen Besitzstandsgarantien ermuntert worden waren, ein schwerwiegender Verstoß gegen die europäische Moral war und ein politischer Fehler, verschärft durch die Unsicherheit, mit der diese Maßnahme ausgeführt wurde. Die grandiose Physis dieses Volks macht es geeignet für die Rolle des edlen Wilden, die ihnen von Nationalisten eifrig zugewiesen wurde, und sie sind dasjenige Volk in Ostafrika, das für die wohlwollende Aufmerksamkeit des Kolonialministeriums am wenigsten empfänglich ist. Ihre traditionelle Freizeitbeschäftigung, nämlich das Hinmetzeln ihrer friedlichen Nachbarn, hat man raffinierterweise durch Konfiskation ihrer Schilde unterbunden (so daß sie und ihre Herden den Löwen schutzlos ausgeliefert sind). Als ihnen zur Entschädigung das Privileg angeboten wurde, am letzten Krieg teilzunehmen, lehnten sie ab und lieferten damit das einzige Beispiel uneingeschränkt erfolgreicher Kriegsdienstverweigerung. In der jüngsten Zeit hat sich eine neue Arbeitsmöglichkeit für sie aufgetan – als Filmschauspieler. Sie erhalten Schilde – ein Rückschritt, der in mindestens einem Fall zu einer schönen Wiederaufnahme des Blutvergießens führte – und werden dann hinausgeschickt vor eine Phalanx gut geschützter Kameraleute, damit sie im Busch Löwen erlegen, zum Amüsement europäischer und amerikanischer Zuschauer, die mit ihren Liebsten vor dem Regen geschützt sind.

Alle meine Gesprächspartner erklärten mir nachdrücklich, daß es kein »Eingeborenenproblem« gebe, das Ganze werde in London und Bombay erfunden. Es wäre vermessen, sich nach ein paar Wochen im Land zu einer so vielschichtigen Frage pauschal zu äußern. Mit Überzeugung kann ich aber sagen, daß alle europäischen Siedler, mit denen ich sprach, die Menschenfreundlichkeit des Kolonialministeriums zwar nicht teilen, aber durchaus eine Verantwortung gegenüber ihren eingeborenen Angestellten empfinden und auch so etwas wie gutmütige Sympathie, was an die Haltung der meisten europäischen Fabrikbesitzer gegenüber ihren Arbeitern erinnert. Sie bedienten sich gegenüber den eingeborenen Dienern einer derben, beleidigenden Sprache und verpaßten ihnen gelegentlich eine Backpfeife, so wie in England das Hauspersonal bis zum Ende des achtzehnten Jahrhunderts behandelt wurde. Höflichkeit gegenüber dem Personal kam erst auf, als die Beziehung keine persönliche mehr war, sondern nur noch eine reine Geldbeziehung. Die Fälle von Gewalt von Weißen gegen Schwarze, die bei Macgregor Ross zitiert werden, sind einfach Beispiele einer pathologischen Kriminalität, die man überall, bei allen Völkern findet. Weiße sind grausam zu Weißen, Schwarze zu Schwarzen, Weiße zu Schwarzen, und wenn es nicht um Prestige geht, auch Schwarze zu Weißen. Die in *Kenya From Within* angeführten Fälle haben einen gewissen Einfluß auf die Art und Weise, wie in afrikanischen Gerichtshöfen Recht gesprochen wird, nicht aber auf das Verhältnis zwischen weißen Herren und schwarzen Dienern. Wenn die Siedler erklären, daß es kein Eingeborenenproblem gebe, so wollen sie damit sagen, daß sie keinen Widerspruch sehen zwischen dem Wohlergehen der beiden Rassen. Das ist bestimmt vollkommen ehrlich gemeint. Andererseits erschrecken sie bei dem Begriff »*Paramountcy*«, den der Herzog von Devonshire eingeführt hat.*

* *Kenya White Paper*, 1923. Sinngemäß: »Ausschlaggebend sein«.

In Nairobi besuchte ich ein (sehr gutes) Amateurtheater. Zu den Lieblingsgags des Komikers, der als Witwe Twankey oder eine von Aschenputtels bösen Schwestern kostümiert war, gehörte der Refrain *»I will have paramountcy« – »Ich bin ausschlaggebend«*. Das Wort hat sich festgesetzt, und für die Siedler ist es zweifellos unangenehm, daß ein konservativer Minister es aufgebracht hat. Hätte jener überaus lachhafte Aristokrat Lord Passfield of Passfield Corner es geprägt, könnte man es unter der Rubrik »Labour« abtun und vergessen. Aus dem Munde des Herzogs von Devonshire ist es fast so etwas wie Verrat aus der Ecke, von der sie zuallererst Unterstützung erwarten. In den Kolonien herrscht ein gewisser Verfolgungswahn, so wie in Europa ein gewisser Größenwahn herrscht. Wörter wie *»Paramountcy«* sind ansteckend. Im besagten Kontext ist dieser Begriff ein typischer Fall von politischem Edelmut ohne konkreten Bezug. »Kenia ist in erster Linie ein afrikanisches Land. Seiner Majestät Regierung hält es für notwendig, eindeutig festzustellen, daß die Interessen der afrikanischen Eingeborenen *ausschlaggebend* sein müssen und daß, wenn und wo diese Interessen mit denen der Einwanderer in Konflikt geraten, erstere durchgesetzt werden sollen.« So formuliert, hat das Wort »ausschlaggebend« nichts Bedrohliches. Inwiefern die Interessen der ostafrikanischen Europäer durch die im Weißbuch von 1923 dargelegte Politik bedroht werden, scheint mir durchaus klar zu sein. Das Beharren auf der Integrität des Territoriums als Ganzem führt zu einer Politik, die der im Lande verbreiteten Auffassung, wonach das von Weißen besiedelte Hochland und die Eingeborenenreservate verschiedene Teile einer Föderation seien, diametral entgegensteht. Es geht nicht darum, daß die weißen Siedler von den Eingeborenen regiert werden sollen. Es ging darum, daß die Eingeborenen von den Siedlern regiert werden sollen.

Dagegen gab es gewichtige Einwände, und das Weißbuch sollte bekräftigen, daß London eine solche Machtverteilung nicht akzeptieren würde. Eine etwas sinistre Note, so man eine finden will, liegt darin, daß das besiedelte Hochland dem »überwiegend afrikanischen« Territorium zugeschlagen wird. Das Verhältnis des Siedlers zum Eingeborenen ist im wesentlichen das eines Arbeitgebers, und es gibt keinen Grund, warum es nicht leichter werden sollte, wenn die zweite Generation von Eingeborenen herangewachsen ist, die sich an ihre weißen Nachbarn gewöhnt haben und mehr von der Welt sehen wollen, als das Leben im Reservat ihnen bietet. Die im Weißbuch angedeutete Sorge, englische Beamte könnten für eine halboffizielle Zwangsverpflichtung von Arbeitskräften herangezogen oder lokale Steuern dergestalt festgelegt werden, daß eine Vertreibung arbeitsuchender Eingeborener aus den Reservaten die Folge wäre, scheint unbegründet und wird sich, wenn alles seinen normalen Gang geht, bald gelegt haben.

Etwas ganz anderes ist die indische Frage. Im Jahr 1923 wäre es in dieser Angelegenheit fast zu einem bewaffneten Aufstand gekommen, und der Unmut, der seinerzeit ausgebrochen war, ist noch immer vorhanden und belastet unmerklich einfache Fragen, die auf beiden Seiten ganz offen existieren. Das Problem ist sozialer und politischer Natur. Gebildete Inder verstehen nicht, daß sie vom gesellschaftlichen Leben der Europäer ausgeschlossen werden. Sie haben keinen Zutritt zu Hotels, Bars oder Clubs und werden, wo nicht durch das Gesetz, so doch in der Praxis, in der Eisenbahn und in den städtischen Wohnvierteln auf separate Bereiche verwiesen. Sie dürfen Grund und Boden im Hochland weder bewirtschaften noch damit spekulieren. Ihre Zahl übersteigt die der Europäer um mehr als das Doppelte. Im Legislativrat sitzen elf gewählte Europäer und fünf gewählte Inder als nicht-offizielle Vertreter.* In den Schulen werden die Rassen getrennt unterrichtet, jede Gemeinschaft bezahlt unterschiedlich hohe Steuern für ihre eigenen Schulen.** Inder haben kaum eine Chance, im höheren Verwaltungsdienst aufzusteigen. Es gibt eine lange Liste von Beschwerden, die Mr. Varma mir auftischte, als wäre ich persönlich für jeden einzelnen Punkt verantwortlich, bis ich am Ende tatsächlich bedauerte, daß dies nicht der Fall war. Er beklagte, daß Inder in der Eisenbahn separate Toiletten benutzen müßten. Er sagte, daß er als Angehöriger des britischen Empire darauf bestehe, Grund und Boden im Hochland zu besitzen. Meine Frage, ob ihm die Zugehörigkeit zum britischen Empire viel bedeute, verneinte er. Dann fragte ich ihn, ob die Bewirtschaftung einer Farm im Hochland mit seiner Kanzleitätigkeit in Nairobi zu vereinbaren sei. Statt einer Antwort nannte er mir Zahlen, die zu beweisen schienen, daß ein Inder, der eine Kaffeeplantage unweit von Nandi besaß, erfolgreicher sei als seine europäischen Nachbarn. Als ich diese europäischen Nachbarn später befragte, meinten sie, daß diese Farm in der ganzen Umgebung verschrien sei als Quelle sämtlicher Schädlinge, die ihre Landwirtschaft befielen. Es ist unmöglich, die Wahrheit herauszufinden, wenn man zum Kern des Rassenproblems vordringt. Die meisten »Klagen« hatten nichts mit konkreten Härten zu tun, ausgenommen die Hindernisse im Verkehr mit den Europäern, den wirklich anzustreben man sich bei Mr. Varma nicht recht vorstellen kann.

Aus Sicht der Siedler soll Kenia aus Weißen bestehen, die den Boden besitzen und sich selbst regieren, während die Inder Ausländer sein sollen, die uneingeschränkte wirt-

* Außerdem ein Araber sowie ein nominierter Missionar als Interessenvertreter der Eingeborenen.

** Auch eine Alkoholsteuer kommt (proportional aufgeteilt) Bildungseinrichtungen der beiden Gemeinschaften zugute.

schaftliche Freiheit genießen, am Leben des Landes aber nicht teilnehmen. Die Inder möchten, daß Kenia eine indische Kolonie ist, die nach dem elenden Prinzip der allgemeinen Stimmgleichheit regiert wird, das sie aus dem Kuchen der europäischen Kultur herausgepickt haben. Es ist durchaus Heuchelei im Spiel, wenn beide Seiten ihre Forderungen immer wieder mit dem »Wohlergehen der Eingeborenen« begründen. Selbst die leidenschaftlichsten Anhänger des indischen Nationalismus dürften kaum behaupten, daß die ostafrikanischen Inder geeignete »Treuhänder« eines Volkes sind, »das angesichts der schwierigen Verhältnisse in der modernen Welt noch nicht auf eigenen Beinen stehen kann«.* Und auch Major Grogan würde vermutlich nicht behaupten, daß die Siedler vor allem deswegen nach Kenia gekommen seien, weil sie die Heiden vor hinduistischem Einfluß schützen wollen.

Während ich diese Zeilen schreibe, ist die Situation, zusätzlich erschwert durch die Kommission über eine engere Union, in einer Sackgasse. Die Inder weigern sich, ihre Sitze im Rat einzunehmen. Die Verwaltung wird von den offiziellen Europäern durchgeführt und von den gewählten kritisiert. Die Inder fordern eine gemeinsame Wahlliste. Die Hilton-Young-Kommission – deren Bericht beispielhaft demonstrierte, wie nutzlos die Arbeit eines Gremiums ist, das sich nicht zuvor über seine politischen Grundsätze geeinigt hat – empfahl ein einheitliches Wahlrecht, sofern es die Zustimmung der Europäer fände. Mr. Varma würde auf sein Wahlrecht vermutlich verzichten, wenn es ihm von den Europäern zugestanden würde, und die Zustimmung der Europäer wird es ganz gewiß nicht geben.

Einstweilen sieht niemand in der mangelnden indischen Kooperation ein großes Problem, außer der Regierung

---

* *Kenya White Paper.*

Indiens, die große Mühe hat, die einheimischen Inder vom harmonischen Miteinander der beiden Rassen und von den Vorteilen einer Mitgliedschaft im britischen Empire zu überzeugen, während in Ostafrika die Dinge ihren Gang gehen.

Es ist nahezu unmöglich, einem Nordeuropäer die Realität der Rassenprobleme zu erklären. Die mediterranen Völker stehen seit so vielen Generationen im Krieg gegen die Ungläubigen, daß sie gelernt haben, dies als Normalität zu akzeptieren und oft immun dagegen sind, so wie Türken mit zunehmendem Alter angeblich immun gegen Syphilis werden. Doch die nordischen Völker, konfrontiert mit der Aussicht, von einer farbigen Rasse dominiert oder unterwandert zu werden, neigen bei diesem Thema zu einer gewissen Kopflosigkeit. Die Furcht vor den Indern, Negern, Japanern oder Chinesen beherrscht das eine oder andere der nordischen Völker, die über den nebelverhangenen, düsteren Meereshorizont hinausfahren und die Begegnung mit diesen Fremden riskieren. Die Angelsachsen sind vielleicht am allerschlimmsten. Die Londoner, deren einziger Kontakt zu farbigen Völkern darin besteht, Schallplatten mit Spirituals zu hören oder im Bus gelegentlich neben einem höflichen braunen Studenten zu sitzen, können die Sache leicht vernünftig sehen und über den Snobismus ihrer Cousins in Indien lachen oder angesichts der Greueltaten ihrer entfernteren Cousins in Virginia erschaudern, doch sobald sie einen Tropenhelm aufsetzen, löst sich ihre Vernunft alsbald in Wohlgefallen auf. »Man sieht ihm an, daß er noch nie draußen gewesen ist«, sagte jemand zu mir, während wir an Bord eines Überseedampfers einen Engländer beobachteten, der einem schwarzen Passagier der Ersten Klasse eine kleine, normale Höflichkeit erwies. Leider hatte er recht. In Ostafrika nehmen Neger bislang keine Positionen ein, in denen sie Gleichbehandlung mit Weißen erwarten könnten. Die angelsächsische Vernunft zeigt sich diesbezüglich unbeirrbar. Wenn aber ein jüngst eingetroffener Angelsachse gleiches Wahlrecht für Weiße und Inder vorschlägt (auf der Grundlage der Qualifikation durch Bildung, die es dem Angelsachsen weiterhin ermöglicht, in der Praxis zu dominieren, auch wenn er theoretisch darauf verzichtet), dann wird von einer Entführung des Gouverneurs und von der »Boston Tea Party« geredet. Verurteilen kann man das nicht. Geneigter Leser, Sie selbst würden sich nach einem Jahr in den Tropen genauso verhalten. Es handelt sich schlicht um einen unzureichenden Gebrauch des Verstandes, zu dem wir Angelsachsen neigen (ich würde nicht von Mangel reden), so wie Malaiien regelmäßig Anfälle von Mordlust erleiden. Die Einstellung, die Leute wie Mr.Varma gegenüber Angelsachsen haben, ist ebenso unausgeglichen. Es bringt nichts, dies zu kritisieren, aber man sollte sich daran erinnern, wenn man die Atmosphäre in diesem äquatorialen England verstehen will. Und noch etwas – vielleicht haben sie am Ende recht. Wenn viele ansonsten ehrbare Menschen die Konsequenzen ihrer Einstellung zu einer bestimmten Frage lange Zeit beharrlich leugnen, mag das eine Krankheit wie Roulette sein oder eine Erscheinung wie das Wunder von Lourdes. Man sollte einfach bedenken, daß die unhaltbare und nicht erklärbare These von der Überlegenheit der Weißen womöglich nicht ganz absurd ist.

Wie gesagt, es ist fraglich, ob jene Existenz, die den kenianischen Siedlern vorschwebt, überleben kann, ob überhaupt die europäische Kolonisierung Afrikas in irgendeiner Form überleben kann, ob es in den nächsten fünfundzwanzig Jahren nicht einen allgemeinen Rückzug der Legionen geben wird, die das Abendland in seinem Kern verteidigen. Aber wie auch immer die Zukunft aussehen wird, es ist das Experiment einer gesellschaftlichen Transplantation, das auf seine Weise so interessant ist wie die spanische Besiedlung Amerikas oder die normannische Herrschaft in der Levante.

Am Ende der Rennwoche verließen Raymond und ich Nairobi und fuhren durch das Rift Valley zum Naivasha-See. Eine schlechte Straße. Rote Erde, tief zerfurcht, eine der besten Straßen im Land. Unterwegs passieren wir andere Siedler, die zu ihren Farmen zurückkehren. Sie tragen bunte Hemden und breite Filzhüte. Sie fahren Kastenwagen, meist beladen mit Einrichtungsgegenständen, die sie in der Hauptstadt gekauft haben. Gruppen von Kikuyu, die Frauen mit schwerem Gepäck auf dem Rücken, das von einem Stirngurt zusätzlich gehalten wird. Ihre Ohren sind geschlitzt und geschmückt, die Kleidung aus kupferfarbenen Häuten. Die Männer tragen meistens halbeuropäische Kleidung in Form von ausrangierten Khaki-Shorts oder einem alten Hut. Sie salutieren unbeholfen, als wir vorbeifahren, lachen dabei und rufen »Jambo Bwana«, so wie Kinder in England mit dem Taschentuch einem Zug hinterherwinken. Ich habe sagen hören, daß man den Wechsel von Uganda oder Tanganjika nach Kenia am trübsinnigen, unterwürfigen Verhalten der Eingeborenen erkennt. Später hatte ich den Eindruck, daß dies eher für die Südafrikanische Union galt, für Kenia aber unzutreffend war. Vielleicht wurde diese Beobachtung erstmals von jemandem gemacht, der von Süden direkt in das Massai-Reservat kam; wie auch immer, für die Londoner Journalisten war es eine nützliche Bemerkung, die sie gern wiederholten.

Die Landschaft ist atemberaubend, schöner als alles, was ich in Abessinien gesehen habe; wohin man auch blickt – unendlich weites Hochland bis an den Horizont. In England spricht man von guter Sicht, wenn man über sechs

Felder hinweg die Kirchrturmspitze sieht. Der Ausdruck »endlose Weite« – von den Frankaus so spöttisch verwendet – hat hier wirklich seine Bedeutung. Am Himmel eine ununterbrochen strahlende, völlig unverschleierte Sonne, heller als Tageslicht, von einer unerwarteten Mondkühle. In Europa scheint die Sonne golden und warm, in Afrika diamantenklar. Die Luft ist frisch wie Zahnpastareklame.

Wir werden uns bei Kiki einquartieren. Sie hat ein eingeschossiges, sehr luxuriöses Haus am Seeufer. Sie kam nach Kenia auf einen kurzen Weihnachtsbesuch. Als sie von jemandem gefragt wurde, warum sie nicht länger bleibe, erklärte sie, daß sie im Grunde kein Zuhause habe. Daraufhin schenkte er ihr zu Weihnachten zwei, drei Meilen Seeufer. Seitdem lebt sie immer wieder dort. Sie hat einen Mann, der auf die Jagd geht, und ein Billardzimmer, in dem die Trophäen untergebracht werden. Sie hat auch zwei Kinder und einen Affen, der auf ihrem Kissen schläft. Im Haus wohnte auch ein englischer General, der aus England gekommen war, um ein seltenes Tier namens Bongo zu schießen. Ursprünglich hatte er den ganzen Winter bleiben wollen. Da er seinen Bongo schon in der ersten Woche auf einer Safari erwischt hatte, wußte er nicht recht, was er anfangen sollte. Der General war wunderbar. Eines Tages sprachen wir nach dem Abendessen über die Ehe und stellten fest, daß wir ähnlich dachten. (Als ich kürzlich in einem Londoner Restaurant saß, boxte mich plötzlich jemand in die Rippen und rief *»Jambo bwana«*. Das war der General. Wir verabredeten uns für die folgende Woche zum Lunch, und ich brachte ein paar schöne Mädchen mit, die sich mit ihm unterhalten sollten. Er kam nicht.)

Es war schön in Naivasha. Das Gras erstreckte sich vom Haus bis hinunter ans Ufer, zu einer Badestelle mit Steg, auf dem man über das Schilf hinweg zum Wasser gelangte. Wir schwammen morgens, aßen üppig zu Mittag und schliefen nachmittags. Kiki erschien nach dem Tee. Zur Cocktailzeit gab es warme Würstchen. Oft gingen wir noch spät nach dem Abendessen in die Küche und brieten Spiegeleier. (Es ist ein enormer Unterschied zwischen Häusern, in denen man sich nach Mitternacht noch etwas kochen darf, und solchen, wo der Hungrige auf trockene Sandwiches zwischen den Weinkaraffen hingewiesen wird.) Einmal gingen Kiki und ich im Garten spazieren, fünfzig Meter bis zu den Ameisenhaufen. Sie sagte: »Sie müssen mal erleben, wie die beißen«, worauf ich eine sehr große Ameise mit einem Blatt auf meinen Handrücken schaufelte. Sie biß furchtbar. Schlimmer noch, andere krabbelten im Hosenbein hoch und begannen, mich dort zu beißen.

In Kenia vergißt man leicht, daß man in Afrika ist. Unversehens wird man wieder daran erinnert, und das Erwachen ist angenehm. Einmal saßen wir vor dem Mittagessen bei einem Cocktail auf der Terrasse. Kikis Mann und der General sprachen über jemanden, den sie im White's nicht haben wollten. Raymond brachte Kikis kleinem Jungen *chemin-de-fer* bei. Wir saßen unter einer gestreiften Markise, ein Grammophon spielte – es war fast wie an der Côte d'Azur. Plötzlich kam eine Kikuyu-Frau mit einem kleinen Jungen an der Hand über den Rasen gelaufen. Sie sagte, sie brauche eine Tablette für ihren Sohn, und erklärte, wo er Schmerzen habe. Kikis Mann rief seinen Diener und übersetzte die Angaben der Frau. Der Diener empfahl Soda Mint. Als er es brachte, streckte ihm die Frau die Hand hin, doch zu ihrem deutlichen Mißvergnügen gaben sie es dem Kind direkt. »Sonst würde sie die Pille selbst nehmen, sobald sie um die Ecke verschwunden sind.« Offenbar haben die Kikuyu eine Tablettenmanie, die es mit derjenigen der englischen Boheme aufnehmen kann. Sie kommen andauernd und betteln um eine Pille, meist unter Hinweis auf ein krankes Kind, so wie Europäer um einen Groschen betteln.

Einmal tauchte Kiki vor dem Frühstück überraschend in Reithose und mit zwei schweren Jagdgewehren auf. Sie hatte beschlossen, auf Löwenjagd zu gehen.

Also fuhren Raymond und ich zu seinem Haus in Njoro.

Landwirtschaft gilt nicht als Junggesellenberuf, zumindest in meiner Vorstellung, vielleicht auch nur deswegen, weil mich das Wort »Bauersfrau« allzu oft von einer Reklametafel angestarrt hatte oder wegen einer atavistischen Ahnung, daß Fruchtbarkeit – ob bei der Produktion von Agrarerzeugnissen oder von Nachkommen – ein und dasselbe ist. Jedenfalls war die große Zahl unverheirateter Farmer eine der großen Überraschungen für mich in Kenia. Zu ihnen gehört Raymond, auch wenn er eher ein typischer Junggeselle als ein typischer Landwirt ist. Ich verbrachte etwa zwei Wochen bei ihm in Njoro. Manchmal fuhr er ein, zwei Tage weg, manchmal ich. Eine wunderbare, ungewöhnliche Zeit. Raymonds Koch war abwesend. Es gab einen Boy mit Namen Dunston, der sich tagsüber meist draußen aufhielt und an einer offenen Feuerstelle Badewasser heiß machte. Ich lernte ein paar Brocken Suaheli. Nach dem Aufwachen sagte ich: *»Wapi chakula, Dunston?«*, »Wo ist Essen, Dunston?« Gewöhnlich antwortete er: *»Hapana chakula, bwana«* – das bedeutete: »Kein Essen, Herr.« Manchmal gab es kein Frühstück. Manchmal, wenn Raymond zu Hause war, fand ich ihn im Bett mit einer Dose Pastete und einer Flasche Sodawasser und zwang ihn, seine Schätze mit mir zu teilen. Manchmal, wenn das Telefon funktionierte, rief ich Mrs. Grant an, die nächste Nachbarin, und frühstückte mit ihr. Mittags und abends aßen wir im Golfclub von Njoro oder bei Nachbarn, sehr angenehme, irisch anmutende Gesellschaften, zu denen wir meilenweit in einem Lieferwagen fuhren, den Raymond gerade gegen sein Auto eingetauscht hatte. Der Lieferwagen war vollgestopft mit Gerätschaften, mit denen er im Eturi-Forst auf Gorillafang gehen wollte – seine neueste Idee, ausgelöst durch die Information, daß der Berliner Zoo zweitausend Pfund Sterling pro Exemplar zahlte –, aber für gewöhnliche Passagiere war der Wagen weniger komfortabel als sein altes Auto.

Die Häuser in Kenia sind meist von jener Bauweise, die sich zeitweiligem Wohlstand verdankt. Wohn- und Schlafzimmer liegen oft in separaten Gebäuden. Unübersichtlich wird es durch Anbauten und Nebengebäude, die in der Vergangenheit nach einer guten Ernte errichtet wurden, in einem plötzlichen Anfall von Optimismus, wegen der vielen Gäste aus England, der Geburt von Kindern, der Ankunft von Landwirtschaftslehrlingen oder aus irgendeinem anderen Anlaß. Es gibt aber auch viele Beispiele, wo Anbauten begonnen, wegen der Wirtschaftskrise aber nicht fertiggestellt wurden. In der Regel sind die Häuser überraschend komfortabel eingerichtet. Auf einer Piste nähert man sich einem Schuppen aus Beton, Brettern und Wellblech, im Innern sieht man dann alte Möbel, Bücher und gerahmte Miniaturen.

Es gibt nur sehr wenige Gärten. Wir besuchten einen in der Nähe von Njoro, wo uns eine elegante Dame in goldenen Pantoffeln einen Pfad entlangführte, der von gestutzten Buchsbaumhecken gesäumt war, über japanische Brücken vorbei an Teichen mit Wasserlilien und hoch aufragenden tropischen Pflanzen. Aber nur wenige Siedler haben Zeit für derlei Luxus.

Boy und Genessie, mit denen ich ein Wochenende verbrachte, haben eines der prachtvollsten »Anwesen« in Kenia: drei massive Steinhäuser auf einer Anhöhe bei Elmenteita oberhalb des Nakuru-Sees, in der Mitte eines Grundstücks, in dem man praktisch jedes topographische

Detail findet – Gras, Buschwald, Felsgestein, Fluß, Wasserfall und eine Vulkanwand, die wir an einem Seil herunterkletterten.

Am Horizont wütet ein Buschfeuer – tagsüber eine tiefe Wolke, nachts ein rotes Glühen. Der Brand beherrscht das Wochenende. Unruhig achten wir auf jede Veränderung der Windrichtung. Immer wieder fahren Autos los, um Berichte einzuholen, extra Arbeitskräfte werden angeheuert und losgeschickt, um Schneisen zu schlagen. Werden die Flammen über die Bahnstrecke hinwegspringen? Weideland von riesigen Viehherden ist bedroht.

Am Abend gehen wir hinunter zum See, um Enten zu schießen. Tausende von Flamingos liegen auf dem Wasser, beim ersten Schuß steigen sie auf wie eine Staubwolke beim Teppichklopfen, rosa-alabasterweiß, drehen ihre Kreise und lassen sich weiter draußen nieder. Hundert Meter vor uns taucht ein Flußpferdkopf aus dem Wasser und klappt gähnend auf. Wenn es dunkel ist, steigt das Flußpferd ans Ufer zu seinem abendlichen Spaziergang. Reglos hocken wir dicht aneinandergedrängt auf den Trittbrettern der Autos. Schwere Tritte sind zu hören und das Wasser, das von dem Flußpferd tropft. Dann kratzt es sich geräuschvoll. Wir richten die Scheinwerfer auf es und sehen einen mächtigen, schlammbedeckten Körper und zwei kleine böse rote Augen. Dann trottet es zurück ins Wasser.

Wieder diese wunderbaren Gegensätze Kenias. Ein aristokratischer Saal, wie aus dem viktorianischen Schottland verpflanzt – offener Kamin, Holzscheite und Torf, ein dekorativer Kaminsims, Geweihe, Bilder von preisgekrönten Zuchtrindern, Gewehre, Golfschläger, Angeln und zusammengefaltete Zeitungen – Sherry wird gebracht, aber nicht von einem britischen Butler im Frack, sondern von einem barfüßigen Kikuyu-Boy in weißem Gewand und roter Jacke. Eine typisch englische Wiese, hohes Gras, im

Hintergrund vorbildliche Ställe, ein Ayrshire-Zuchtbulle reibt sich am Torpfosten. Wenn wir näher kommen, laufen aber keine Kaninchen vor uns davon, sondern eine Horde Affen. Und statt eines Dorfbauern im Kittel steht ein Massai-Hirte da, in eine Decke gehüllt, das Haar zu einem Dutzend gefärbter Zöpfe geflochten.

In Njoro fand ich Raymond bei den Vorbereitungen für seine Gorillajagd: Überall lagen Gewehre, Photoapparate, Ferngläser, Revolver, Konservendosen und Erste-Hilfe-Kästchen herum. Auch eine Kiste Champagner stand da. »Die braucht man für die belgischen Beamten, und nützlich ist so etwas immer.«

Zum Dinner war ich bei den Grants. Sie hatten eine Engländerin zu Gast, deren Tochter ich bei Genessie begegnet war. Die Frau war eine prominente Feministin, die im ländlichen England für Empfängnisverhütung und die regionale Küche kämpfte, doch in der kenianischen Atmosphäre hatten diese Launen etwas von ihrer Schärfe verloren. Sie hatte Angst, von einem Löwen gefressen zu werden. Eigentlich wollten wir gemeinsam den Kilimandscharo besteigen. Dieser Plan wurde jedoch aufgegeben, und wir beschlossen statt dessen, nach Uganda zu fahren. Da ich vorher noch Kisumu besuchen wollte, vereinbarten wir, daß sie mich dort am nächsten Sonntag abholen würden. Tags darauf sah ich Raymond beim Beladen seines Lieferwagens zu, und am Abend tranken wir im Njoro Club eine ziemliche Menge. Am nächsten Tag in aller Frühe bestieg ich den Zug nach Kisumu.

Hier hatte ich eine der Begegnungen, die einen für die schlimmsten alptraumhaften Momente des Reisens entschädigen. Ich fuhr zweiter Klasse. In meinem Abteil saß ein rothaariger junger Mann, etwas älter als ich, der mit einem Bekannten über bestimmte Einzelheiten der kenianischen Gesetzgebung diskutierte. Dieser Mann stieg irgendwann aus, und wir beiden waren allein. Eine Weile schwiegen wir. Die Fahrt war öde. Ich versuchte, in Burtons *Anatomy of Melancholy* zu lesen, das ich bei Raymond stibitzt hatte. Da sagte er: »Fahren Sie weit?«

»Kisumu.«

»Was um Himmels willen wollen Sie denn dort?«

»Nichts Besonderes. Ich dachte, vielleicht gefällt es mir dort.«

Pause.

»Sie sind noch nicht lange in Kenia, hab ich recht?«

»Ja.«

»Dachte ich mir. Kisumu ist stinklangweilig.«

Und nach einer weiteren Pause: »Was haben Sie denn bis jetzt gesehen?«

Ich gab ihm einen kurzen Bericht.

»Ja, die meisten Besucher beschränken sich darauf. Sympathische Leute, schon wahr, aber sie sind nicht typisch für Kenia.«

Wir passierten zwei, drei Stationen, ohne ein Wort zu wechseln. Dann begann er, sein Gepäck bereitzustellen – einen Seesack, ein paar Körbe, eine kleine Kiste und ein Stück Ofenrohr. »Hören Sie«, sagte er, »Kisumu wird Ihnen nicht gefallen. Übernachten Sie lieber bei mir.«

»Einverstanden.«

»Gut.«

An einer Station unweit des Nandi-Grabens stiegen wir aus und luden sein Gepäck in einen Ford-Lieferwagen, den er in einiger Entfernung bei einem indischen Kaufmann abgestellt hatte.

»Ich muß erst noch bei meinem Schwager vorbei. Kleiner Umweg, bloß fünfzig Kilometer, ich hoffe, Sie haben nichts dagegen.«

Wir fuhren lange auf einer Piste durch ein Land von großer Schönheit. Auf den Wegweisern an Kreuzungen standen nur die Namen der Siedler. Schließlich erreichten wir das Haus. Mehrere Leute waren dort, darunter auch jemand, mit dem ich zur Schule gegangen war. Mein Gastgeber und ich hatten uns bis dahin noch gar nicht miteinander bekannt gemacht. Es gab einen italienischen Garten mit gestutzten Hecken und Rasen, eine Terrasse mit Balustrade und Zypressenpanorama. Majestätisch am fernen Horizont die Nandi-Berge. Nach Sonnenuntergang begannen dort kleine Lichtpunkte zu funkeln, die von den Eingeborenendörfern herrührten. Die Leute spielten unter einem strohgedeckten Vordach Poker. Mein Gastgeber erledigte seine Dinge, wir tranken ein Glas Bristol Cream und setzten unsere Fahrt fort. Inzwischen war es stockdunkel geworden. Wieder eine weite Strecke, und schließlich erreichten wir unser Ziel. Ein Boy kam uns mit einer Laterne entgegengelaufen, gefolgt von einer älteren Dame – der Schwiegermutter meines Bekannten. »Ich dachte schon, du lebst nicht mehr«, sagte sie. »Und wer ist das?«

»Er bleibt über Nacht. Hab vergessen, wie er heißt.«

»Sie werden es hier sehr bequem haben. Wir haben nichts zu essen im Haus, und im Eßzimmer sind drei Bienenschwärme.« Dann wandte sie sich wieder an ihren Schwiegersohn: »Belindas Hintern ist komplett gelähmt.«

Dies bezog sich, entgegen meiner Annahme, nicht auf ihre Tochter, sondern, wie ich später erfuhr, auf eine Wolfshündin.

Wir gingen in das Haus – ein geräumiges, eingeschossiges Gebäude, typisch für Kenia. Ich machte ein paar höfliche Bemerkungen.

»Schön, daß es Ihnen gefällt. Ich habe das meiste selbst gebaut.«

»Es ist unser drittes Haus hier«, sagte die alte Dame. »Die beiden anderen wurden zerstört. Das erste bei einem

Brand, das zweite durch einen Blitz. Das ganze Mobiliar, das ich aus England mitgebracht hatte, wurde vernichtet. Die letzten drei Tage habe ich jeden Abend Essen gemacht. Heute ist nichts vorbereitet.«

Doch nachdem wir ein Bad genommen hatten und in Pyjamas geschlüpft waren, erwartete uns ein ausgezeichnetes Dinner. Wir widmeten uns den Bienen, die sich zum Schlaf in verschiedenen Kommoden und Schränken im Wohnzimmer niedergelassen hatten. Sie lagen in klebrigen, fermentierenden Massen, übereinander herkrabbelnd, wie vergammelter Käse unter dem Mikroskop. Etliche flogen durch das Zimmer, während wir beim Essen saßen, und stachen uns, während ein paar einzelne Vorposten in den Schlafzimmern in der bestickten Bettwäsche lauerten. Ein dumpfes Summen erfüllte das ganze Haus. Wannen mit siedendheißem Wasser wurden hereingebracht und die trägen Insekten von einem verängstigten Boy hineingeschaufelt. Einige Möbelstücke wurden hinaus auf den Rasen getragen, morgen früh würden wir uns darum kümmern.

Am nächsten Vormittag machten wir einen Rundgang durch die Farm – eine Kaffeeplantage. Später traf ein Straßeninspektor ein, wir fuhren mit ihm durch das Land und wiesen ihn auf verstopfte Wasserabflüsse hin. In der Regenzeit, erklärte mir die alte Dame, sei die Farm manchmal wochenlang von der Umwelt abgeschlossen. Wir sahen eine Brücke, die offenbar von einem einzigen kleinen Jungen in Gummistiefeln gebaut wurde. Die arme Belinda lag in einem Korb auf der Veranda, während ein grau-roter Papagei herzlos ihr Stöhnen imitierte.

Der Straßeninspektor fuhr mich am Nachmittag zum Bahnhof, wo ich den Zug nach Kisumu erwischte – einer Stadt, die sich als genauso öde herausstellte, wie mein Gastgeber gesagt hatte: zahllose nagelneue, nichtssagende Häuser, ein kleiner Pier und ein Eisenbahnknotenpunkt, die Bewohner ausschließlich Inder oder Verwaltungsbeamte. Das Hotel war belegt. Ich teilte mir ein Zimmer mit einem irischen Piloten, der für Imperial Airways die Strecke nach Kapstadt prüfte. Tags darauf, Sonntag, ging ich in die Kirche und hörte einen jungen Missionspater gegen Empfängnisverhütung wettern. Der Hoteldirektor fuhr mit mir in seinem Auto in ein Kavirondo-Dorf, dessen Bewohner nur mit alten Homburgs bekleidet herumliefen. Später traf Mrs. Grant mit der Feministin und deren Tochter ein.

Wir fuhren nach Eldoret und übernachteten dort in dem englischsten Haus, das ich bis dahin gesehen hatte – altes Silber, Familienporträts, chintzbedeckte Eßtische. Tags darauf passierten wir die Grenze nach Uganda.

IV

Uganda unterscheidet sich in seinem ganzen Charakter deutlich von Kenia. Es ist ein Protektorat und keine Kolonie. Statt Farmen weißer Siedler begegnet man europäischer Präsenz in Seminaren, Oberschulen, »Pflegeheimen«, Wohlfahrtsinstitutionen, christlichen Missionen aller Richtungen, theologischen Kollegien und unzähligen wildentschlossenen Fahrradfahrern.

Die Baganda waren schon lange vor der Ankunft von Arabern und Engländern ziemlich gut organisiert. Sie hatten – und haben bis heute – eine zentralisierte Monarchie, einen Erbadel, eine komplexe und konsistente Rechtsordnung. Sie sind von rascher Auffassung – so sehr, daß Sir Harry Johnston sie als »die Japaner Afrikas« bezeichnete – und bildungsbewußt. Sie haben das Christentum angenommen, manche bloß als einen Bestandteil der leuchtenden westlichen Zivilisation, die sie begehren, andere mit aufrichtiger Leidenschaft. Sie stürzen sich eifrig in theologische Debatten, werfen Texte hin und her wie Federbälle. In Kampala gibt es mehrere von Eingeborenen herausgegebene und geschriebene Zeitschriften, die sich fast ausschließlich diesem Thema widmen. Es gibt ein lebhaftes Interesse an den praktischen und theoretischen Fragen von Verwaltung, Landbesitz und Wirtschaft. Die Nationaltracht ist ein Muster an Anstand – ein weißes Gewand, das den Träger vom Hals bis zum Fußgelenk vollständig verhüllt. Die Buganda haben eine Schriftsprache mit einer eigenen Literatur; viele sprechen darüber hinaus Englisch und Suaheli.

Bemerkenswert ist diese Kultur natürlich nur im Vergleich zu den wilden Nachbarn in Kenia, Tanganjika und im Kongo, und sie beschränkt sich auf eine Minderheit unter den Baganda. Die Bevölkerung Ugandas besteht größtenteils noch immer aus völlig unkultivierten Bauern. Die Baganda zeichnen sich nicht durch besondere Erhabenheit aus, aber sie unterscheiden sich wesentlich von ihren Nachbarn, insofern sie ein deutliches Bewußtsein ihrer nationalen Einheit haben und auf eine Schicht aufgeklärter Intellektueller verweisen können. Das Bildungswesen ist ausgerichtet auf das altmodische Ideal repräsentativer Institutionen, und die Vorstellung einer permanent ansässigen weißen Bevölkerung, die diese Entwicklung – wie in Kenia – behindern könnte, wird von der offiziellen britischen Politik verworfen.

Die Grenze zwischen den beiden Territorien bemerkt man allerdings kaum. Wir passierten sie am Vormittag und trafen am späten Nachmittag in Jinja ein. Es wäre langweilig, die vielen Stationen am See zu beschreiben. Sie sind unterschiedlich groß, aber alle von gleicher Beschaffenheit – sauber, hygienisch, unregelmäßig; eine Anlegestelle und ein Büro, manchmal ein Bahnhof und ein Hotel, manchmal ein Golfplatz, freundliche Beamte, unauffällig, korrekt und ein wenig herablassend. Entebbe ist langweiliger als die meisten anderen Orte, Jinja etwas fröhlicher, Kisumu die Norm.

In Jinja gibt es ein Hotel und einen Golfplatz. Letzterer dürfte der einzige auf der Welt sein, wo die Ausnahmeregel gilt, daß man den Ball mit der Hand aus den Fußabdrücken eines Flußpferds herausnehmen darf. In dieser Gegend wohnt nämlich ein uraltes Flußpferd. Schon lange vor der Einweihung des Geländes war es seine Gewohnheit, abendliche Spaziergänge am Ufer zu unternehmen, dort, wo heute Jinja liegt. Trotz Eisenbahnlinie und Bungalows hat es diese Gewohnheit beibehalten. Zuerst hatte man versucht, es zu erlegen, aber seit neuestem gilt es als lokales Maskottchen, und wer spätabends von einer Bridgepartie heimkehrt, sieht es nicht selten auf der Hauptstraße heimwärts watscheln. Hin und wieder macht es einen kleinen Umweg über den Golfplatz, und das ist dann der Moment, in dem besagte Sonderregel eintritt.

Im Hotel waren mehrere Großwildjäger abgestiegen, so daß kein Platz für uns alle war. Also machte ich mich auf den Weg zum staatlichen Rasthaus. Die gibt es überall in Afrika, sie sind in erster Linie für reisende Beamte gedacht, aber Privatpersonen können sie, sofern Platz ist, ebenfalls nutzen. Es sind unterschiedlich große Häuser, manchmal Hotels, manchmal unmöblierte Unterkünfte. In Jinja gab es ein Bettgestell mit Matratze, aber keine Bettwäsche und keine Decke. Ich hatte gerade die Mäntel unserer Gesellschaft zusammengetragen, als ich auf der Hoteltreppe ein schwarzes Gesicht sah, das uns entgegengrinste. Es war Dunston, den Hut in der Hand, der gekommen war, um zu melden, daß Raymond verschwunden sei. Er und der Nachbar, der mit auf Gorillajagd gehen wollte, waren im Auto vorausgefahren, während Dunston und der eingeborene Fahrer ihnen im Lieferwagen folgen sollten. Irgendwo waren sie vom Weg abgekommen. Jedenfalls stand nun der Lieferwagen mit den Gewehren und dem Proviant und *»hapana bwana de Trafford«*. Dunston wollte wissen, wie es weiterging. Wir sagten, er solle die Decken von *bwana de Trafford* ins Rasthaus bringen, das Bett machen und dann auf weitere Anweisungen warten. Wir telegrafierten nach Eldoret, Njoro und Nairobi, machten Angaben über den Standort von Raymonds Lieferwagen. Ich weiß nicht, ob er ihn je wiedergefunden hat, denn wir fuhren am nächsten Morgen nach Kampala weiter.

Dort verabschiedete ich mich von den anderen und quartierte mich im Hotel ein. Ich merkte, daß der Gedanke an eine Heimkehr nach Europa immer stärker wurde, und beschloß, möglichst bald nach Albertville zu gelangen, um dort das belgische Flugzeug zu erwischen. Ein fürsorglicher junger Reisebüromensch wollte mir für 60 Pfund eine Weiterreise über den Kivu-See organisieren, doch ich stellte fest, daß es letztlich schneller und sehr viel billiger war, mich an die reguläre Schiffsverbindung zu halten, den Viktoriasee hinunter bis nach Mwanza, von dort nach Tabora und Kigoma und über den Tanganjikasee nach Albertville. Von nun an sind meine Aufzeichnungen tatsächlich ein »Reisetagebuch«, das heißt, ich beschreibe weniger Landschaften als vielmehr die Schwierigkeiten, von A nach B zu kommen.

Doch bis zur Abfahrt des Dampfers nach Mwanza waren noch fünf Tage zu füllen, und diese Zeit verbrachte ich in einem überwiegend kirchlichen Milieu, denn die Missionen spielen in Uganda eine wichtige Rolle.

Als Reaktion auf den Bekehrungseifer vor fünfzig Jahren schlägt den ausländischen Missionen heutzutage einiges Mißtrauen entgegen. Viele Offizielle bekennen inoffiziell, daß sie, wenn man sie nur ließe, am liebsten alle Missionare aus dem Land werfen würden; viele Privatpersonen erklärten mir, daß sie keinesfalls einen »Missionsboy« als Diener einstellen würden – sie seien durchweg unehrlich und oft überheblich. Nach antiimperialistischem Geschichtsverständnis gelten Missionare als Vorhut kommerzieller Interessen. Romantiker mit einer Schwäche für Lokalkolorit verurteilen sie als Spielverderber, die die

Nackten gekleidet und das wunderbare Kunsthandwerk der Eingeborenen durch Gipskopien vom Heiligen Herzen ersetzt haben. Seriösere Soziologen behaupten, daß die Stammesgesellschaft mitsamt ihrer ganzen Struktur von Recht und Moral durch das Verbot traditioneller Initiationsriten untergraben wird. Viele brave Kirchenleute in Europa sind, wie ich glaube, nicht ganz frei von einer gewissen Verärgerung angesichts der ungeheuren Summen, die Jahr für Jahr zum zweifelhaften Nutzen ferner Völker gesammelt werden und im eigenen Land für entschieden lohnende und notwendige Projekte eingesetzt werden könnten. Von allen Seiten sehen sich diese heroischen Außenposten Kritik ausgesetzt. Schon nach wenigen Stunden in Kampala stellt man fest, daß man mit der einen oder der anderen Seite sympathisiert.

Aus theologischer Sicht bestehen natürlich keinerlei Zweifel. Jede getaufte Seele, im Glauben erzogen, durch die Sakramente im christlichen Leben bestärkt, ob nun in einem schwarzen oder weißen Leib wohnhaft, ist etwas rundum Positives. Und da Wachstum ein Ausdruck von Leben ist, muß sich der Glaube zwangsläufig ausbreiten – seine Verbreitung ist von seiner Existenz nicht zu trennen. Doch theologische Argumente haben in der modernen Diskussion wenig Gewicht. Mir scheint, daß dies der allgemeinen Skepsis gegenüber der Modernisierung zugeschrieben werden kann. Wäre es möglich gewesen, Afrika vor fremden Einflüssen (europäischen, arabischen oder indischen) zu bewahren, hätten die Menschen in völliger Unwissenheit gelebt, ihren Glauben und ihre Institutionen aus ihren eigenen afrikanischen Wurzeln entwickelt: dann könnten wir – eingedenk der Katastrophen, zu denen die europäische Zivilisation geführt hat, und der immensen Schattenseiten all unserer Errungenschaften – sagen, daß, solange es noch Heiden in Europa gab, die Missionierung

Afrikas ein schändliches Unternehmen war. Aber es ist ziemlich sicher, daß Afrika in dem expansiven Optimismus des letzten Jahrhunderts ohnehin nicht in Ruhe gelassen worden wäre. Ob es wollte oder nicht, es wurde überhäuft mit dem ganzen Krempel unseres Kontinents – mechanisierte Verkehrsmittel, repräsentative Regierung, Gewerkschaften, künstlich stimulierter Hunger auf eine Vielfalt an Kleidung, Nahrungsmitteln und Vergnügungen, all das wartete auf die Afrikaner. Und die negativen Dinge kamen zwangsläufig mit. Europa hat nur eine einzige positive Sache, die es anderen bieten kann – nämlich das, was die Missionare gebracht haben. In Uganda kamen die Missionare noch vor dem Kaufmann und dem Administrator, und dieser Tatsache verdanken sie ihre einzigartige Stellung als Betreiber der Schulen eines Landes, in dem das Bildungswesen als höchste Aufgabe des Staates betrachtet wird.

Kampala ist auf sieben Hügeln erbaut, von denen drei durch kirchliche Bauwerke beherrscht werden. In Ruaga steht die große Kathedrale, in Nsambia die Mill-Hill-Mission und ihnen gegenüber die Kathedrale der Church Missionary Society (C.M.S.) – ein wirklich schönes Bauwerk mit Kuppel, das ausschließlich von einheimischen Arbeitern gebaut wurde. Auf einem vierten Hügel steht das Makerere College, eine säkulare Einrichtung, in der die besten Schüler des Landes eine recht fortschrittliche Ausbildung erhalten. Dieses College soll einmal der Kern einer ostafrikanischen Universität sein. Die Studienplätze sind heiß begehrt und umkämpft. Zwischen den katholischen Missionen und der C.M.S. herrscht große Rivalität. Vor nicht einmal vierzig Jahren fand dort der letzte Religionskrieg statt. Daß die eingeborenen protestantischen Pfarrer gelegentlich in Polygamie zurückfallen, wird von den katholischen Laienpriestern mit unchristlicher Freude begrüßt, und die Liste der Studenten von Makerere wird als guter Indikator der jeweiligen Vorzüge der beiden Konfessionen verfolgt.

Zur Zeit des Religionskriegs war alles auf fatale Weise mit der Frage der Nationalität verknüpft. Heute sind die katholischen Missionen ausgesprochen international. In Ruaga sind hauptsächlich Franzosen tätig, Bischof Camplin in Nsambia ist Schotte, Mutter Kevin in Kokonjiro ist Irin, die Teaching Brothers sind überwiegend Kanadier, und Pater Janssen, der Gemeindepfarrer in Kampala, ist Niederländer. Er stellte sich mir während der fünf Tage in Kampala als Führer zur Verfügung. Pater Janssen, eine unvergeßliche Figur, mit Rauschebart, Gamaschenstiefeln und einer Pfeife mit stinkendem Burentabak, fuhr auf einem Motorrad durch die Stadt und verteidigte die Reinheit seiner Schützlinge notfalls mit Gewalt. Er hatte seine Kirche größtenteils selbst gebaut und dabei mit Zement und Farbe geschickt den Eindruck von Holzschnitzereien geschaffen. Er führte mich durch Spitäler, Entbindungsheime, Schulen und Seminare – ein stattlicher Mann, kämpferisch und starrsinnig. Sein größter Wunsch war es, den Annehmlichkeiten von Kampala zu entfliehen, in die Wildnis hinauszugehen, am besten zu den Kopfjägern von Borneo, wo er seine Tätigkeit begonnen hatte.

Zum Mittagessen fuhren wir nach Kokonjiro, einem Kloster für eingeborene Mädchen, das von zwei europäischen Nonnen und einer Ärztin geleitet wird. Die Mädchen tragen Ordenstracht und leben nach strengen Regeln. Hier werden sie zu Schwestern und Lehrerinnen ausgebildet. Zum Kloster gehören auch eine kleine Farm und ein Spital, und in ihrer Freizeit widmen sich die Mädchen der Handarbeit. Für europäische Ohren mag das nichts Besonderes sein, für Zentralafrika ist es ganz erstaunlich – eine kleine Insel von Ordnung und Freundlichkeit inmitten eines

Ozeans der Barbarei, umgeben von endlosem Dschungel, Busch und Wald, bedrängt von Teufeln und der Angst vor der Dunkelheit, wo das Leben der Menschen mit dem brutalen, automatischen Leben der Tierwelt verschmilzt; hier, wo die Offizien genau so gesungen werden, wie sie in Europa gesungen wurden, als die Missionen noch kleine Leuchtpunkte von Bildung und Anstand in einer heidnischen Wildnis waren. Das einzige, was die Ruhe von Kokonjiro störte, waren die Raubzüge von weißen Ameisen auf den Altarstufen.

Auf dem Rückweg schauten wir in einer Knabenschule der Teaching Brothers vorbei. Eine lärmende Klasse widmete sich gerade dem Geschichtsstoff von Makerere. Thema: »Die Rivalität zwischen Venedig und Genua im sechzehnten Jahrhundert«. Professor Huxleys *African View* gab den Ausschlag dafür, daß im Seminar von Tabora Latein unterrichtet wird. Das Geschichtsbuch von Makerere scheint mir ein hervorragendes Beispiel phantasielosen Unterrichts zu sein. Suaheli, der lokale Dialekt und jenes umgangssprachliche Englisch, das der Afrikaner in den säkularen Schulen lernt, sind keine Instrumente, die er mit Präzision einsetzen kann, wenn er sich für die komplexeren Aspekte seiner Existenz zu interessieren beginnt. Das Lateinische nützt ihm da schon mehr. Aber welche Bedeutung haben die Einzelheiten der europäischen Geschichte für einen Menschen, der sein Land höchstwahrscheinlich nie verlassen wird und in seinem Leben nicht mehr als eine Handvoll Europäer gesehen hat?

Am Sonntag nachmittag verließ ich Kampala. Die *Rusinga*, mit der ich den See hinunterfuhr, war ein bequemes kleines Schiff, dessen vier schneidige Offiziere morgens weiß-goldene und abends blau-goldene Uniform trugen. Die Fahrt war unspektakulär. In Entebbe gerieten wir in eine Fliegenplage. Ein indischer Büroangestellter in neuen

Stiefeln marschierte die ganze Nacht auf dem Deck herum, so daß ich nicht schlafen konnte. Am Dienstag legten wir in Bukoba an und nahmen weitere Passagiere an Bord; zum erstenmal hatten wir grauen Himmel, eine angenehme Erfahrung nach dem unablässigen gleißenden Licht der vorangegangenen Monate. Nun war Regenzeit. Bukoba war vor dem Krieg von den Deutschen gebaut worden. Die Stadt hat mehr Charakter als die meisten anderen Stationen am Seeufer, mit akaziengesäumten breiten Straßen und soliden kleinen Häusern mit stabilen Vorbauten. Am Mittwoch ging ich in Mwanza von Bord und verbrachte dort anderthalb Tage in einem schmuddeligen Hotel, das einem Griechen gehörte. Mwanza ist eine öde Kleinstadt, in der hauptsächlich Inder wohnen. Ich mußte mir das Zimmer mit einem Kaplan der C.M.S. teilen. Die Mahlzeiten nahm ich mit ihm und einem älteren Mann aus Manchester ein, einem hartgesottenen Burschen, der in der Baumwollbranche tätig war. Zumindest bis Donnerstag vormittag. Er war aus dem Süden angereist, um mit dem hiesigen Manager zu sprechen. Als er von der Besprechung zurückkehrte, fragte ich scherzhaft: »Na, hat er Sie rausgeworfen?«

»Ja«, antwortete er. »Stimmt genau. Aber woher zum Teufel wissen Sie das?«

Eine unschöne Episode.

Später beim Mittagessen betrank er sich und erzählte ein paar unschickliche Schimpansengeschichten. Der Missionar stand sofort auf, um in seinem Zimmer Briefe zu schreiben. Am Abend bestiegen wir den Zug nach Tabora, wo wir am nächsten Mittag ankamen. Ich reiste zusammen mit dem Missionar, einem kultivierten und höflichen Mann. Wir diskutierten über das Sprachenproblem. Zu dieser Zeit fand gerade eine Konferenz statt, auf der beschlossen worden war, in Kenia, Uganda und Tanganjika Kisuaheli als Pflichtsprache einzuführen. Im großen und ganzen scheint die Öffentlichkeit diese Maßnahme zu billigen, wenn auch zunächt wenig dafür spricht, außer vielleicht die Überlegung, daß alle Staatsbediensteten die Sprache unter einigem Aufwand gelernt haben und nun nicht wollen, daß ihre Mühe umsonst war. Eine Lingua franca ist gewiß wünschenswert. Für jeden besseren Job reichen die lokalen Dialekte nicht aus. So gibt es in Kikuyu kein Wort für »Jungfrau« und die entsprechende Phase in der Entwicklung der Frau. Dies stellt, wie man sich denken kann, Missionare vor beträchtliche Schwierigkeiten. Mein Reisegefährte argumentierte, daß Afrikaner eine afrikanische Sprache sprechen sollten. Dies schien mir allzu doktrinär. Das gleiche Argument brachte – aus anderen Gründen – der Redakteur einer Lokalzeitung vor, der mir gegenüber die Ansicht vertrat, daß es die Überlegenheit der Engländer stärke, wenn Englisch diskret im Hintergrund bleibe.

Wir sprachen auch über das Ritual der weiblichen Beschneidung, eines der Schlachtfelder zwischen Missionaren und Anthropologen. Der Missionar erzählte mir von einem interessanten Experiment, das in seinem Distrikt durchgeführt wurde. »Wir haben festgestellt, daß es unmöglich ist, diese Praxis aus der Welt zu schaffen«, sagte er. »Aber wir sorgen dafür, daß sie unter besseren Bedingungen stattfindet. Die Operation wird nun von meiner Frau in der zuträglichen Atmosphäre des Gemeindehauses vorgenommen.«

Daß man bei jedem Umsteigen ein, zwei Nächte aufgehalten wird, könnte auf ein Arrangement mit den Hotelbesitzern zurückzuführen sein. Mein Anschlußzug nach Kigoma ging jedenfalls erst am Sonntag abend. Das Hotel in Tabora ist selbst für afrikanische Verhältnisse bemerkenswert trostlos. Es ist sehr groß und alt. In den zukunftsfrohen Tagen des deutschen Imperialismus wurde es gebaut, um einer bedeutenden Garnison Gelegenheit zu Unterhaltung zu bieten. Heute, unter einem trägen Griechen, verfällt es zusehends. Man tritt von der Terrasse in einen großen, zweiteiligen Ballsaal, von dem ein Speisesaal und eine Bar abgehen. Auf einem Podium am hinteren Ende stehen Notenpulte und eine zerbrochene Trommel. In der Mitte steht ein altersschwacher Billardtisch. Die Gästezimmer liegen in einem Seitenflügel. Sie gehen auf einen kühlen Arkadengang hinaus und sind jeweils mit Balkon und Badezimmer versehen. Die Farbe der Badewanne ist längst abgeblättert, der Hahn ließ sich weder zu- noch aufdrehen, er tropfte einfach geräuschvoll, Tag und Nacht. Der Balkon diente als Abstellplatz für kaputte Stühle. Zwei zerbrochene Fensterscheiben waren mit Stoffetzen ausgestopft. Der einzige andere Gast war ein Zigarettenvertreter. Wir spielten den ganzen Nachmittag Poker um Shillinge. Am Ende des Tages waren wir quitt.

Die Stadt ist nicht uninteressant. Sie spiegelt die verschiedenen Etappen ihrer Entstehung. Schöne Mangohaine erinnern an die Tage der arabischen Herrschaft, als dies der Hauptumschlagplatz für Sklaven und Elfenbein auf der Karawanenroute zur Küste war. Akazienbäume, ein Fort und dieses triste Hotel sind Überbleibsel aus der Zeit Deutsch-Ostafrikas. Der Ort war eine Weile deutsche Garnison, Lettow-Vorbeck ließ hier eigene Goldmünzen prägen – den bei Sammlern so begehrten Tabora-Sovereign. Englands Hauptbeitrag besteht in einer großen Internatsschule für die Söhne der Stammesführer. Diese mit viel Geld errichtete Institution, ein Vorzeigeprojekt für den Völkerbund, der uns das Mandat übertragen hat, ist ein großer Witz. Bischof Michaud, der mich freundlicherweise zu einer kleinen Rundfahrt einlud, begleitete mich dorthin, um mir einen Eindruck zu vermitteln. Das Internat, ein großes zweigeschossiges Zementgebäude, befindet sich an einem der für landwirtschaftliche Versuche (das Hauptunterrichtsfach) ungeeignetsten Orte Ugandas. Anfangs war die Schule ausschließlich für künftige Stammeshäuptlinge gedacht, doch inzwischen werden auch andere vielversprechende Eingeborene aufgenommen. Sie tragen Blazer mit Wappen und kleine Mützen, es gibt Präfekten und Abzeichen; es gibt eine Blaskapelle; die Schüler lernen Landwirtschaft, Schreibmaschine, Englisch, Sport und Korpsgeist. Sie haben Ehrentafeln, auf denen jedes Jahr der Name eines Schülers verzeichnet wird. Da es keine speziellen Auszeichnungen gab, um die sie konkurrieren konnten – Makerere würde nicht einmal den Ehrgeizigsten von ihnen nehmen –, bestimmten die Jungen den Jahrgangsbesten zunächst selbst. Die Wahl war jedoch so undurchsichtig, daß sie bald durch Nominierung ersetzt wurde. Ich wurde eingeladen, an einer *shari* (das lokale Wort für jede Art von Diskussion) teilzunehmen. Bei dieser Schulversammlung in der großen Aula ging es um das Fehlverhalten einiger Schüler. Die Präfekten saßen auf einem Podium, die Jungen hockten auf dem Fußboden. Drei Schüler wurden aufgerufen, zwei hatten geraucht, einer hatte sich geweigert zu pflügen. Zur Strafe gab es Stockhiebe. Die Mitschüler hielten die sich heftig wehrenden Jungen auf dem Boden fest, während der militärische Ausbilder, ein alter Feldwebel der Kenia African Rifles, zwei-, dreimal mit dem Rohrstock zuschlug. Die Strafe war viel milder als in irgendeiner englischen Internatsschule, aber sie löste gellende Schreie und übertriebene Schmerzensgrimassen aus. Dieser Aspekt des englischen Schulsystems ist hier offensichtlich noch nicht ganz assimiliert worden.

Wir fuhren hinaus zu den Resten des arabischen Hauses, in dem Stanley und Livingstone drei Wochen gemeinsam gewohnt hatten. Unterwegs kamen wir an der Residenz eines örtlichen Stammesführers vorbei, dessen Geschichte den Unterschied zwischen englischen und afrikanischen Vorstellungen von Justiz gut veranschaulicht. Einige Monate zuvor war dieser Mann wegen Unterschlagung beträchtlicher öffentlicher Gelder verhaftet worden. An seiner Schuld hatte niemand den geringsten Zweifel. Er wurde an die Küste hinuntergeschickt, damit ihm dort der Prozeß gemacht werden konnte, aufgrund eines Formfehlers aber freigesprochen. Für den Europäer war dies ein hervorragendes Beispiel für britische Unbestechlichkeit. Jedermann, ob schwarz oder weiß, schuldig oder unschuldig, erhielt einen fairen Prozeß auf der Grundlage konkreter Beweise. Für die Eingeborenen gab es nur eine Erklärung: Der Mann hatte die Richter bestochen oder eingeschüchtert. Unter der deutschen Verwaltung war die Rechtsprechung oft hart, aber die Strafe wurde von den Beamten an Ort und Stelle nach eigenem Ermessen verhängt und das Urteil unmittelbar vollstreckt, in einer Weise, die den Eingeborenen verständlich war. Die englische Justiz, rücksichtsvoller und verwickelter, mit dem Recht auf Revision und dem entsprechenden Aufschub, wirkt auf Afrikaner eher verwirrend und wenig überzeugend.

An diesem Abend traf im Hotel ein kleiner österreichischer Sisalfarmer ein, der für die britische Verwaltung nur Spott übrig hatte. Er war gerade, wie das viele Deutsche und Österreicher inzwischen tun, auf seine Farm zurückgekehrt, die er bis vor dem Krieg bewirtschaftet hatte. Er war überzeugt, daß das Land nach weiteren Jahren britischen Mißmanagements bald wieder an Deutschland zurückfallen werde. »Vor dem Krieg«, sagte er, »mußten die Eingeborenen die Europäer grüßen, oder es passierte was. Heute, mit diesem ganzen Bildungswesen ...« Er war so langweilig wie ein englischer Reserveoffizier in einer englischen Farce.

Am Samstag abend ging ich mit dem Zigarettenvertreter in ein indisches Kino. Dort lief ein alter Film mit Charlie Chaplin, lange vor dessen Aufstieg zu Ruhm und Ehre entstanden, aber mit all den Slapstickszenen, die inzwischen weltberühmt sind. Es gab sogar ein unglückliches Ende – er verzichtet zugunsten des gutaussehenden Schurken auf seine Liebe. Eine Szene war offensichtlich die Urversion jener wunderbaren Szene, in der er den alten Stiefel verspeist: Chaplin sitzt unter einem Baum, packt seinen Imbiß aus, der ihm von einem Landstreicher aber gestohlen wird. Chaplin zuckt mit den Schultern, rupft eine Handvoll Gras, streut Pfeffer und Salz darüber und verzehrt das Ganze mit Genuß. Dann füllt er eine Konservendose mit Wasser, taucht die Fingerspitzen hinein, als wäre es eine Wasserschale, und trocknet sich die Finger mit einem Lumpen ab – alles mit verhaltener Arroganz gespielt.

Es folgte ein indischer Film – ein Kostümschinken nach einem traditionellen Märchen. Ein freundlicher Inder neben uns erklärte hin und wieder die Handlung. »Das ist ein schlechter Mensch«, »Das ist ein Elefant« usw. Als er erklären wollte, daß der Hauptdarsteller sich in die weibliche Hauptfigur verliebt habe – was angesichts ihrer übertrieben leidenschaftlichen Gesten eindeutig war –, sagte er: »Er will mit ihr ins Gebüsch.«

Die Kirche in Tabora war sehr schön. Eine große strohgedeckte Scheune mit niedrigen gekalkten Wänden und rohen Holzpfeilern, gestrichen in dem erdfarbenen Ton des Landes. Am nächsten Tag war die Kirche randvoll, die Eingeborenen sangen während der Messe mit ungeheurer Hingabe. Am Nachmittag unternahm ich noch eine zweite Tour mit dem Bischof, und am späten Abend bestieg ich den Zug nach Kigoma.

Zweiter Alptraum

Am Morgen des 2. Februar traf ich in Kigoma ein, einer Ansammlung wahllos hingestreuter Bungalows. Von den anderen Stationen am See, durch die ich bislang gekommen war, unterscheidet sich dieser Ort nur in der Größe und Unordnung von Hafen und Frachtschuppen. Die Dampfer gehören der belgischen Chemin de Fer des Grands Lacs; überall Bekanntmachungen auf französisch und flämisch; belgische Grenzpolizei, belgisches Vizekonsulat, belgischer Zoll; ein großes halbfertiges Gebäude der Kongo-Handelsgesellschaft. Doch der Eindruck, daß ich britisches Gebiet bereits verlassen hatte, verflog fast sofort, als ich zwei Tanganjika-Polizisten sah, die mit dem Billettkontrolleur an der Bahnhofstür standen und die heraustretenden eingeborenen Reisenden zwangsweise impften.

Inzwischen war es Mittag geworden, und die Hitze war unerträglich. Ich wollte mein Gepäck an Bord bringen, mußte es aber in der Zollbaracke lassen, bis der Beamte von seiner Mittagspause zurückkehrte. Eine Gruppe Eingeborener hockte auf der Straße, Wilde mit zurechtgefeilten Zähnen und langem Haar, pechschwarz, mit breiten Schultern und spindeldürren Beinen, bekleidet mit Lumpen und Fellfetzen. In einem Lieferwagen, bepackt mit Kisten, Säcken und Nonnen, die an Bord verladen werden sollten, fuhr ein weißer Pater von eindrucksvoller Statur vor; über seiner mächtigen Brust lag ein buschiger roter Bart, seine Zigarre ließ dichte, beißende Rauchwolken aufsteigen.

An der Hauptstraße lag ein kleines griechisches Restaurant, in dem ich zu Mittag aß. Anschließend setzte ich mich auf die Terrasse, um auf die Rückkehr des Zollbeamten zu warten. Ein unablässiger Strom von Eingeborenen zog an mir vorbei – die meisten kamen aus dem Landesinnern und waren so unzivilisiert, wie ich seit den Somalis niemanden mehr gesehen hatte. Ein paar von ihnen, in Hemd, Hose und Hut, standen offenbar in europäischen Diensten. Einer kam auf einem Fahrrad entlang und fiel genau vor dem Restaurant hin. Mit betretener Miene stand er wieder auf, doch als die Passanten über ihn lachten, lachte er ebenfalls und zog weiter, sehr zufrieden mit sich, als hätte er einen guten Witz erzählt.

Gegen drei Uhr war mein Gepäck abgefertigt. Nach erneutem längerem Warten kaufte ich mir ein Ticket, und schließlich kontrollierten britische und belgische Beamte meinen Paß. Dann konnte ich an Bord der *Duc de Brabant* gehen. Das Schiff war ein schäbiger, mit Holzfeuerung betriebener Dampfer, dessen Passagieren im hinteren Teil ein muffiger kleiner Salon, zwei, drei Kajüten unter Deck und eine verriegelte Toilette zur Verfügung standen. Das kleine Deck wurde fast vollständig vom Quartier des Kapitäns eingenommen – einem bungalowartigen Aufbau, ausgestattet mit einem breiten Messingbett, Moskitovorhängen, mehreren Tischen und Stühlen, Kissen, gerahmten Photographien, Spiegeln, Uhren, Zierat aus Porzellan und Metall, verschmutzter Cretonne, zerrissenem Musselin, schäbigen kleine Seidenschleifen und -bändern, vertrockneten Topfpflanzen, Nadelkissen, billigem und unseemännischem Schnickschnack jeglicher Art. Offensichtlich war eine Frau an Bord. Ich fand sie strickend im

Schatten des Deckhauses und erkundigte mich bei ihr nach Kabinen. Sie sagte, daß ihr Mann schlafe und vor fünf nicht gestört werden dürfe. Lautes Schnarchen und Grunzen hinter den Moskitovorhängen unterstrich ihre Aussage. Im Salon schliefen drei Leute. Ich ging wieder an Land und erkundigte mich in der Kongo-Agentur nach meinem Flugzeug nach Léopoldville. Man war höflich, konnte mir aber nicht weiterhelfen. Ich müsse in Albertville fragen.

Kurz nach fünf erschien der Kapitän. Niemand wäre bei seinem Anblick auf die Idee gekommen, ihn mit einem Schiff in Verbindung zu bringen. Der Mann war sehr dick, sehr ungepflegt, unrasiert, struppiger Schnurrbart, gerötetes Gesicht, wäßrige Augen, die obersten Knöpfe seiner schmuddeligen Uniform geöffnet, Plattfüße. Eher hätte er als Kneipenbesitzer durchgehen können. Inzwischen hatte sich ein Dutzend Passagiere eingefunden – wir sollten um sechs ablegen –, und der Kapitän schlurfte herum und kontrollierte Billetts und Pässe. Jeder wollte eine Kajüte haben. Er werde sich darum kümmern, sobald wir abgelegt hätten, sagte er. Als er zu mir kam, sagte er: »Wo ist Ihr ärztliches Attest?«

Ich erwiderte, daß ich keines besaß.

»Es ist verboten, ohne ärztliches Attest zu reisen.«

Ich erklärte, daß ich ein Visum besäße, ein Ticket erworben hätte und mein Paß von britischen und belgischen Beamten kontrolliert worden sei, aber niemand habe etwas von einem ärztlichen Attest gesagt.

»Ich bedaure, Sie dürfen nicht mitfahren. Sie müssen sich erst ein Attest besorgen.«

»Was für ein Attest denn? Was soll darauf stehen?«

»Das ist mir egal. Sie müssen einen Arzt suchen, der unterschreibt. Sonst können Sie nicht reisen.«

Das war eine dreiviertel Stunde vor der planmäßigen Abfahrtszeit. Ich lief rasch an Land und erkundigte mich, wo ich einen Arzt finden könne. Man schickte mich zu einem Krankenhaus, das in einiger Entfernung oberhalb der Stadt lag. Natürlich gab es keine Taxis. Ich ging also eilig zu Fuß los. Hin und wieder ertönte die Schiffssirene, woraufhin ich die nächsten Meter etwas schneller ging. Schließlich erreichte ich schweißgebadet das Hospital, das sich als Clubhaus entpuppte. Das Krankenhaus lag auf der anderen Seite der Stadt, etwa drei Kilometer entfernt. Wieder pfiff die *Duc de Brabant*. Ich sah sie schon mitsamt meinem Gepäck, Geld und den Empfehlungsschreiben ablegen. Ich erklärte einem eingeborenen Diener mein Problem; er verstand offensichtlich nicht, was ich wollte, schnappte aber das Wort Doktor auf. Vermutlich glaubte er, ich sei krank. Jedenfalls gab er mir einen Boy mit, der mich zum Doktor bringen sollte. Wieder hastete ich, zum großen Mißvergnügen meines Führers, eilig los und erreichte schließlich einen Bungalow, in dessen Garten eine Engländerin mit Nähzeug und Buch saß. Nein, ihr Mann sei nicht zu Hause. Sei es dringend?

Ich erklärte ihr meine Lage. Vermutlich, sagte sie, würde ich ihn unten am See finden. Vielleicht sei er bei seinem Motorboot, es könne aber auch sein, daß er Tennis spiele oder mit dem Auto nach Ujiji gefahren sei. Am besten sollte ich es zuerst unten am See probieren.

Also den Berg wieder hinunter, diesmal querfeldein über einen Golfplatz und ein Feld voller Gestrüpp. Und tatsächlich, an einem Landungssteg, drei-, vierhundert Meter von der *Duc de Brabant* entfernt, entdeckte ich zwei Engländer, die an einem Motorboot herumwerkelten. Einer von ihnen war der Doktor. Ich rief ihm zu, was ich wollte. Er suchte eine Weile nach einem Stück Papier, bis ihm sein Bekannter am Ende einen alten Briefumschlag gab. Er setzte sich hin und schrieb: *Ich habe Mr.* – Wie heißen Sie? – *Waugh untersucht. Er ist frei von ansteck-en-*

den Krankheiten einschließlich omnis Tb und Trypanosomiasis. Er ist geimpft. Fünf Shilling bitte!«

Ich reichte das Geld hinunter, er reichte das Attest herauf. Geschafft.

Es war zehn nach sechs, als ich die *Duc de Brabant* erreichte, das Schiff war noch immer da. Dankbaren Herzens keuchte ich die Gangway hoch und präsentierte mein Attest. Nachdem ich ein wenig verschnauft hatte, erklärte ich einem mitfühlenden Griechen, daß ich das Schiff um Haaresbreite verpaßt hätte. Doch meine Eile war ganz unnötig gewesen. Erst kurz nach Mitternacht legten wir ab.

Das Schiff war jetzt sehr voll. Auf dem Deck waren vier oder fünf belgische Beamte mit ihren Frauen, zwei Bergbauingenieure und mehrere griechische Kaufleute. An Bord war auch ein dicklicher junger Mann mit blassem Gesicht und weicher amerikanischer Stimme. Er trug einen sauberen dunklen Anzug mit weißem Hemd und Fliege, wie ich das seit einem Monat an niemandem mehr gesehen hatte. Er hatte eine Menge Gepäck dabei, einschließlich Schreibmaschine und Fahrrad. Ich lud ihn zu einem Drink ein, doch er sagte: »Nein, nein, danke« – drei kurze Wörter, in deren Tonfall zuerst Überraschung, dann Kummer, dann Tadel und schließlich Verzeihen lag. Später erfuhr ich, daß er ein Adventist war und nach Bulawayo fuhr, um die Geschäftsbücher der dortigen Mission zu prüfen.

Auf dem mittleren und vorderen Deck lag ein Berg von Postsäcken und Fracht, dazwischen ein Durcheinander von Tieren und Eingeborenen. Ich sah Ziegen und Kälber und Hühner, nackte Negerkinder, eingeborene Soldaten, Frauen, die ihren Babys die Brust gaben oder sie auf dem Rücken trugen, junge Mädchen, die sich das Haar zu Zöpfchen geflochten hatten, so daß ihre Kopfhaut in symmetrische Flächen aufgeteilt war, Mädchen mit rasiertem

Schädel und solche, deren Haar mit einer roten Lehmkruste überzogen war, alte Negerinnen mit Bananenbündeln, herausgeputzte Frauen mit gelben und roten Baumwolltüchern und Messingarmreifen, Arbeiter in kurzen Hosen, Unterhemden und zerbeulten Tropenhelmen. In zahllosen Töpfen wurden Bananen gekocht. Lautes Singen und Lachen.

Im Salon wurden die Tische für das Abendessen gedeckt. Wir saßen dicht gedrängt auf Bänken. Drei, vier Kleinkinder wurden am Tisch gefüttert. Zwei schmuddelige Stewards kochten und servierten ein miserables Essen. Der Kapitän sammelte das Geld ein. Dann ließ er eine Liste mit den Namen derjenigen herumgehen, denen er eine Kabine zugeteilt hatte. Ich war nicht darunter, ebensowenig der amerikanische Missionar oder einer der Griechen. Etwa ein Dutzend Passagiere hatte keine Unterkunft. Sechs clevere Männer streckten sich unmittelbar nach dem Essen auf den Bänken aus und sicherten sich auf diese Weise einen Platz für die Nacht. Wir anderen saßen an Deck auf unserem Gepäck. Es gab weder Liegestühle noch Sitzplätze. Zum Glück war es eine schöne Nacht, warm, wolkenlos, windstill. Ich legte einen Mantel auf die Planken, schob eine Segeltuchtasche als Kopfkissen darunter und machte es mir zum Schlafen bequem. Der Missionar fand zwei Holzstühle und saß, in eine Decke gewickelt, mit steifem Rücken da, die Beine hochgelegt, ein Buch mit biblischen Geschichten auf den Knien. Als Dampf aufgemacht wurde, stieg ein Funkenregen aus dem Schornstein, und kurz nach Mitternacht legten wir ab. Vom Bug her kam leiser Gesang. Bald darauf war ich eingeschlafen.

Eine Stunde später wachte ich plötzlich auf und stellte fest, daß ich fror. Ich stand auf, um meinen Mantel anzuziehen, und wurde sofort gegen die Reling geworfen. Im selben Moment sah ich, wie die beiden Stühle des Missionars umkippten und er selbst zu Boden fiel. Ein großer Haufen Handgepäck flog zur Seite. In der Kapitänskajüte war das Geklirr von zerbrechendem Porzellan zu hören. Gleichzeitig setzte ein wolkenbruchartiger Regen ein, und ein gewaltiger Wind kam auf. Gleich darauf dann ein greller Blitz, gefolgt von ohrenbetäubendem Donner. Vom Unterdeck drangen aufgeregte Stimmen herauf und Proteste erschrockener Tiere. In der halben Minute, die wir brauchten, um unser Gepäck einzusammeln und in den Salon zu flüchten, waren wir völlig durchnäßt. Dort war es aber kaum besser, denn es zeigte sich, daß die Fensterscheiben nicht aus Glas, sondern aus dünnem Drahtgewebe waren. Der Wind fuhr hindurch, Wasser schwappte herein und ergoß sich von einer Seite zur anderen. Weibliche Passagiere kamen kreischend, bleich und elend aus ihren Kabinen. Der Salon war bald unerträglich voll. Wir saßen, wie schon beim Essen, dicht gedrängt um die beiden Tische. Der Wind war so stark, daß man die Tür nicht mit einer Hand öffnen konnte. Diejenigen, denen schlecht wurde – der amerikanische Missionar gehörte zu den ersten –, mußten auf ihrem Platz sitzen bleiben. Der Wind heulte so laut, daß jede Unterhaltung unmöglich war. Wir hielten uns einfach fest, wurden hochgeschleudert und prallten gegeneinander; manchmal schlief jemand ein, wachte aber sofort wieder auf, weil er mit dem Kopf heftig gegen den Tisch oder die Wand stieß. Es bedurfte ständiger körperlicher Anstrengung, um sich nicht zu verletzen. Ständig erbrach sich jemand. Wimmernde Frauen flehten ihre Männer um Beistand an. Die Kinder brüllten. Wir alle waren pitschnaß und froren. Doch schließlich legte sich der Schrecken und ging in stille Verzweiflung über. Dumpf und reglos starrten alle vor sich hin oder stützten den Kopf in die Hände, bis kurz vor Morgengrauen der Wind nachließ und der Regen nicht mehr hereinprasselte. Daraufhin schliefen einige Passagiere ein, andere wankten in ihre Kabinen zurück. Ich ging hinaus auf Deck. Es war noch immer sehr kalt, das kleine Schiff tanzte und schaukelte hoffnungslos auf den hohen Wellen, doch der Sturm war offensichtlich vorbei. Bald brach über dem See eine grünsilbrige Dämmerung an, um uns herum war Dunst, und die hellroten Funken, die aus dem Schornstein flogen, waren gegen den hellen Himmel kaum zu sehen. Die beiden Stewards tauchten zähneklappernd auf und versuchten, den Salon wieder herzurichten, zogen triefende Matten heraus und wischten den überschwemmten Fußboden auf. Die kauernden Gruppen auf dem Unterdeck lösten sich auf, und ein paar Hähne krähten. Irgendwo wurde mit Frühstückstassen geklappert, und es roch angenehm nach Kaffee.

Es regnete wieder, bevor wir den Hafen erreichten und an einem halbfertig zementierten Pier anlegten, auf dem völlig durchnäßte, aneinandergekettete Sträflinge arbeiteten. Albertville war im Dunst fast verschwunden. Vor dem dunkleren Hintergrund zeichneten sich die Konturen weißer Gebäude ab. Zwei rivalisierende Hotelbesitzer, der eine Belgier, der andere Grieche, standen unter Regenschirmen und warben um Kundschaft. Beamte kamen an Bord. Wir zeigten der Reihe nach unsere Papiere vor. Die unvermeidlichen Fragen: Warum ich in den Kongo reise, wieviel Geld ich dabeihabe, wie lange ich bleiben will, wo mein Gesundheitsattest ist. Das unvermeidliche Formular, das diesmal in doppelter Ausfertigung ausgefüllt werden muß: Geburtstag und Geburtsort des Vaters? Mädchenname der Mutter? Mädchenname der geschiedenen Ehefrau? Ständiger Wohnsitz? Inzwischen hatte ich gelernt, die Ungewißheit meiner Pläne für mich zu behalten. Ich sagte, daß ich direkt nach Matadi fahren wolle, und erhielt einen Einreisesichtvermerk, den ich bei der Ausreise vorzeigen müsse. Es dauerte zwei Stunden, bis wir an Land gehen durften.

Urplötzlich hörte der Regen auf, und die Sonne kam heraus. Überall dampfte es.

Ich blieb zwei Nächte in Albertville. Die Stadt besteht aus einer Straße mit Büros, Geschäften und Bungalows. Es gibt zwei Hotels für Reisende von und nach Tanganjika; keine Kinos oder andere Vergnügungsstätten. In den Geschäften wird man von weißen Verkäufern und am Bahnhof von weißen Angestellten bedient. In der Stadt leben keine Eingeborenen, bis auf eine Handvoll Hafenarbeiter und Hausbedienstete. Das Essen im Hotel ist ganz ordentlich, besser als alles, was ich seit Wochen bekommen habe. Der belgische Besitzer ist liebenswürdig und ehrlich. Ich erkundige mich nach einer Flugverbindung. Niemand weiß etwas. Eines ist sicher, eine Flugverbindung nach Albertville hat es nie gegeben. Früher soll es eine Verbindung nach Kabalo gegeben haben, vielleicht gibt es sie immer noch. Jedenfalls geht übermorgen ein Zug nach Kabalo. Es gibt nur die beiden Möglichkeiten: entweder mit der Bahn nach Kabalo oder mit dem Schiff zurück nach Kigoma. Es gibt keine anderen Verbindungen irgendwohin. Mit einer Ahnung von den Beschwerlichkeiten, die mir bevorstehen, kaufe ich eine Fahrkarte nach Kabalo.

Der Zug fuhr um sieben Uhr morgens ab und brauchte, inklusive Mittagspause, knapp elf Stunden für die Strecke. Das Gleis war sehr holperig, mitunter wurde man so durchgeschüttelt, daß man kaum lesen konnte. Ich fuhr erster Klasse, um dem amerikanischen Missionar aus dem Weg zu gehen, und hatte den Waggon für mich allein. Den halben Tag regnete es. Die Landschaft war zunächst ganz reizvoll. Wir stampften und schlingerten durch ein waldiges

Tal, im fernen Hintergrund Berge, später einen Fluß entlang, immer wieder unterbrochen von üppigen Sumpfgebieten. Doch gegen Mittag erreichten wir langweiliges und trostloses Buschland. Keine Tiere waren zu sehen, nur gelegentlich Wolken weißer Schmetterlinge. Am Nachmittag ging die Fahrt meilenweit durch hohes Gras, das beiderseits der eingleisigen Strecke wuchs und völlig die Sicht versperrte, aber gnädig vor der Sonne schützte. Der Erster-Klasse-Waggon verfügte über ein Duschabteil, an heißen Tagen ein unschätzbarer Komfort, den man der Compagnie P.L.M. sofort empfehlen möchte. Es war phantastisch, in einem Zug, der in Zentralafrika auf einer eingleisigen Strecke dahinrumpelte, Annehmlichkeiten zu entdecken, die man im *Train Bleu* vergeblich sucht. Fairerweise sollte ich vielleicht erwähnen, daß die Dusche nicht funktionierte – offenbar schon seit einiger Zeit. Doch die Hoffnung auf einen Eisenbahnwagen mit vernünftiger Wasserversorgung hatte ich schon längst aufgegeben. Für Waggonbauer auf der ganzen Welt scheint festzustehen, daß der wahre Maßstab von Luxus die Anzahl überflüssiger Lichtschalter und verschiedenfarbiger Glühbirnen ist.

Kurz vor Sonnenuntergang erreichten wir Kabalo, einen Ort, der wenig einladend aussah. Es gab keinen Bahnsteig; ein Berg Brennholz und das abrupt endende Gleis markierten den Bahnhof, rechts und links verliefen sich Nebengleise, auf einem standen mehrere schäbige, offenbar ausrangierte Güterwaggons. Zwei, drei Frachtschuppen aus Wellblech und eine schmutzige kleine Kantine, sonst keinerlei Hinweis auf eine menschliche Behausung. Vor uns lag der Obere Kongo, der in diesem Abschnitt, verglichen mit anderen großen Flüssen der Welt, nicht sonderlich schön oder interessant ist: ein breiter, von sumpfigen Ufern gesäumter Strom, angeschwollen und braun, denn es war Regenzeit. Am Ufer lagen ein paar flache Kähne und ein rostiger Schaufelraddampfer, der weniger wie ein Schiff, eher wie ein Hausboot auf der Themse aussah. Eine Partie des Ufers gegenüber der Bahnlinie war mit Zement verstärkt worden; überall üppige Sümpfe. Gnädigerweise brach bald die Nacht herein und verbarg diesen scheußlichen Ort.

Ich bat einen Boy, sich auf mein Gepäck zu setzen, und ging in die Kantine. Dort sah ich durch einen Moskitonebel ein auffälliges Plakat, das auf die Flugverbindung Kabalo–Matadi hinwies. Zwei, drei Bahnangestellte hockten auf kleinen Stühlen und tranken lauwarmes Bier. Eine mürrische, ungepflegte Frau in Pantoffeln schlurfte mit einem Tablett schmutziger Gläser umher. Auf meine Frage verwies sie mich an den Besitzer, einen apathischen Fettkloß, der in dem einzigen Sessel saß und sich Luft zufächerte. Ich fragte ihn, wann das nächste Flugzeug in Richtung Küste gehe. Da verstummten alle und starrten mich an. Der Besitzer lachte. Wann das *nächste* gehe, wisse er nicht, das *letzte* sei vor etwa zehn Monaten abgeflogen. Es gebe nur drei Möglichkeiten, aus Kabalo wegzukommen – entweder mit dem Zug zurück nach Albertville oder mit dem Dampfer flußabwärts beziehungsweise flußaufwärts. Die *Prince Léopold* würde an diesem Abend nach Bukama ablegen. Ein, zwei Tage später sollte ein Dampfer flußabwärts fahren, wenn ich den nähme, könnte ich, klug zwischen Schiff und Bahn wechselnd, in weniger als vier Wochen in Matadi sein.

In diesem Moment kam mir einer der Bahnangestellten zu Hilfe. Von Bukama gebe es eine Zugverbindung nach Port Francqui. Wenn ich ein Telegramm schickte, und wenn dieses Telegramm überhaupt sein Ziel erreichte, ließe sich vermutlich arrangieren, daß ich von der Maschine Elisabethville–Matadi dort aufgelesen werde. Ansonsten gebe es von Bukama eine Verbindung zur neueröffneten Benguela-Eisenbahn, mit der ich nach Lobito an der Küste von Portugiesisch-Westafrika gelangen würde. In jedem Fall wäre es ratsam, nach Bukama zu fahren. Kabalo, meinte er, sei ein ödes Nest.

Zwei Stunden später war noch immer nichts von der *Prince Léopold* zu sehen. Wir aßen eine grauenhafte (und sehr teure) Mahlzeit in der Kantine. Der Adventist kam herein. Er hatte draußen im Dunkeln gesessen, um die Biertrinkerei nicht sehen und riechen zu müssen. Er wollte ebenfalls mit der *Prince Léopold* weiterreisen. Nach weiteren zwei Stunden traf das Schiff ein. Wir gingen an Bord und fuhren am frühen Morgen los.

Die Reise dauerte vier Tage. Es war nicht unangenehm. Die Hälfte der Zeit regnete es heftig, und die Temperatur war meist erträglich. Ich hatte eine Kabine für mich allein. Die Langeweile bekämpfte ich, nicht ohne Erfolg, indem ich pausenlos schrieb. Tatsächlich entstanden hier die ersten zwei Kapitel dieses Buchs.

Die *Prince Léopold* war ein mächtiger Schaufelraddampfer, doppelt so groß wie die *Rusinga*, aber mit nur halb soviel Besatzung. Der Kapitän und ein griechischer Steward schienen die ganze Arbeit zu machen – der erste jung und neurotisch, der andere schon etwas älter und gleichmütig, beide äußerst schmuddelig – ein großer Kontrast zu all den feschen Junggesellen vom Viktoriasee mit ihren weißen Kragen und dem ständigen Uniformwechsel. Die Kapitänsunterkunft befand sich in der obersten Etage (man konnte das Schiff nur als schwimmendes Haus und nicht als Dampfer betrachten); sein Deck war mit Farnen und Palmen eingerahmt. Darunter lag das Deck für die europäischen Passagiere, zwei Reihen winziger Kajüten, eine Aussichtsplattform und ein Badezimmer; die unterste Etage war für Fracht und eingeborene

Reisende vorgesehen. Zwei-, dreimal täglich hielten wir an trostlosen Orten, wo uns eine Schar Eingeborener und ein kränklich aussehender belgischer Agent begrüßten. Manchmal war dort ein Dorf, meist aber nur ein Schuppen oder ein Stapel Nutzholz. Wir brachten Post, luden Fracht, und gelegentlich stiegen Passagiere zu oder aus, durchweg Griechen oder Belgier, entweder Händler oder Verwaltungsbeamte. Abgesehen von dem unvermeidlichen Händeschütteln am Morgen gab es wenig Kontakt. Der Adventist fühlte sich etwas unwohl; seine Beschwerden führte er auf den dünnen Tee zurück. Die Landschaft war unglaublich langweilig: links und rechts flache Papyrussümpfe, nur selten unterbrochen von Palmengürteln. Der Kapitän vertrieb sich die Zeit, indem er mit einem kleinen Gewehr auf Antilopen schoß. Manchmal war er überzeugt, daß er getroffen hatte, dann hielt das Schiff an, und alle eingeborenen Passagiere kletterten über Bord und stürmten unter lautem Geschrei und Gejohle das Ufer hinauf. Sie wieder an Bord zu bekommen war nicht ganz leicht. Der Kapitän verfolgte durch ein Fernglas, wie sie durch das hohe Gras hüpften; zuerst interessierte ihn die Suche, und er rief den Leuten Anweisungen zu, dann verlor er die Geduld und rief sie zurück; doch sie genossen den kleinen Ausflug und entfernten sich immer weiter. Wiederholt ließ der Kapitän die Schiffssirene ertönen. Schließlich kehrten sie zurück, fröhlich schwatzend und jedesmal mit leeren Händen.

Am Sonntag (8. Februar) sollten wir in Bukama eintreffen. Der Zug nach Port Francqui fuhr erst am darauffolgenden Dienstag abend ab. Gewöhnlich blieben die Passagiere so lange an Bord, ein Arrangement, das für die Reisenden vergleichsweise komfortabel und für die Schiffahrtsgesellschaft lukrativ war. Mir selbst wurde diese Möglichkeit verwehrt, und zwar nach einer heftigen und unerquicklichen Auseinandersetzung mit dem Kapitän, zu der es ganz unerwartet am letzten Nachmittag der Reise gekommen war.

Ich saß in meiner Kabine, vertieft in die abessinischen Angelegenheiten, als der Kapitän hereinschaute und, mit wildem Blick und wirren Worten, den Fahrschein für mein Motorrad zu sehen wünschte. Ich bin überzeugt, daß er nüchtern war, weniger überzeugt war ich von seiner Zurechnungsfähigkeit. Ich erwiderte, daß ich kein Motorrad hätte. »Was, kein Motorrad?« – »Nein, kein Motorrad.« Er schüttelte den Kopf, schnalzte mit der Zunge und verschwand. Ich schrieb weiter.

Eine halbe Stunde später war er wieder da, diesmal in Begleitung eines Passagiers, der Englisch sprach.

»Der Kapitän läßt Ihnen sagen, daß er die Fahrkarte für Ihr Motorrad sehen möchte.«

»Aber ich habe ihm doch schon erklärt, daß ich kein Motorrad habe.«

»Sie verstehen nicht. Für ein Motorrad braucht man einen Fahrschein.«

»Ich habe kein Motorrad.«

Die beiden gingen wieder hinaus.

Zehn Minuten später war der Kapitän wieder da. »Bitte zeigen Sie mir Ihr Motorrad.«

»Ich habe kein Motorrad.«

»Auf meiner Liste steht, daß Sie eines haben. Bitte zeigen Sie es mir.«

»Ich habe kein Motorrad.«

»Auf meiner Liste steht es aber.«

»Tut mir leid, ich habe kein Motorrad.«

Wieder ging er davon. Wieder kehrte er zurück, nunmehr, wie deutlich zu erkennen war, ziemlich erregt. »Das Motorrad – das Motorrad! Ich muß das Motorrad sehen!«

»Ich habe kein Motorrad.«

Es wäre sinnlos, so zu tun, als hätte ich würdevoll Ruhe bewahrt. Auch ich war erregt und wütend. Schließlich waren wir im Herzen der Tropen, wo man bekanntlich schnell aufbraust.

»Na schön, ich werde Ihr Gepäck durchsuchen. Zeigen Sie es mir.«

»Es ist hier in der Kabine. Zwei Koffer unter der Koje, eine Tasche auf dem Netz dort oben.«

»Zeigen Sie es mir.«

»Sehen Sie doch selbst nach.« Wie gesagt, ein würdeloser Pennälerstreit.

»Ich bin der Kapitän dieses Schiffes. Sie glauben doch nicht etwa, daß ich Ihr Gepäck trage.«

»Ich bin Passagier. Erwarten Sie das von mir?«

Er ging zur Tür und brüllte nach einem Boy. Niemand kam. Mit zitternder Hand vesuchte ich zu schreiben. Er brüllte wieder. Und wieder. Schließlich kam ein verschlafener Boy herbeigeschlendert. »Die Koffer dort unter der Koje, hol sie hervor!«

Ich tat, als schriebe ich. Unmittelbar hinter mir hörte ich den Kapitän schnaufen (die Kabine war winzig).

»Na«, sagte ich, »haben Sie das Motorrad gefunden?«

»Monsieur, das geht Sie nichts an«, sagte der Kapitän.

Er ging hinaus. Ich glaubte, die Sache hätte sich damit erledigt. Eine halbe Stunde später war er wieder da. »Packen Sie Ihre Sachen! Packen Sie auf der Stelle Ihre Sachen!«

»Aber ich bleibe bis Dienstag an Bord.«

»Sie gehen sofort von Bord. Ich bin der Kapitän. Ich lasse nicht zu, daß eine Person wie Sie noch eine Stunde länger an Bord bleibt.«

Und so stand ich dann auf dem Pier von Bukama, mit der Aussicht, zwei Tage auf meinen Zug warten zu müssen. Eine demütigende Situation, verschlimmert durch den

Adventisten, der hinzutrat, um mich seines Mitgefühls zu versichern. »Es hat keinen Sinn, sich zu streiten«, sagte er, »wenn man die Sprache nicht versteht.« Idiot.

Ich dachte schon, Kabalo sei der Tiefpunkt gewesen, aber Bukama übertraf alles. Wenn je ein Ort die Bezeichnung »gottverlassen« im wahrsten Sinne verdient hat, dann dieser. Eine Eisenbrücke über den Fluß führt vom Europäerviertel zu den trostlosen Hütten der eingeborenen Arbeiter, die die Brücke gebaut haben. Am Ufer stehen zwei verfallene Bungalows und das überwucherte Rasthaus der Kolonialverwaltung, das inzwischen von der *Prince Léopold* als Unterkunft ersetzt wurde; offiziell ist es noch immer offen, und dort würde ich absteigen müssen, falls ich beschloß, auf den Zug nach Port Francqui zu warten. Das Haus ist unmöbliert und wahrscheinlich von Spirillen befallen. In einiger Entfernung von der Anlegestelle sind die Baracken, die als Fahrkartenschalter und Frachtbüro der Katanga-Eisenbahn dienen. Eine Straße führt den Berg hinauf, dort gibt es zwei verwaiste Büros, eine griechische Bar und einen Kaufmannsladen. Ganz oben befindet sich der Verwaltungssitz – ein Fahnenmast, der Bungalow des lokalen Residenten und ein kleines Spital, vor dem ein Häufchen deprimierter Patienten mit Verbänden hockte. Eine Abteilung eingeborener Soldaten schlurfte vorbei. Die feuchte Hitze war schlimm, viel schlimmer als alles, was ich auf Sansibar erlebt hatte. Bei Sonnenuntergang tauchten Schwärme geräuschloser Malariamücken auf. Ich saß in der griechischen Bar, der Schweiß tropfte wie Regen von meinem Gesicht auf den Fußboden, der Besitzer sprach nur ein paar Worte Französisch. Mit diesen wenigen Worten riet er mir, Bukama so schnell wie möglich zu verlassen, ehe mich das Fieber erwischte. Er selbst war aschfahl im Gesicht und fröstelte noch von seinem jüngsten Anfall. Am Abend sollte ein Zug nach Elisabethville gehen. Ich beschloß, ihn zu nehmen. Der Adventist, stellte ich fest, würde ebenfalls mitfahren.

Wir mußten lange warten, denn niemand wußte, wann der Zug eintreffen würde. Der Bahnhof war stockdunkel, abgesehen von einem Schalter, hinter dem ein alter rauschebärtiger Mann Fahrkarten verkaufte. Eingeborene hockten in kleinen Gruppen auf dem Boden. Einige hatten Laternen dabei, manche hatten Holzfeuer gemacht und kochten. Von irgendwoher kam ein unaufhörliches Dröhnen – so schwer zu lokalisieren wie das Lied einer Grasmücke –, und ab und zu wurde leise gesungen. Um zehn Uhr fuhr der Zug ein. Im Waggon wimmelte es von Moskitos. Netze gab es nicht, die Fenster klemmten, die Sitze waren hart und schmal. Zwei Griechen aßen die ganze Nacht Apfelsinen. So fuhr ich nach Elisabethville.

Elisabethville spielt in diesem Alptraum eigentlich keine Rolle. Die beiden Tage, die ich dort verbrachte, waren friedlich und ausgesprochen angenehm. Ich kam am frühen Nachmittag an, einen Tag nach der Abreise aus Bukama, und blieb bis Mittwoch abend. Ich wohnte in einem Hotel, das von einem ehemaligen Offizier mit gepflegtem Kavalleriebart geführt wurde. Es gab anständigen Wein, gute Zigarren und sehr gutes Essen. Ich hatte ein großes, kühles Zimmer, in dem ich arbeiten konnte, und ein sauberes Badezimmer. In der Stadt fand ich eine Buchhandlung und ein ausgezeichnetes Kino. Alptraumhaft war nur die Ungewißheit meiner Reisepläne – die im letzten Monat aber so oft umgeworfen worden waren, daß mir nichts mehr als zuverlässig erschien.

Die Flugverbindung stellte sich definitiv und endgültig als nutzlos heraus. Es bestand zwar die vage Aussicht, daß innerhalb der nächsten zwei Wochen eine Maschine an die Küste fliegen würde, sofern sich genügend Passagiere fanden. Da der Preis aber knapp über dem lag, den Imperial Airways für die gesamte Strecke London–Kapstadt verlangte, sagte ich mir, daß die Nachfrage nicht besonders groß sein konnte. Der Betrieb auf der »neu eröffneten« Eisenbahnlinie nach Lobito war wieder eingestellt worden. Die Strecke war nur während der Trockenzeit befahrbar gewesen, als der noch nicht gebaute Abschnitt am belgischen Ende der Linie mit Kraftwagen bedient werden konnte. Ich konnte nach Bukama zurückkehren, via Port Francqui und Léopoldville bis zur Küste fahren und in Boma einen belgischen Dampfer nehmen. Doch der schnellste Weg nach Europa – inzwischen hatte mich eine starke Reisephobie gepackt – war verrückterweise ein Umweg von mehreren hundert Meilen: über Nord- und Südrhodesien und die Südafrikanische Union. In Kapstadt konnte ich einen Expreßdampfer nach Southampton nehmen. Die Reise hatte mein ursprünglich geschätztes Budget schon weit überstiegen, und ich war unangenehm knapp bei Kasse.* Also entschied ich mich für diese Route.

Ich hatte einige Mühe, dem Paßbeamten, ohne dessen Genehmigung ich den Kongo nicht verlassen konnte, überzeugend darzulegen, warum ich von der in meinem Einreisevisum vermerkten Reiseroute so sehr abgewichen war. Doch am Ende schien er meine Probleme zu verstehen und gab mir den Ausreisestempel. In der Zwischenzeit arbeitete ich, ruhte mich aus und genoß den Komfort und die Ruhe von Elisabethville. Wie beruhigend diese gelegentlichen Aussöhnungen mit dem Luxus doch sind! Wie oft habe ich mich in Europa nach allzuviel Wohlleben schon

* Da Finanzen ein wichtiger Teil des Reisens sind, mag der Hinweis interessieren, daß sich die Kosten meiner Reise (von der Abreise im Oktober 1930 bis zur Rückkehr im März 1931) insgesamt auf knapp fünfhundert Pfund beliefen, einschließlich verschiedener Einkäufe von Tropenkleidung, lokalen Kunstwerken usw. sowie aller Verluste bei Karten- und Glücksspiel.

gefragt, ob dieses ganze Streben nach geschmackvollen und kultivierten Dingen nicht ein Blendwerk ist, das uns von Geschäftsleuten und Restaurantbesitzern aufgenötigt wird. Doch nach ein paar Wochen mit sauren Kolonialweinen, harten Betten, braunem Badewasser, ungeschicktem und mürrischem Personal, Zigarren aus dem wilden Borneo oder den frommen Philippinen, überfüllten und verdreckten Unterkünften und Dosennahrung wird einem klar, daß die Annehmlichkeiten Europas nicht bloß Raritäten sind, die wir zu schätzen gelernt haben, weil sie teuer sind, sondern außerordentlich befriedigende Entschädigungen für die Mühsal des Geldverdienens – und ein nicht geringer Trost für einige der Attacken und Illusionen, mit denen die Zivilisation die Glücksbilanz zu korrigieren versucht.

Sechs Tage Zugfahrt, und kaum etwas, um die Monotonie zu vertreiben. In Bulawayo kaufte ich einen Roman mit dem Titel *A Muster of Vultures*, in dem der Bösewicht seinen Opfern mit dem »Saft eines tropischen Kaktus« das Gesicht verätzt. In Mafeking kaufte ich Pfirsiche; einmal legte sich Sprühregen von den Viktoriafällen auf die Fensterscheiben; einmal lag alles unter dem dicken Staub der großen Karoo-Wüste. Einmal stieg ein Trupp wilder Gesellen zu, die eine rhodesische Kupfermine gefeuert hatte; von zweien war bekannt, daß sie weder Fahrkarte noch Paß besaßen, und es kam zu einer wilden Verfolgung durch kurzbehoste Polizisten, die in den Korridoren und unter den Sitzen nach ihnen suchten. Einer der Burschen stahl dem Mulattenboy, der die Betten machte, neun Shilling. Im Speisewagen des Zugs, in den wir in Bulawayo umsteigen mußten, gab es weiße Stewards; nach so vielen Monaten fand ich den Anblick von Weißen, die Weiße bedienten, seltsam und irgendwie unanständig. Als Zahlungsmittel dienten hauptsächlich Drei-Penny-Münzen (die hier »Tickies« heißen) und Gold-Sovereigns sowie von verschiedenen Banken herausgegebene Geldscheine.

Schließlich kamen wir in Kapstadt an, einer gräßlichen Stadt, die mich an Glasgow erinnerte; Straßenbahnen fuhren zwischen mächtigen Bürohäusern, die in viktorianischer Backsteingotik errichtet waren. Ein, zwei anmutige Relikte aus dem achtzehnten Jahrhundert. Auf den Straßen abgerissene Neger und Mischlinge, in den Geschäften elegante Juden.

Ich hatte noch etwa vierzig Pfund in der Tasche. Am selben Nachmittag fuhr ein Schiff. Ich konnte mir aus London Geld telegrafisch überweisen lassen und auf dessen Ankunft warten oder mir ein Dritter-Klasse-Ticket kaufen. Ich beschloß, noch an diesem Tag abzureisen. Ich kaufte mir für zwanzig Pfund ein Bett in einer großen und sauberen Dritter-Klasse-Kabine. Meine beiden Mitpassagiere waren ein sympathischer Mann aus Nord-Devon, der bei der Eisenbahn gearbeitet hatte, und ein junger jüdischer Verkäufer. Die Stewards behandelten uns herablassend, aber gutmütig. Die Verpflegung war wie in einer außerordentlich guten Privatschule – reichhaltiger Lunch, am Spätnachmittag ein Gabelimbiß und später eine leichte Abendmahlzeit. In der dritten Klasse reiste auch ein dicker walisischer Pfarrer, der von seiner Gemeinde verabschiedet wurde. Die Leute standen auf dem Pier und sangen Choräle, die er mit eigenwilligen Armbewegungen dirigierte, bis wir außer Hörweite waren. Hauptsächlich sangen sie einen Choral mit dem Refrain »Ich kehre heim«, aber sie hatten diese trefflichen Worte doch etwas falsch verstanden, denn das eigentliche Thema der Komposition war weniger passend. Es hatte nichts mit der Reise von Kapstadt nach England zu tun, sondern mit dem Tod und der Heimkehr der Seele zu ihrem Schöpfer. Doch niemanden schien diese Ankündigung traurig zu stimmen, und die Pfarrersfrau sang das Lied noch mit großer Inbrunst, als ihr Mann schon längst aufgehört hatte, den Takt zu schlagen.

Es war eine angenehme Reise. Abends spielten wir »Pontoon«, eine vereinfachte Form von Siebzehnundvier, ein Spiel, das selbst alles andere als kompliziert ist. Am Vormittag boxten wir oder spielten »Pontoon«. Unter Führung einer Schar mürrischer Rennfahrer, deren Saison nicht sehr erfolgreich verlaufen war, wurde auch viel gesungen.

Unterwegs legten wir in St. Helena an, wohin verbannt zu werden ich keine Einwände hätte, und in Teneriffa, wo jedermann üble Zigarren kaufte. Tags darauf wurde es jedoch ungemütlich und kalt, und es wurden deutlich weniger Zigarren geraucht. Den Rest der Reise hatten wir schwere See, und die meisten weiblichen Passagiere blieben in ihren Kabinen. Ein Sportkomitee wurde auf die Beine gestellt, das jedoch einigen Anlaß für böses Blut bot. Besonders dem walisischen Pfarrer wurde vorgehalten, daß ein Mann, der selbst ein Kind habe, nicht das Kinderkostümfest organisieren dürfe. »Er gibt seinem Kind bestimmt den ersten Preis«, hieß es. »Das ist doch klar.« Er erwiderte, daß er auf der Hinreise für seine ausgezeichnete Organisation der Deckspiele ein besonderes Geschenk erhalten habe. Ihre Antwort lautete: »Das kann schon sein.« Er meinte, er würde lieber auf die ganze Sache verzichten, als seine Ehre angezweifelt zu sehen. Es war alles sehr amüsant.

Am 10. März legten wir schließlich in Southampton an.

Dritter Alptraum

Am Abend meiner Rückkehr nach London ging ich essen. Nach dem Dinner wußten wir nicht so recht, wo wir hingehen sollten. Die Orte, die ich vorschlug, waren längst passé. Schließlich beschlossen wir, zu einem neu eröffneten Restaurant zu fahren, das gerade als furchtbar amüsant galt.

Es lag im Souterrain. Wir gingen hinunter und stürzten uns in den Lärm wie in ein warmes Schwimmbecken. Die Atmosphäre verschlug uns den Atem wie der durchdringende Geruch in einer Brauerei. Zigarettenrauch stach in die Augen.

Ein Kellner führte uns an einen kleinen Tisch, so dicht neben den anderen Tischen, daß die Stuhllehnen Rücken an Rücken standen. Die Kellner zwängten sich hindurch, während sie einander Beschimpfungen ins Ohr flüsterten. Bekannte Gesichter grinsten durch den Dunst, bekannte Stimmen drangen schrill durch den Lärm.

Wir bestellten Wein.

»Sie müssen etwas dazu verzehren.«

Wir bestellten Sandwiches zu siebeneinhalb Shilling.

Es kam nichts.

Ein Neger in elegantem Smoking saß am Klavier und sang. Später, als er ging, winkten ihm die Leute zu und versuchten, seine Aufmerksamkeit zu erlangen. Er nickte gönnerhaft. Jemand brüllte: »Er geht in die Breite.«

Ein Kellner fragte: »Noch Bestellungen vor der Sperrstunde?« Wir sagten, daß wir noch nichts bekommen hätten. Er zog ein Gesicht, kniff einen anderen Kellner in den Arm, zeigte dabei auf unseren Tisch und flüsterte irgend etwas Italienisches. Dieser Kellner kniff einen anderen. Der zuletzt Gekniffene brachte schließlich eine Flasche und schüttete den Wein in unsere Gläser, daß er schäumte und überlief. Wir studierten das Etikett und stellten fest, daß es nicht der Wein war, den wir bestellt hatten.

Jemand brüllte mir ins Ohr: »Na so was, Evelyn, wo warst du denn die ganze Zeit? Ich hab dich seit Tagen nicht mehr gesehen.«

Meine Freunde sprachen über die Auflösung einer Verlobung, von der ich nicht wußte, daß sie geschlossen worden war.

Der Wein schmeckte nach salzigem Sodawasser. Gnädigerweise schaffte ein Kellner ihn weg, bevor wir davon trinken konnten. »Wir schließen in Kürze.«

Ich war wieder im Zentrum des Empire, dort, wo gerade »alle Welt« hinging. Am nächsten Tag würden die Klatschkolumnisten von den jungen Abgeordneten, Adligen und Finanzmagnaten berichten, die sich in diesem üblen Keller eingefunden hatten, wo es heißer war als auf Sansibar, lauter als auf dem Markt von Harar, wo man sich um Anstand und Gastfreundschaft noch weniger scherte als in den Spelunken von Kabalo oder Tabora. Und einen Monat später würden die englischen Beamtengattinnen davon lesen und über Busch oder Dschungel oder Wüste oder Wald oder Golfplatz hinwegblicken und ihre Schwestern zu Hause beneiden und wünschen, daß sie das Geld hätten, um reiche Männer heiraten zu können.

Warum ins Ausland fahren?

Erst einmal England bereisen.

Man sehe nur, wie London den Schwarzen Kontinent in die Tasche steckt.

Ich bezahlte die Rechnung in gelbem afrikanischem Gold. Das schien mir ein gerechter Tribut der schwächeren Völker an ihre Lehrmeister zu sein.

Anhang

Rainer Wieland

»Glücklichere Menschen beobachten Vögel ...«

Unterwegs mit Evelyn Waugh

»Evelyn Waughs Ruhm«, bemerkt seine Biographin Selina Hastings, »fußt auf zwei Prämissen: daß er einer der großen Prosaschriftsteller des zwanzigsten Jahrhunderts war. Und daß er als Mensch ein Scheusal war.« Für seinen Stil wurde er von zahlreichen seiner Schriftstellerkollegen bewundert: Evelyn Waugh habe an seinen Sätzen gearbeitet, schreibt Graham Greene, bis sie so waren, »wie das Mittelmeer vor dem Krieg: so klar, daß man den Meeresboden sehen kann«. Mit seinen gesellschaftlichen und politischen Ansichten stand Waugh unter seinen Kollegen in aller Regel allein. »Kein Schriftsteller hat seine Zeitgenossen so vor den Kopf gestoßen wie Evelyn Waugh«, meinte George Orwell. Waugh konnte launisch und unentschuldbar grob sein, gegenüber Frauen wie Männern. Wenn er in Rage geriet, färbte sich sein Kopf dunkelrot, und seine Augen traten aus dem Gesicht hervor wie »gekochte Stachelbeeren«, schrieb ein Freund, der es keineswegs schlecht mit ihm meinte. Für diejenigen, die ihn besser kannten, lagen die Ursachen seiner Unduldsamkeit offen zutage: »Waugh ist zutiefst unglücklich«, schreibt etwa Ann Fleming. »Gelangweilt von morgens bis abends, hat er eine Persönlichkeit entwickelt, die er haßt, der er aber nicht entkommen kann.« Zeit seines Lebens befand sich Evelyn Waugh auf der Flucht vor den Dämonen der Langeweile und der inneren Leere. Er suchte Halt im Schreiben, im Schoß der katholischen Kirche (zu der er im Jahre 1930 übertrat), im Alkohol – und auf Reisen. Wenig bekannt ist, daß Evelyn Waugh neben seinen vielen Romanen, die ihn berühmt gemacht haben – von den frühen grotesken Satiren *Decline and Fall* und *Vile Bodies* über die Familiensaga *Brideshead Revisited* bis hin zu seiner *Sword-of-Honour*-Trilogie über den Zweiten Weltkrieg –, auch eine Reihe von Reisebüchern verfaßte. Er bereiste das Mittelmeer auf einem Luxuskreuzer, unternahm Expeditionen nach Britisch-Guayana und Brasilien, nach Mexico, in den Nahen Osten und nach Spitzbergen in die Arktis, und mehrmals zog es ihn auf den afrikanischen Kontinent. Aus fast allen diesen Reisen gingen Bücher hervor. Keines von ihnen war bislang auf deutsch erhältlich, nicht einmal das vorliegende, *Remote People*, die Schilderung seiner wohl berühmtesten Reise im Herbst 1930, als er als Zeitungskorrespondent nach Äthiopien aufbrach, um über die Krönung von Ras Tafari zum *Negusa Negast*, zum König der Könige, zu berichten.

Noch ein Jahr zuvor war sich Evelyn Waugh keineswegs sicher, daß er tatsächlich eine Laufbahn als Schriftsteller einschlagen würde, obwohl er doch von Kindesbeinen an von Literaten umgeben war. Evelyn Waugh wurde am 28. Oktober 1903 in Hampstead am Rande Londons geboren. Sein Vater Arthur Waugh war Geschäftsführer des Verlags Chapman & Hall, der Dickens, Thackeray und Carlyle verlegte, und betätigte sich auch als Schriftsteller und Rezensent. Immer wieder äußerte sich Evelyn Waugh abfällig über die »wenig förderliche Schnelligkeit«, mit der sein Vater Prosa und Lyrik verfaßte. Doch nicht nur gegen die Konkurrenz seines Vaters, auch gegen die seines Bruders hatte sich der Autor Evelyn Waugh zu behaupten: Der fünf Jahre ältere Alec Waugh konnte bereits mit Anfang Zwanzig auf eine Reihe von Veröffentlichungen zurückblicken, Erzählungen, Essays und zwei Romane, und galt als literarische Hoffnung. Schon in jungen Jahren entwickelte Evelyn Waugh eine tiefe Verachtung für die anämischen literarischen Zirkel, die im Beisein seines Bruders allwöchentlich im väterlichen Salon stattfanden. Nicht weniger verachtete er Charles Dickens, den Säulenheiligen seines Vaters und Haupteinnahmequelle von Chapman & Hall. (Eine Abneigung, die später Eingang in den Roman *A Handful of Dust* finden sollte. Darin wird der Protagonist Tony Last im brasilianischen Dschungel von dem des Lesens unkundigen Mr. Todd dazu gezwungen, diesem bis ans Ende seiner Tage aus einer Dickens-Ausgabe vorzulesen. Eine ärgere Höllenstrafe schien Evelyn Waugh nicht vorstellbar.)

Während seiner Zeit in Oxford – er schrieb sich im Fach Geschichte ein – beschäftigte sich Evelyn Waugh mit einer Vielzahl von Dingen, nur nicht mit dem Studium. Der Zeitgeist neigte sich damals der Linken zu, und so erklärte er sich zum Tory, mehr aus Lust an der Provokation als aus politischer Überzeugung – eine Pose, die er in seinem späteren Leben bis zum Überdruß kultivierte. »Ich wäre außerstande gewesen, die Haltung der Torys zu irgendeinem politischen Thema zu beschreiben«, bemerkt Waugh in seiner Autobiographie. »Die Vorgänge in Westminster beschäftigten mich ebensowenig wie die Restauration der Stuarts.« Statt dessen schrieb Waugh für Studentenzeitschriften, betätigte sich als Graphiker und Karikaturist und gründete mit seinen Kommilitonen, zu denen der spätere Reiseschriftsteller Robert Byron ebenso gehörte wie der spätere Schauspieler und Dandy Harold Acton, den sogenannten Hypocrites' Club, der für seine ausschweifenden Partys berüchtigt war. »Wir tranken nicht nur, wir liebten es, betrunken zu sein.« Er verließ die Universität ohne Abschluß, sein Leben in Oxford mitsamt seinen schwärmerischen Jungenromanzen verklärte Waugh später in *Brideshead Revisited*, das nicht zuletzt dank der Fernsehverfilmung mit Jeremy Irons in der Hauptrolle heute als sein populärstes Buch gilt. Die darauffolgenden Jahre waren für Evelyn Waugh eine Zeit der Orientierungslosigkeit. Er belegte ein paar Kurse an der Heatherley's Art School in London, betätigte sich einige Zeit als Lehrer für Latein, Griechisch, Geschichte, Englisch und Kunst in Wales und Südengland, arbeitete als Nachwuchsreporter für den *Daily Express* und beschäftigte sich mit Möbeltischlerei – bis er schließlich 1928 seine ersten beiden Bücher vorlegte: eine Biographie des präraffaelitischen Malers Rossetti und seinen ersten Roman, *Decline and Fall*, eine satirische Abrechnung mit der Londoner High Society und seiner eigenen Zeit als Privatschullehrer.

Evelyn Waughs erstes Reisebuch handelt von einer Kreuzfahrt: Im Februar 1929 ging er in Monte Carlo an Bord der *Stella Polaris*, einer 6000-Tonnen-Luxusjacht, um eine Reise zum Schwarzen Meer zu unternehmen und darüber eine Serie von Artikeln zu schreiben. Im Gepäck hatte er eine große Menge Zeichenmaterial, um unterwegs Skizzen anzufertigen; noch immer spielte er mit dem Gedanken, das Schreiben zugunsten des Malens aufzugeben. Evelyn Waughs erste große Reise sollte sich als eine einzige Kette von Demütigungen und Enttäuschungen erweisen: »Jeder Engländer betrachtet sich gerne als ›Reisenden‹ und nicht als ›Touristen‹. Während ich zusah, wie mein Gepäck auf die *Stella* verladen wurde, war mir klar, daß es keinen Zweck hatte, diesen Anspruch aufrechtzuerhalten. Meine

Mitpassagiere und ich *waren* Touristen, da gab es nichts zu beschönigen.« Die Zeit auf dem Schiff schlägt Waugh mit langweiligen Deckspielen tot und mit der Lektüre von Spenglers *Untergang des Abendlandes*. Was er auf seinen Landgängen erlebt, ist meist deprimierend. Die neapolitanischen Droschkenkutscher drehen mit ihren Kunden endlose Runden in der Stadt, statt sie ans gewünschte Ziel zu bringen. Die Menschen in Catania wirken auf ihn »verproletarisiert und verelendet«. In Nazareth werden ihm deutsche Frikadellen und schlechter Wein serviert. In Port Said wird er in einem Zirkus Zeuge einer Schlägerei. Die Hotels in Kairo enttäuschen ihn ebensosehr wie die Mädchen im Rotlichtviertel der ägyptischen Hauptstadt. Die Pyramiden und Gräber von Sakkira werden von amerikanischen Reisegruppen heimgesucht, ein »trauriges Pack von bildungsbeflissenen Strebern« mit »wundgelaufenen Füßen« und »unsymmetrischen verschwollenen Gesichtern«. Der Königspalast von Knossos auf Kreta erweist sich als »aufgeschlitzter Hügel mit vielen Ausgrabungsschrunden«. In den Gassen Athens stinkt es fürchterlich nach Knoblauch, und die Akropolis sieht aus wie ein »Stilton-Käse, den man mit Portwein übergossen hat«. Waugh hat keine Lust, über Venedig zu schreiben, und Gibraltar erfüllt ihn mit Abscheu. Dabei sollte die Kreuzfahrt das Nützliche mit dem Angenehmen verbinden: Evelyn Waugh reiste mit seiner Frau, Evelyn Gardner, die er im Juni zuvor geheiratet hatte – die Kreuzfahrt ersetzte die Hochzeitsreise. Doch *She-Evelyn*, von Natur aus von gebrechlicher Konstitution, erkrankt während der Reise schwer – in Port Said wird sie auf einer Bahre von Bord getragen. Im britischen Krankenhaus werden eine beidseitige Lungenentzündung und eine Rippenfellentzündung diagnostiziert. Es dauert vier Wochen, bis sich *She-Evelyn* erholt hat und sie die Reise fortsetzen können, *He-Evelyn* liest seiner Gattin am

Krankenbett Geschichten vor. Kurz nach der Rückkehr trennt sich das junge Ehepaar, die unglückliche Hochzeitsreise wird am Scheitern der Ehe ihren Anteil gehabt haben. In *Labels. A Mediterranean Journal*, das im September 1930 erscheint, taucht die Geschichte der verunglückten Flitterwochen nur vermittelt auf: Der Erzähler im Buch ist ein Junggeselle, der an Bord auf ein Paar auf Hochzeitsreise trifft: »Der junge Mann war klein, angenehm gekleidet und trug einen dünnen gekräuselten Schnurrbart. Seine Frau kauerte in einen Pelzmantel gehüllt in der Ecke, es ging ihr offensichtlich nicht gut ... Ungefähr alle fünfzehn Minuten sagten sie zueinander: ›Bist du dir sicher, daß du in Ordnung bist, Darling?‹ Und entgegneten: ›Vollkommen, ganz sicher. Und du, mein Liebling?‹ Aber Juliet war alles andere als in Ordnung ...«

Es sollte lange dauern, bis sich Evelyn Waugh vom Schock seiner gescheiterten Ehe erholte. Zwischen 1929 und 1937, dem Jahr, in dem seine Ehe mit Evelyn Gardner schließlich von der katholischen Kirche annulliert wird und er seine zweite Frau Laura Herbert heiratet, bewegt sich Evelyn Waugh ohne festen Wohnsitz mehr oder weniger ziellos in der Welt umher. Der erste Satz aus *Labels* könnte als Motto für die meisten Reisen stehen, die Waugh in diesen Jahren unternahm: »Ich wußte wirklich nicht, wohin ich gehen sollte, also sagte ich, wenn mich irgend jemand danach fragte: nach Rußland.« Mit *Labels* – der Name des Buches bezieht sich auf die Anhänger und Etiketten, die die Koffer der Weltreisenden schmücken – begründete Waugh ein Genre, das inzwischen zum festen Bestandteil der Reiseliteratur gehört: Bücher, die, statt die Reiselust ihrer Leser zu wecken, diesen bedeuten, daß sie gut daran tun, zu Hause zu bleiben; Katastrophenberichte, die miteinander wetteifern um die Auszeichnung der schlimmsten Reise der Welt. (Zu den jüngeren Vertretern dieses Genres gehört David Foster Wallace' Bericht einer Karibikkreuzfahrt *Schrecklich amüsant. Aber in Zukunft ohne mich!* – bereits der Titel läßt keinen Zweifel daran, wohin die Reise geht.) Zur Zeit ihrer Veröffentlichung jedenfalls entsprachen Waughs Reisebücher nicht den Erwartungen, die das zeitgenössische Publikum an diese Gattung der Literatur stellte. Ein nicht geringer Teil seiner Reisebücher besteht aus Beschreibungen von Langeweile, Niedergeschlagenheit und Trübsal, von Irrfahrten, verpaßten Fähren, Bussen und Anschlußzügen, Aufenthalten in heruntergekommenen Herbergen, Attacken von Moskitos, Sandflöhen, Bettwanzen und anderem Ungeziefer, von unsäglich schlechtem Essen und allerlei Beschwerlichkeiten mehr. Auch für die Einzigartigkeit des jeweiligen Ortes und seiner Bewohner bringt Waugh in den meisten Fällen wenig Interesse auf. Auf seiner Brasilienreise im Jahre 1932/33 erscheint ihm der Regenwald »unerträglich monoton« und die indianische Bevölkerung »unattraktiv, niedrig und einfältig, ohne eine Spur jener Würde, die man von Wilden erwartet«. Sein Brasilienbuch hat Evelyn Waugh mit *Ninety-two Days* überschrieben – ein Titel, der eher an den Bericht eines Gefängnisaufenthaltes denken läßt, während dessen der Gefangene in der Zelle die Tage bis zum Augenblick seiner Freilassung abzählt. »Evelyn Waugh reist, um sich seine Vorurteile bestätigen zu lassen«, formulierte es Nicholas Shakespeare. »Er sucht sich seine Ziele danach aus, wo seine Vorurteile am stärksten gereizt werden.« Die Schriftstellerin Rebecca West warf Evelyn Waugh vor, er habe ein eisernes Gesetz der Literatur mißachtet: »daß man in dem Augenblick, in dem man beschreibt, wie man sich zu langweilen beginnt, selber langweilig wird« – ein Vorwurf, der im Falle von Evelyn Waugh ins Leere läuft. Waugh wußte es selbst am besten, daß es eines starken Reibungswiderstandes bedurfte, damit sich sein Talent entfalten konnte: »Ich bin nur witzig, wenn ich mich beschweren kann.«

»Als Schriftsteller reist man nicht, um Material für seine Bücher zu sammeln, ebensowenig wie man sich deswegen verliebt«, schreibt Waugh in seiner Einleitung zu *Ninety-two Days*. »Auf mich und viele andere Schriftsteller, bessere als ich, üben ferne barbarische Orte einen Zauber aus, besonders die Randgebiete miteinander widerstreitender Kulturen und Entwicklungsstufen, wo Ideen aus ihrer Tradition herausgerissen und umgepflanzt worden sind und sich dabei merkwürdig gewandelt haben. Dort macht man Erfahrungen, die so lebendig sind, daß sie eine Übertragung in literarische Form verlangen.« Auch Evelyn Waughs Reise nach Äthiopien zur Krönung Haile Selassies war nicht von langer Hand geplant, auch sie ging aus einer Laune hervor: Sechs Wochen vor seiner Abreise, heißt es zu Beginn von *Remote People*, »war mir der Name Ras Tafari kein Begriff gewesen. In Irland, in einem Haus, wo Chinoiserien und viktorianische Gotik um die Herrschaft über georgianische Architektur konkurrieren, hatten wir in der Bibliothek gesessen und, über den Atlas gebeugt, über eine Reise nach China und Japan gesprochen, die ich unternehmen wollte. Wir kamen auf andere Ziele zu sprechen, so auch Abessinien. Einer der Anwesenden war auf Urlaub aus Kairo gekommen. Er kannte sich in der abessinischen Politik einigermaßen aus und wußte von der bevorstehenden Krönung« (S. 12). Bei dem Urlauber handelte es sich um Alistair Graham, einen engen Freund Evelyn Waughs aus Oxforder Tagen, der inzwischen Attaché bei der Britischen Hohen Kommission in Kairo war. Auf einer Party beschrieb Graham seinen staunenden Zuhörern den Empfang einer Delegation von äthiopischen Würdenträgern in Kairo. Die äthiopischen Prinzen, so Graham, hätten darauf bestanden, beim Essen ihre Melonen und Filzhüte aufzubehalten. Obwohl sie des Englischen unkundig waren, habe er doch so viel erfahren, daß die abessinische orthodoxe Kirche Pontius Pilatus heiliggesprochen habe, und ihre Bischöfe würden durch Spucken auf den Kopf geweiht. Solche sagenhaften Geschichten waren »barbarisch« genug, um Evelyn Waughs Neugier zu wecken. Der Journalist Douglas Woodruff, Redaktionsmitglied der *Times*, besorgte Waugh eine Akkreditierung als *Times*-Sonderkorrespondent, und auch von der Zeitung *Daily Express* erhielt Waugh einen Auftrag zur Berichterstattung.

In der äthiopischen Hauptstadt Addis Abeba, die der bevorstehenden Kaiserkrönung entgegenfieberte und schillernde Gäste aus der ganzen Welt anzog, fand Waugh reichlich Anschauungsmaterial vor, um das Bild einer Welt zu vervollständigen, die ihm so absurd erschien wie die aus *Alice im Wunderland*, »ein Komplex von Hysterie und Apathie, von Erhabenheit und Farce«. Die Delegationen, die aus aller Herren Länder zur Krönung angereist waren, hatten prachtvolle Geschenke im Gepäck. Für die Krönungszeremonie hatte Haile Selassie die vormalige Königlich-Kaiserliche Kutsche Wilhelms II. erworben und aus Wien ein Gespann Habsburger Schimmel, das der letzte Kutscher des Habsburger Kaisers Franz Joseph nach Äthiopien begleitete. »In Addis Abeba war alles unorganisiert und widersprüchlich; man lernte, stets das Ungewöhnliche zu erwarten, und wurde doch immer wieder überrascht« (S. 69).

»Glücklichere Menschen beobachten Vögel«, schreibt Evelyn Waugh, »ich beobachte Menschen. Die sind weniger schön anzusehen, aber vielfältiger.« Aber wie auf fast allen seinen Reisen – ob in Afrika, Mittel- oder Südamerika – bleibt ihm auch in Äthiopien die einheimische Bevölkerung fremd, es liegt gar nicht in seinem Interesse, die Distanz zu verringern und sich um Nähe zu bemühen. Statt dessen wendet sich Waughs Aufmerksamkeit jenen Personen zu, die – wie er es formulierte – die »Randgebiete der widerstreitenden Kulturen und Entwicklungsstufen« bevölkern: den Grenzgängern, die aus der einen Welt, der Welt der »Zivilisation«, in die andere, die Welt der »Barbarei«, gefallen sind und erhebliches komisches Potential offenbaren. Im vorliegenden Buch ist dies etwa der deutsch-abessinische Staatsrat des Kaisers, David Hall, der für das Äthiopische Kaiserreich in Addis Abeba das Post- und Fernmeldewesen organisierte und sich während der Krönungswoche den Sorgen und Nöten der ausländischen Gäste annehmen sollte: »Mr. Hall verstand und fühlte mit. Mit geradezu weiblicher Geduld beruhigte er den Betreffenden, mit männlicher Entschlossenheit notierte er die Angelegenheit deutlich auf seinem Notizblock. Dann erhob er sich, verbeugte sich und komplimentierte den besänftigten Besucher mit einem Lächeln und der Versicherung seines guten Willens wieder hinaus – und unternahm rein gar nichts« (S. 46). Da ist der »weltberühmte« amerikanische Professor W. – im wahren Leben Professor Thomas Whittemore, eine der führenden Autoritäten der Byzantinischen Kunst mit Lehrstuhl in Boston –, der Evelyn Waugh die Feinheiten der äthiopisch-orthodoxen Messe zu erklären versucht (S. 62 f.) und mit ihm eine Expedition zum altehrwürdigen Kloster von Debre Libanos unternimmt (S. 77 ff.) – ein Kapitel voller Komik und Skurrilität, das zu den Höhepunkten des Buches zählt: »Bei dem unscheinbarsten Stück Kirchenmobiliar versank er in Ehrfurcht und offenbarte ein geradezu neurotisches Bedürfnis, alles zu tun, was man von ihm erwarten könnte, und zwar mit einer impulsiven und demonstrativen Frömmigkeit, die wesentlich zum Charme unserer gemeinsamen Expedition beitrug« (S. 80). Oder jener fitnessversessene Monsieur Leblanc (sein richtiger Name war Antonin Besse) im zweiten Teil des Buches, der französische Selfmade-Millionär und Repräsentant von Shell Oil in Aden, der Waugh in sein luxuriöses Penthouse in Crater einlädt und zu einer »kleinen Tour über die Felsen« überredet, von der Evelyn Waugh schweißgebadet, mit durchgelaufenen Schuhen und aufgerissenen Shorts zurückkehrt (S. 175 bis 181). Und nicht zu vergessen, Raymond de Trafford, den englischen Spieler und Frauenheld, der Waugh in Kenia über den Weg läuft (S. 220 ff.). Bevor er nach Kenia aufbrach, hatte Raymond in England wegen Totschlags einige Zeit in einer Besserungsanstalt für jugendliche Straftäter zugebracht. Nun jagte er im Eturi-Forst Gorillas, die er an den Berliner Zoo verkaufen wollte. *»He fights & fucks and gambles and gets D. D. (disgustingly drunk) all the time«*, schreibt Waugh in einem Brief nach England.

Die Diplomaten aus aller Welt, die sich mitsamt ihren Gattinnen in Addis Abeba zur Krönungsfeier versammelten, sah Waugh als eine vergnügungssüchtige Gesellschaft, die begierig die Gelegenheit nutzte, den langweiligen Alltag in grauen Kanzleien gegen »höfische Pracht und goldbetreßte Uniformen, Hofknickse und Champagner einzutauschen« und fern der Heimat eine große Party zu feiern. Wenige Worte verliert er im Buch über Irene Ravensdale, die älteste Tochter des vormaligen Vizekönigs von Indien, Lord Curzon, die sich ihm in Addis Abeba anschloß. Ihr Name wird nur ein paarmal beiläufig erwähnt, ohne daß sie als Person wirklich eingeführt wird. Mit besonderer Verachtung begegnet Waugh dem Leiter der britischen Gesandtschaft in Addis Abeba, Sir Sidney Barton, und dessen Familie. Im Buch hielt er sich mit offener Kritik zurück, aber in seiner privaten Korrespondenz nahm er

Postkarte aus Abessinien, 1930:
»Ich breche gerade zu einem See auf mit dem Namen Tanganyika, wo alle an der Schlafkrankheit sterben. In einem Gefängnis habe ich

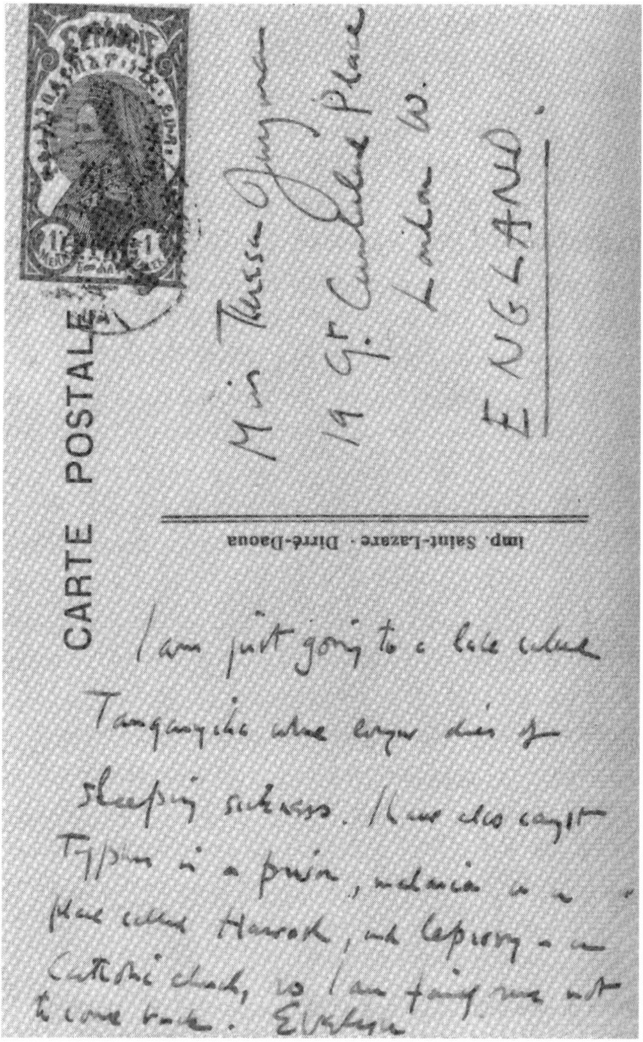

mir auch Typhus geholt, Malaria in einem Ort namens Hawash und Lepra in einer katholischen Kirche, ich werde also ziemlich sicher nicht zurückkehren. Evelyn.«

kein Blatt vor den Mund: »Ich habe selten so hysterische Leute gesehen wie die britische Gesandtschaft während der gesamten letzten Woche – und dabei völlig unfähig, ihren Pflichten nachzukommen. Der Gesandte ist ein Grünschnabel namens Barton.« In seinem Roman *Black Mischief* setzt Evelyn Waugh ihm zwei Jahre später ein eindrucksvolles Denkmal. Dort erscheint er als schrulliger weltfremder britischer Gouverneur namens Sir Samson Courtenay, den seine Regierung als Gesandten auf die Insel Azania abgeschoben hat, deren Ähnlichkeit mit Äthiopien unübersehbar ist. Besonders schlimm ergeht es der Tochter des britischen Gouverneurs: Sie wird am Schluß des Romans von Kannibalen im Dschungel in einen Kochtopf gesteckt und anschließend verspeist. Wenig beliebt machte sich Waugh auch bei den in Addis Abeba versammelten Journalisten, deren »Berichte über die Krönung nur dann eine Chance hatten, rechtzeitig für die Montagszeitungen in London einzutreffen, wenn sie einige Zeit vor dem Ereignis geschrieben und abgeschickt würden« (S. 53). Er selbst wollte sich dieser Gepflogenheit nicht anschließen und ließ sich Zeit mit der Niederschrift seines Artikels. »KRÖNUNGSKABEL HOFFNUNGSLOS VERSPÄTET – VON ALLEN ZEITUNGEN LONDONS GESCHLAGEN!« telegraphierte der *Daily Express* nach Addis Abeba, nachdem Waughs Zeilen in London eingetroffen waren.

Ob sich Evelyn Waugh wohl bewußt war, daß auch er in Addis Abeba als eine komische Erscheinung wahrgenommen wurde, die es mit den meisten der von ihm beschriebenen Figuren mühelos aufnehmen konnte? Prinz Asfa-Wossen Asserate, Großneffe des äthiopischen Kaisers Haile Selassie und Enkel des in *Remote People* mehrmals erwähnten Ras Kassa (und den Lesern der *Anderen Bibliothek* als Autor des Buches *Manieren* bekannt), fragte die Prinzessin Alice von Gloucester, die ihren Gatten zur Krönungsfeier nach Äthiopien begleitet hatte, ob sie dort auch Evelyn Waugh getroffen hätten. Sie nickte und fügte hinzu: *»But not too much, I'm afraid we were not good enough for him.«* Dem Arabisten Wilfred Thesiger, der als Sohn eines britischen Diplomaten in Addis Abeba aufgewachsen war, blieb Evelyn Waugh als ein »kleiner Klugscheißer« im Gedächtnis »mit seinen grauen Wildlederschuhen, einer schlapp herabhängenden Fliege und lächerlich weiten Hosen ... Er wirkte auf mich saft- und kraftlos und gereizt, er war mir auf den ersten Blick unsympathisch. Später fragte er mich, ob er mich ins Gebiet der Danakil begleiten könne, wohin ich zu reisen vorhatte. Ich lehnte ab. Wäre er mitgekommen, wäre wahrscheinlich nur einer von uns beiden lebend zurückgekehrt.«

Fünf Monate dauerte Evelyn Waughs erste Afrikareise, am 10. März 1931 lief sein Schiff, das er in Kapstadt bestiegen hatte, in Southampton ein. *Remote People* kam noch im selben Jahr auf den Markt – wie seinem Vorgänger *Labels* war auch Waughs zweitem Reisebuch nur mäßiger kommerzieller Erfolg beschieden. Im Herbst darauf veröffentlichte Waugh dann seinen Roman *Black Mischief*, der offenkundig von seiner Äthiopienreise beeinflußt ist – so sehr, daß er sich genötigt sah, späteren Auflagen ein erklärendes Vorwort beizufügen: »Die Vermutungen der Leser richteten sich seinerzeit in erster Linie auf Abessinien, das damals die einzige unabhängige Monarchie in Afrika war. Es gibt gewisse Ähnlichkeit zwischen Debra-daua und dem Addis Abeba von 1930. Es gab jedoch nicht die geringste Ähnlichkeit zwischen Seth und dem Kaiser Haile Selassie.« In *Black Mischief* läßt Evelyn Waugh »Barbarei« und »Zivilisation« auf der fiktiven, vor der somalischen Küste gelegenen Insel Azania aufeinanderprallen. Der reformfreudige, nach Europa orientierte Kaiser Seth, »Häuptling der Häuptlinge von Sakuyu, Herr von Wanda und Tyrann der Meere, Bakkalaureus der Freien Künste der Universität Oxford«, ernennt den Londoner Abenteurer Basil Seal, den eine Laune auf die Insel führt, zum Konsul des neugeschaffenen Ministeriums für Modernisierung. Der frischgebackene Minister und sein geschäftstüchtiger Finanzsekretär, der armenische Wirt Krikor Youkoumian, beide von zweifelhafter Moral, haben alle Hände voll zu tun, die Reformprojekte, die sich der Kaiser aus europäischen Büchern aneignet, in die Tat umzusetzen: darunter die Einrichtung eines Museums, die Einführung von Geburtenkontrolle, Retortenzeugung, Nudismus und eine Prüfungsordnung für Beamtenanwärter, die Abschaffung von Todesstrafe, Ehe und inhumanem Schlachten. Die satirische Anlage des Romans ist ebenso offensichtlich wie die zahlreichen Bezüge zum Äthiopischen Kaiserreich. Die Titel des Kaisers von Azania parodieren die Titelfülle Haile Selassies, wie auch die Beschreibung der Geschichte des Inselstaats zahlreiche Anleihen bei der Äthiopiens macht: Der legendäre Kaiser Amurath trägt Züge des äthiopischen Kaisers Menelik II., Kaiser Seth gelangt gewaltsam an die Macht unter ähnlichen Umständen wie einst Haile Selassie, und wie in Äthiopien gibt es auch auf der Insel Azania einen Thronfolger, der an einem abgelegenen Ort gefangengehalten wird. Hier wie dort ist das Christentum Staatsreligion, die »nestorianische Nationalkirche« trägt Züge der äthiopisch-orthodoxen, und das Kloster von Debre Libanos taucht im Roman als Kloster des Heiligen Markus wieder auf. Die strapaziöse Bahnreise von der Küste in die Hauptstadt, die Basil absolviert, wird in ganz ähnlichen Worten beschrieben wie die Bahnfahrt von Dschibuti nach Addis Abeba in *Remote People*, bis hin zu einzelnen gleichlautenden Formulierungen – etwa wenn von den einheimischen Stämmen die Rede ist, die aus den Gleisen Eisenschwellen herausreißen, um daraus Speerspitzen zu schmieden (S. 22). Das Bild, das Evelyn Waugh in *Black Mischief* von der »barbarischen« einheimischen Bevölkerung zeichnet, ist wenig schmeichelhaft. Aber man sollte nicht vergessen, daß Waughs beißender Spott gerade auch jene trifft, die sich anschicken, die vermeintlich barbarische Welt zu »zivilisieren«. Die Gesellschaft der europäischen Gesandtschaften, die Abenteurer, Geschäftemacher und Spekulanten, die sich aus Europa in ferne Welten verirren, werden von Waugh nicht weniger ätzend gezeichnet als die afrikanischen Offiziere, Würdenträger und Stammesfürsten (mit der Ausnahme, wohlgemerkt, daß erstere sich in *Black Mischief* nicht dem Kannibalismus hingeben).

Die Geschichte *von Remote People* wäre nur zur Hälfte erzählt, ginge man nicht auch auf Waughs zweite Äthiopienreise im Herbst 1935 ein. Diesmal reiste er nicht als Gesellschaftsreporter, sondern als Kriegsberichterstatter. Als die europäischen Imperialmächte Ende des 19. Jahrhunderts den afrikanischen Kontinent unter sich aufteilten, war Äthiopien der italienischen Einflußsphäre zugesprochen worden. Im Jahre 1896 hatten die äthiopischen Truppen den italienischen Invasoren eine vernichtende Niederlage beigebracht (der »Tag von Adua« wird noch heute in Äthiopien als Feiertag begangen). Äthiopien blieb das einzige Land auf dem afrikanischen Kontinent, das seine Unabhängigkeit bewahrte und nicht kolonialisiert wurde. 1935 schien Mussolini der geeignete Zeitpunkt gekommen, die »Schmach von Adua« auszumerzen, und begleitet von einer publizistischen Kampagne brachte er in den italienischen Kolonien Eritrea und Italienisch-Somaliland Kriegsgerät und Truppen gegen Äthiopien in Stellung.

Der Abessinienkonflikt bot Waugh einmal mehr die Gelegenheit, sich in seinem Heimatland mit einer Minderheitenmeinung hervorzutun. Für Evelyn Waugh war der äthiopisch-italienische Konflikt eine Angelegenheit klarer Alternativen: »Es liegt in der Natur der Zivilisation, daß sie sich permanent im Konflikt mit der Barbarei befindet.« Die Italiener, schrieb Waugh in einem Artikel im *Evening Standard*, hätten das Recht, in Äthiopien einzumarschieren – nicht nur, weil sie die (vermeintliche) Zivilisation gegen die Barbarei verteidigten. »In weiten Teilen des Landes sind die Abessinier ebenso Fremde wie die Italiener. Menelik II. entstammte einem kleinen Fürstenhaus im Hochland, es gelang ihm, sich zum Führer einer großen Bevölkerung aufzuschwingen, deren Rasse, Religion und Geschichte sich grundsätzlich von der seinen und der seines Stammes unterschieden. Die Herrschaft wurde unter Blutvergießen erobert und wird mit Waffengewalt aufrechterhalten (sofern sie denn überhaupt aufrechterhalten wird). Vom Standpunkt des allgemeinen Rechts besteht kein Zweifel daran, daß die Italiener ebenso berechtigt sind, das Land zu regieren; vom Standpunkt der praktischen Politik besteht kein Zweifel daran, daß ihre Regierung zum Wohle des Äthiopischen Kaiserreiches wie auch zum Wohle Europas sein würde.« Die Sympathie in der britischen Bevölkerung lag allerdings fast gänzlich auf seiten Haile Selassies, der auf eine Intervention des Völkerbundes setzte, dessen Mitglied Äthiopien seit 1923 war. Die *Daily Mail*, die zu den wenigen britischen Zeitungen gehörte, welche die profaschistische Seite vertraten, hatte gerade ihren bekanntesten Auslandskorrespondenten an die Konkurrenz verloren und suchte händeringend nach einem Journalisten, der für sie nach Addis Abeba reiste, um bei Ausbruch des Krieges an Ort und Stelle zu sein. Es kam Evelyn Waugh zugute, daß er Ortskenntnisse besaß, und so brach er am 5. August 1935 als Korrespondent der *Daily Mail* nach Äthiopien auf.

Auch diesmal war Evelyn Waugh nicht der einzige ausländische Journalist in Addis Abeba. Die Hotels der äthiopischen Hauptstadt waren voller Korrespondenten aus Europa und den Vereinigten Staaten, die auf ihre Stunde warteten: den Augenblick des Angriffs der Truppen Mussolinis. Unter den Reportern befand sich auch David Balfour, der mit Waugh befreundete Korrespondent des *Evening Standard*. »Fast fürchte ich Waughs Ankunft«, schrieb Balfour einige Tage vor dem Eintreffen seines Freundes nach London, »seit *Black Mischief* ist er hier unten durch, die halbe europäische Bevölkerung will ihm an den Kragen. Das wird es für ihn ungemütlich machen und heikel für mich.« Angeblich streute der britische Gesandte höchstpersönlich das Gerücht, daß Evelyn Waugh ein italienischer Spion sei. Und als seine Tochter Esmé, die das makabre Ende von *Black Mischief* noch gut in Erinnerung hatte, eines Abends im *Perroquet*, einem der beiden Nachtclubs von Addis Abeba, auf Waugh traf, schüttete sie ihm ihr Glas Wein ins Gesicht. In seiner Korrespondentenrolle in Addis Abeba fühlte sich Evelyn Waugh noch unwohler als fünf Jahre zuvor. Die anwesenden Journalisten beäugten einander mißtrauisch – jeder von ihnen wollte der erste sein, der die Meldung vom Ausbruch des Krieges an seine Redaktion kabelte. Wochenlang gab es überhaupt nichts zu berichten, die äthiopische Regierung verbot den ausländischen Journalisten, die Hauptstadt zu verlassen. Waugh tat sich schwerer als die meisten seiner Kollegen, die Langeweile in aufregende Nachrichten an die Heimatredaktion zu verwandeln. »Vierundsiebzig Journalisten, fast alle Amerikaner, die lügen wie gedruckt, und mein Job ist es, hier herumzusitzen und den Lügen, die sie zu Papier bringen, zu widersprechen.« Seine amerikanischen Kollegen, »bis an die Zähne bewaffnet und mit einem Gehabe wie Ernest Hemingway«, verachtete er ganz besonders. Er vertrieb sich die Zeit damit, seinen beiden Kollegen Deedes und Enemy Bridge beizubringen, während die Redaktion der *Daily Mail* Telegramme an ihren Sonderkorrespondenten schickte, in denen sie ihm die Entlassung androhte. »Ich bin ein ziemlich schlechter Journalist«, gestand Evelyn Waugh in einem Brief ein, nicht ohne hinzuzufügen: »Zugegeben, nur ein Schwachkopf könnte diesen speziellen Job gut machen.«

Am 3. Oktober 1935 bombardierten italienische Truppen die äthiopische Stadt Adua, vom Ausbruch des Krieges wurden die vierundsiebzig ausländischen Journalisten allesamt überrascht. Keinem von ihnen sollte es in den darauffolgenden Wochen gelingen, an die Front zu kommen und das Kriegsgeschehen mit eigenen Augen zu verfolgen. Im Dezember reiste Evelyn Waugh aus Äthiopien ab, um das Weihnachtsfest in Jerusalem zu verbringen. Eigentlich, kolportierte Waugh später, sei er es gewesen, der den großen *scoop* landete und bereits zuvor von dem bevorstehenden Angriff erfuhr – aber seine Zeitung habe das Ganze vermasselt. Von Graf Vinci, dem italienischen Gesandten in Addis Abeba, habe er exklusiv die Nachricht bekommen, daß dieser Vorbereitungen treffe, seinen Mitarbeiterstab aus der Hauptstadt abzuziehen – ein unmißverständlicher Hinweis auf die bevorstehende italienische Invasion. Aus Furcht davor, daß die Funkleute die Nachricht an die Konkurrenz weitergäben, verfaßte er seinen Funkspruch an die *Daily Mail* in Latein – der diensthabende Redakteur hielt die unentzifferbare Nachricht für einen schlechten Scherz und beförderte sie in den Papierkorb.

Auf der Rückreise von Jerusalem nach London machte Waugh Station in Rom, wo er eine Audienz bei Mussolini erhielt. Der Duce empfing Waugh im Palazzo Venezia, dem prächtigen Amtssitz des *Gran Consiglio del Fascismo*, und Waugh zeigte sich sehr beeindruckt. Wenige Wochen später, am 9. Mai 1936, sollte Mussolini vom Balkon des Palazzo Venezia aus seinen jubelnden Anhängern den Sieg der italienischen Truppen in Äthiopien verkünden. Die italienische Armee kämpfte mit über 400000 Streitkräften, doch erst massive Luftangriffe mit Senfgas entschieden schließlich den Krieg. Der italienische König Viktor Emanuel III. wurde zum Kaiser von Äthiopien ernannt, der Marschall Rodolfo Graziani erhielt den Titel des äthiopischen Vizekönigs. Haile Selassie ging ins Exil nach England und trug das Anliegen seines Landes in Genf vor dem Völkerbund vor, der sich nicht dazu durchringen konnte, Äthiopien gegen Italien zu unterstützen.

Unmittelbar nach seiner Rückkehr nach England begann Waugh mit der Arbeit an seinem Buch *Waugh in Abyssinia*. Da er seiner Reportage ein Bild der italienischen Besatzung hinzufügen wollte, reiste er im Juli 1936 noch einmal für einige Wochen nach Äthiopien – diesmal als persönlicher Gast des Vizekönigs Graziani. Evelyn Waugh bewunderte das italienische Straßenbauprogramm und war davon überzeugt, daß die Italiener »an einem erbärmlichen Ort Ordnung, Anstand, Erziehung und medizinischen Fortschritt« verbreiteten. Tatsächlich trug die italienische Besatzung Äthiopiens Züge eines Vernichtungskriegs. Mehr als 500000 Äthiopier fielen in den fünf Jahren der italienischen Herrschaft von 1936 bis 1941 dem Besatzungsregime zum Opfer. Als besondere Greueltat ging das sogenannte Graziani-Massaker in die Geschichte ein. Als der italienische Vizekönig im Februar 1937 in Addis Abeba nur knapp einem Anschlag entging, ordnete er einen

»Vergeltungsfeldzug« an, in dessen Folge Tausende Zivilisten ermordet wurden – darunter übrigens auch sämtliche Mönche und Diakone des von Waugh in *Remote People* beschriebenen Klosters Debre Libanos. *Waugh in Abyssinia*, das Ende 1936 erschien, mündet in eine Eloge auf die Errungenschaften der italienischen Besatzer. Die Ablehnung der englischen Presse war nahezu einhellig: »Leider erzählt uns Evelyn Waugh nicht«, schrieb der *New Statesman*, »wie viele der ›liebenswürdige und verständige‹ Herr Graziani Tag für Tag erschießen und aufhängen läßt.« Und doch blieb das öffentliche Echo auf Waughs Buch alles in allem gering. Die Aufmerksamkeit der Weltöffentlichkeit hatte sich bereits einem neuen Schauplatz zugewandt: dem Spanischen Bürgerkrieg (in dem sich Evelyn Waugh auf neue in der Rolle des intellektuellen Außenseiters gefiel und die Seite Francos vertrat).

Als Waugh nach dem Krieg 1946 seine veröffentlichten Reisebücher zu einem Sammelband zusammenstellte, ging er diskret über die anstößigen Stellen von *Waugh in Abyssinia* hinweg und beschränkte sich auf die Teile, die das endlose Warten der Journalisten auf den bevorstehenden Krieg beschreiben. Doch noch Ende der fünfziger Jahre benutzte Waugh für seine Korrespondenz ein Briefpapier, das er sich 1936 in Äthiopien hatte anfertigen lassen. Es zeigt einen üppig gedeckten Tisch, darunter der Löwe von

Juda, das Wahrzeichen des Äthiopischen Kaiserreichs, und gegenüber das Rutenbündel mit Beil, das Zeichen des italienischen Faschismus. *»Never apologize, never explain«* – Evelyn Waugh lebte und schrieb nach dieser Maxime.

»Niemand kann Waugh vorwerfen, er hätte irgendwelches Material seiner Äthiopien-Reisen verschleudert«, bemerkt der Schriftsteller Eric Newby, der selbst als Reiseautor berühmt geworden ist. Auch aus Waughs zweitem Äthiopienaufenthalt geht neben einem Reisebuch ein Roman hervor. Es zeugt von Waughs künstlerischer Größe, daß es ihm gelang, seine politische Parteinahme hinter sich zu lassen und aus seinem Material eine zeitlose Satire zu schaffen, die zu seinen besten Büchern zählt. »Niemals zuvor ist das Karussell der rund um den Globus reisenden Krisenreporter auf der Suche nach einem Knüller besser beschrieben worden als in Waughs Roman *Scoop*«, schreibt Prinz Asfa-Wossen Asserate. In *Scoop*, das 1938 erschien, verschlägt es durch eine Verwechslung den Verfasser einer wöchentlichen Zeitungskolumne über das englische Landleben als Kriegsreporter in das afrikanische Kaiserreich Ishmaelia, welches wiederum unschwer als Äthiopien zu erkennen ist. Es hätte wohl keinen Journalisten geben können, der für diese Aufgabe schlechter vorbereitet gewesen wäre als der unbedarfte Wald-und-Wiesen-Kolumnist des *Daily Beast* William Boot, der mit Faltboot, englischer Flagge, Sternhöhenmesser, Tropenausrüstung, Nikolauskostüm und Zeltoperationstisch in der Hauptstadt von Ishmaelia eintrifft. Doch anders als Evelyn Waugh in Addis Abeba gelangt William Boot in Ishmaelia schließlich zu seiner begehrten Exklusivstory – besser gesagt, sie fällt ihm in den Schoß wie Hans im Glück der Goldklumpen. Er wird in London dafür gebührend gefeiert und mit Auszeichnungen überhäuft – doch nichts sehnt er mehr herbei, als wieder zum beschaulichen englischen Landleben zurückzukehren und seine wöchentliche Kolumne »Üppige Auen« wiederaufzunehmen. Auch für diesen Protagonisten stand eine reale Person Pate: Bill Deedes, der spätere Herausgeber des *Daily Telegraph*, der 1935 als junger Journalist für die *Morning Post* aus Addis Abeba berichten sollte – dessen Gepäck von einer viertel Tonne tatsächlich das ein oder andere der von Waugh beschriebenen Utensilien enthalten haben soll.

Immer wieder stellt Evelyn Waugh seinen Romanen Warnungen voran, die seine Leser an die Fiktionalität seiner Figuren erinnern sollen. »Ich bin nicht ich; du bist nicht er, nicht sie; sie sind nicht sie«, heißt es etwa am Anfang von *Brideshead Revisited*. Und dennoch (oder vielleicht gerade deshalb) ist es nicht ohne Reiz, zu verfolgen, wie die realen Figuren, die Waughs Leben kreuzen, sich in seiner Hand in Literatur verwandeln. Keinem anderen erging es so schlimm wie Waughs verhaßtem Oxforder Geschichtstutor Cruttwell, der wohl fast ein dutzendmal in Waughs Werken auftaucht (in einer späteren Erzählung zeichnet ihn Waugh gar als psychopathischen Mörder auf der Flucht aus der Irrenanstalt). Die »zwei furchterregenden Damen in Strickkostüm und Tropenhelm«, die in Addis Abeba gegen Rauschgift und Prostitution kämpfen (S. 47), finden wir – nur unwesentlich verwandelt – in *Black Mischief* wieder: Dort heißen sie Dame Mildred Porch und Miss Sarah Tin, die als Anführerinnen der »Liga für die Stummen Freunde« in Azania dem Tierschutz zu seinem Recht verhelfen wollen. Wer alle vier Bücher Waughs über seine Afrikareisen gelesen habe, schreibt Eric Newby, »wird es nahezu unmöglich finden, die realen Hotelbetreiber und Café-Besitzer von den fiktionalen zu unterscheiden: Sie heißen Mr. Bollolakos, Mr. Bergebedgian, Mr. Youkoumian (der eindrucksvollste von allen), Mr. Kakophilos und Mr. Carassellos ... Sie sind allesamt griechischer oder armenischer Abstammung, ihre Hotels und das Essen, das sie dort servieren, sind eine einzige Zumutung, und über all ihren Besitztümern hängt der Geruch defekter Abwasserleitungen.«

Einen Seelenverwandten des Bostoner Byzantinistik-Professors Whittemore aus *Remote People* finden wir in *A Handful of Dust* in der Person des Forschungsreisenden Dr. Messinger wieder, dem sich der Protagonist des Romans, Tony Last, auf dessen Suche nach einer geheimnisvollen Indianerstadt im brasilianischen Dschungel anschließt. Um die sie durchs Gelände führenden Wie-Pie-Indianer davon abzuhalten, den Dienst aufzukündigen, führt Dr. Messinger ihnen eine blecherne Aufzieh-Spielzeugmaus vor: »Die Wirkung überstieg all seine Erwartungen. Zunächst hörte man ein lautes Einziehen des Atems, entsetztes leises Grunzen, ein helles Schreckensgeheul der Frauen, dann plötzlich panische Flucht... Noch ehe das Spielzeug zum Stillstand gekommen war, noch ehe es seinen Weg bis dort, wo der nächste Indianer gehockt hatte, hinabgeklingelt war, hatte sich das Lager geleert.« Von ihren einheimischen Führern im Stich gelassen, geraten die Abenteuerreisenden im Dschungel in eine hoffnungslose Lage. Dem Leser Evelyn Waughs, der zwischen den Reisebüchern und den Romanen umherschweift, werden immer wieder solche überraschenden Entdeckungen zuteil. Es ist sicher nicht übertrieben, zu sagen, daß ohne den Reiseschriftsteller Evelyn Waugh die meisten seiner großen Romane niemals das Licht der Welt erblickt hätten.

Nachdem Evelyn Waugh 1937 Laura Herbert geheiratet hatte, legte er sich ein Landgut in Gloucestershire zu, und als nach dem Zweiten Weltkrieg die meisten Engländer auf dem Land in kleinere Häuser umzogen, kaufte er ein noch größeres Anwesen in Somerset. Seine Zeit als Marineoffizier im Zweiten Weltkrieg raubte ihm die Liebe zur Armee, keiner seiner Vorgesetzten hielt ihn für fähig, ein Kommando zu führen. Seine Frau gebar ihm sieben Kinder, denen er ein strenger Vater war. Auberon Waugh, der älteste Sohn Evelyns, sollte sich zeitlebens an eine Kindheitsszene erinnern, die ihm typisch für seinen Vater erschien. Als eine Art Anerkennung für die jahrelangen Entbehrungen während des Krieges hatte die britische Regierung jedem Kind des Landes eine Banane versprochen: »Tagelang waren die Bananen das bestimmende Thema der Kinder auf Piers Court und wie sie wohl schmecken würden – keines von ihnen hatte jemals im Leben eine gekostet. Man verständigte sich darauf, daß die kostbaren Früchte am Sonntag, garniert mit Sahne, als Nachtisch zum Mittagessen serviert werden sollten. Doch als Mrs. Waugh endlich voller Stolz die ihr für die drei Kinder zugeteilten drei Bananen nach Hause brachte, ließ sie sich Evelyn Waugh auf einem silbernen Tablett anrichten, und vor den staunenden Augen seiner Kinder und seiner Frau bestrich er sie dick mit Sahne, bestreute sie reichlich mit Zucker und verspeiste sie eine nach der anderen.«

Nach dem Krieg verfaßte Waugh nur noch ein einziges Reisebuch: *A Tourist in Africa*, das 1960, fast fünfundzwanzig Jahre nach *Waugh in Abyssinia*, erschien. Und dennoch spielt das Reisen auch in Waughs späteren Romanen eine zentrale Rolle. 1947 reiste Evelyn Waugh nach Hollywood, um über die Filmrechte seines Romans *Brideshead Revisited* zu verhandeln. Der Vertrag kam nicht zustande, da Waugh sich weigerte, Eingriffe im Drehbuch vorzunehmen, die von der amerikanischen Katholischen Liga für Anstand gefordert wurden. Die Besichtigung eines kalifornischen Bestattungsinstituts brachte

Waugh auf die Idee zu *The Loved One* – eine Satire auf die amerikanische Bestattungsindustrie. In *Brideshead Revisited*, seinem melancholischen Abgesang auf den englischen Landadel, findet sich die Beschreibung Venedigs (die Waugh sich zwanzig Jahre aufgespart hatte) und unter der Überschrift »Waisenkinder des Sturmes« die Erzählung einer Schiffspassage von New York nach England, die wie die meisten der von Waugh beschriebenen Schiffsreisen wenig erfreulich verläuft. Auch in *The Ordeal of Gilbert Pinfold*, einem der späten Romane Waughs, steht im Zentrum eine furchtbare Schiffspassage, eine »Höllenfahrt«, die den Protagonisten, einen fünfzigjährigen Schriftsteller, der sich nach nichts mehr sehnt als nach Ruhe und Erholung, fast um den Verstand bringt. Zu Beginn des Romans zeichnet Waugh ein Portrait des »Künstlers in mittleren Jahren«, das seine eigenen Züge trägt: »Seine Ansichten waren so festgefügt und in vielem negativ: er verabscheute Plastik, Picasso, Sonnenbaden und Jazz – eigentlich alles, was sich im Laufe seines Lebens entwickelt hatte und bekannt geworden war. Zwar verpflichtete seine Religion ihn zu Nachsicht und Milde, aber das führte nur dazu, daß sein Widerwille sich in Verdrossenheit äußerte ... Wenn er tagsüber oder nachts von Zeit zu Zeit auf die Uhr blickte, stellte er jedesmal fest, wie wenig von seinem Leben vergangen war und wie viel er noch vor sich hatte. Er wünschte niemandem ein Unglück, aber er betrachtete die Welt *sub specie aeternitatis* und fand sie flach wie eine Landkarte.«

Ein Freund aus Jugendtagen, Dudley Carew, erinnerte sich, wie Evelyn Waugh ihm eines Nachts im Januar 1928 die ersten fünfzig Seiten des Manuskripts von *Decline and Fall*, seinem Debütroman, vorlas. Waugh begleitete jede Pointe mit lautem Gelächter. 1964, zwei Jahre vor seinem Tod, wurde Evelyn Waugh in einem seiner seltenen Fernsehinterviews gefragt, ob er seine Bücher hin und wieder lese. »Unentwegt«, antwortete Waugh. – »Und brechen Sie dabei immer noch in Lachen aus?« – »Ich muß zugeben: ja. Es bereitet mir anhaltendes Vergnügen.« Perfektionist, der er war, fügte Evelyn Waugh hinzu: »Abgesehen von den schrecklichen Momenten, wenn ich auf die schlechten Stellen stoße ... Die schlechten sind ungefähr so zahlreich wie die guten, müssen Sie wissen.« Evelyn Waugh starb am 10. April 1966 auf seinem Gut Combe Florey, es war Ostersonntag. Er war gerade von der Ostermesse in der katholischen Kirche von Wiveliscombe zurückgekommen, ein paar Kilometer von seinem Haus entfernt. Er erlitt auf der Toilette einen Herzinfarkt und war auf der Stelle tot. Einer seiner Vertrauten der letzten Lebensjahre – sein Buchhändler Handasyde Buchanan, genannt »Handy«, der ihn regelmäßig mit Neuerscheinungen versorgte – sagte über Evelyn Waugh: Er besaß ein Gespür für die Komik des Lebens. Es ist diese Komik des Lebens, die Evelyn Waughs Romane, Erzählungen und auch einige seiner Reisebücher unsterblich gemacht haben.

Zeittafel

Evelyn Waugh, 1903 bis 1966

1903
Evelyn Arthur St John Waugh wird am 28. Oktober als zweites Kind von Arthur und Catherine Waugh in Hampstead, London geboren.

1910
Waugh besucht die Heath Mount-Grundschule.

1917
Lancing College in Sussex.

1922
Aufnahme des Studiums in Hertford College, Oxford. Waugh schreibt sich im Fach Geschichte ein.

1924
Waugh verläßt Oxford ohne Abschluß. Besuch der Heatherley's Art School, London.

1925
Tätigkeit als Lehrer der Arnold House School in Denbighshire, Wales (Januar bis Juli), und Aston Clinton, Buckinghamshire (ab September).

1927
Die Aston Clinton School entläßt Waugh (Februar). Journalistische Arbeiten für den *Daily Express*.

1928
Heirat mit Evelyn Gardner (Juni). Im April erscheint die Biographie *Rosetti. His Life and Works* und kurz darauf, im September, sein erster Roman *Decline and Fall* (dt. *Auf der schiefen Ebene*).

1929
Mittelmeerkreuzfahrt mit seiner Frau (Februar bis Mai). Aus der Fahrt geht *Labels. A Mediterranean Journal*, sein erstes Reisebuch, hervor (erscheint 1930). Scheidung von Evelyn Gardner (September).

1930
Mit seinem Roman *Vile Bodies* (dt. *Lust und Laster*) Durchbruch als Schriftsteller. Übertritt zur katholischen Kirche. Im Oktober bricht er zu seiner Afrikareise auf, die er im vorliegenden Buch schildert. Für die Zeitungen *The Times* und *Daily Express* berichtet er aus Addis Abeba über die Krönung von Haile Selassie.

1931
Rückkehr nach England im März.
Remote People erscheint im November.

1932
Publikation des Romans *Black Mischief* (dt. *Schwarzes Unheil*). Im Dezember bricht Waugh zu einer Reise nach Britisch-Guayana und Brasilien auf.

1933

Aus der Südamerikareise geht *Ninety-two Days. The Account of a Tropical Journey Through British Guiana and Part of Brazil* hervor, das im Jahr darauf erscheint.

1935

Waugh veröffentlicht eine Biographie über *Edmund Campion. Jesuit and Martyr* (dt. *Edmund Campion. Jesuit und Blutzeuge*). Für die *Daily Mail* bricht er im August nach Äthiopien auf, um über die bevorstehende italienische Invasion zu berichten.

1936

Sein Reisebuch *Waugh in Abyssinia* erscheint sowie eine Sammlung von Kurzgeschichten mit dem Titel *Mr Loveday's Little Outing*.

1937

Heirat mit Laura Herbert (April). Nach Flitterwochen in Italien bezieht das Ehepaar das Gut Piers Court in Stinchcombe, Gloucestershire.

1938

Geburt der Tochter Teresa. Der Roman *Scoop* (dt.: *Der Knüller*) erscheint.

1939

Das mexikanische Reisebuch *Robbery Under Law. The Mexican Object-Lesson* erscheint. Geburt des Sohnes Auberon. Nach Beginn des Zweiten Weltkriegs bricht Evelyn Waugh die Arbeit an seinem Roman *Work Suspended* ab und meldet sich bei der britischen Marine.

1940
Im Dezember wird die Tochter Mary geboren und stirbt 24 Stunden nach der Entbindung.

1941
Waughs Einheit wird nach Ägypten entsandt und nimmt an einem Angriff auf Bardia in Ost-Libyen (März) und an der Schlacht um Kreta (Mai) teil.

1942
Der Roman *Put Out More Flags* (dt. *Mit Glanz und Gloria*) erscheint und in einem Sonderdruck das Romanfragment *Work Suspended*. Geburt der Tochter Margaret (Juni).

1944
Geburt der Tochter Harriet. Teilnahme an einer Militärmission als Verbindungsoffizier in Jugoslawien.

1945
Rückkehr nach London. Der Roman *Brideshead Revisited* (dt. *Wiedersehen mit Brideshead*) erscheint.

1946
Eine Auswahl aus seinen früheren Reisebüchern wird unter dem Titel *When the Going Was Good* (dt. *Als das Reisen noch schön war*) publiziert. Reisen nach Nürnberg (März) und Spanien (Juni). Geburt des Sohnes James.

1947
Reise nach New York und Los Angeles. Veröffentlichung des Romans *Scott-King's Modern Europe* (dt. *Ferien in Europa*).

1948
Der Roman *The Loved One* (dt. *Tod in Hollywood*) erscheint. Vortragsreise in den Vereinigten Staaten von Amerika.

1950
Geburt des Sohnes Septimus. Veröffentlichung von *Helena*, ein historischer Roman über die römische Kaiserin und die Legende der Auffindung des heiligen Kreuzes Christi in Palästina.

1951
Reise in den Nahen Osten für *Life Magazine*.

1952
Men at Arms, der erste Teil der Romantrilogie *Sword of Honour* über den Zweiten Weltkrieg, erscheint.

1953
Veröffentlichung des Romans *Love Among the Ruins. A Romance of the Near Future* (dt. *Und neues Leben blüht aus den Ruinen. Eine Liebesgeschichte der nahen Zukunft*) erscheint.

1954
Reise nach Ceylon.

1955
Officers and Gentlemen erscheint als zweiter Teil der *Sword of Honour*-Trilogie.

1956
Umzug nach Taunton, Somerset, auf das Gut Combe Florey.

1957
Der semiautobiographische Roman *The Ordeal of Gilbert Pinfold. A Conversation Piece* (dt. *Gilbert Pinfolds Höllenfahrt*) erscheint.

1958
Reise nach Afrika (Rhodesien), aus der sein Buch *A Tourist in Africa* (1960) hervorgeht.

1959
Publikation der Biographie über den Schriftsteller *Ronald Knox. Fellow of Trinity College, Oxford and Protonotary Apostolic to His Holiness Pope Pius XII.* (dt. *Ronald Knox. Biographie*).

1961
Unconditional Surrender erscheint als Abschluß der *Sword of Honour*-Trilogie.

1964
Publikation des ersten Bandes seiner Autobiographie *A Little Learning.* (Die beiden weiteren geplanten Bände erscheinen nicht mehr.)

1965
Die Romantrilogie *Sword of Honour* erscheint in überarbeiteter Fassung (dt. *Ohne Furcht und Tadel*).

1966
Am 10. April, Ostersonntag, stirbt Evelyn Waugh auf seinem Anwesen Combe Florey.

Literaturhinweise

Die meisten Romane Evelyn Waughs sowie zwei Erzählungsbände liegen im Diogenes Verlag, Zürich, in deutschen Übersetzungen vor, *Wiedersehen mit Brideshead* im List Verlag, Berlin. Die meisten anderen der Bücher Waughs, darunter auch seine Reisebücher, sind bislang nicht ins Deutsche übersetzt worden. Lediglich der unmittelbar nach dem Zweiten Weltkrieg erschienene Auswahlband *When the Going Was Good* wurde ins Deutsche übersetzt: *Als das Reisen noch schön war.* Hamburg: Claassen & Goverts 1949. – Waughs wichtigste Reisebücher sind gesammelt in der *Everyman's Library* unter dem Titel *Waugh Abroad. Collected Travel Writing* erhältlich (New York: Alfred A. Knopf 2003). – Über Waughs Leben geben zwei lesenswerte Biographien Auskunft: Christopher Sykes: *Evelyn Waugh. A Biography.* Middlesex u. a.: Penguin 1977. Selina Hastings: *Evelyn Waugh. A Biography.* London: Vintage Random House 2002. – Über Evelyn Waugh als Reiseschriftsteller haben geschrieben: Eric Newby: *Lush Places.* In: David Pryce-Jones: *Evelyn Waugh and his World.* London: Weidenfeld and Nicolson 1973; Nicholas Shakespeare: *Introduction.* In: *Waugh Abroad* (s.o.). – Über seine Zeit mit Evelyn Waugh als Kriegsberichterstatter in Addis Abeba hat Bill Deedes ein Buch verfaßt: *At War with Waugh. The Real Story of Scoop.* London: MacMillan 2003. – Die großen Reisebücher der im Nachwort erwähnten Schriftstellerkollegen Eric Newby und Robert Byron liegen auf deutsch in der *Anderen Bibliothek* vor: Eric Newby: *Ein Spaziergang im Hindukusch.* AB 206. Frankfurt am Main: Eichborn 2002. Robert Byron: *Der Weg nach Oxiana.* AB 237. Frankfurt am Main: Eichborn 2004.

Inhalt

Befremdliche Völker, seltsame Sitten
Evelyn Waughs Reportage einer Afrikareise
in den Jahren 1930 und 1931, ist im Juni 2007
als zweihundertundsiebzigster Band der *Anderen
Bibliothek* im Eichborn Verlag, Frankfurt am Main,
erschienen. Sie wurde 1931 unter dem Titel
Remote People bei Gerald Duckworth, London,
veröffentlicht und erscheint in der Übersetzung
von Matthias Fienbork hier erstmals auf deutsch.
Das Lektorat besorgte Rainer Wieland,
der darüber hinaus ein Nachwort
und eine Zeittafel beisteuerte.
Das Frontispiz auf Seite 5 und die Abbildungen
auf den Seiten 300f. und 310 entstammen privaten
Sammlungen, die beiden Karten auf Vor-
und Nachsatz der englischen Erstausgabe von
Remote People. Die historischen Photographien
auf den Seiten 137 bis 159 sind dem Photoalbum
von Mrs. Agnes Willoughby Bancroft entnommen,
einer amerikanischen Krankenschwester,
die sich während der Feierlichkeiten zur Krönung
Haile Selassies 1930 in Addis Abeba aufhielt.
Das Album wurde freundlicherweise
von John Mellors von der Anglo-
Äthiopischen Gesellschaft, London,
zur Verfügung gestellt.

Dieses Buch
wurde in der Korpus Cheltenham Antiqua
von Wilfried Schmidberger in Nördlingen gesetzt
und bei der Fuldaer Verlagsanstalt auf 100 g/m²
holz- und säurefreies mattgeglättetes Bücherpapier
der Papierfabrik Schleipen gedruckt.

UGANDA
Kampala
Entebbe
Bukakata
Bukoba
BELGIAN
CONGO
River Congo
Lualaba
LAKE TANGANYIKA
Kigoma
Tabo
Albertville
Kabalo
Bukama
Elisabethville
NORTHERN
RHODESIA